高等院校会计专

GAODENG YUANXIAO KUAIJI ZH

法务会计

FAWU KUAIJI

主　编／何玉岭　陈　爽

副主编／王　唐　吕雪晶

重庆大学出版社

内容提要

本书结合最前沿的法务会计的学术科研成果和教学实践,在对法务会计概念框架和理论体系进行梳理和探讨的基础上,研究和阐释了法务会计调查的技术方法、法务会计证据的审查和认定、损失计量的量化方法等内容,结合企业舞弊行为调查和经济案件侦查的分析和讨论,理论结合实际,增强了法务会计理论和实务的系统性和实用性。

本书根据目前法务会计课程在我国实际发展情况,从社会对法务会计人员的需求和法务会计人员实际工作需要出发组织编写,可供高等院校财经类(会计、财务管理、审计等)相关专业的本、专科教学使用,也可供法务会计领域的会计人员、审计人员、律师、分析师等相关人员参考和学习。

图书在版编目(CIP)数据

法务会计 / 何玉岭,陈爽主编. -- 重庆:重庆大学出版社,2021.8
高等院校会计专业本科系列教材
ISBN 978-7-5689-2706-2

Ⅰ.①法… Ⅱ.①何…②陈… Ⅲ.①司法会计学—高等学校—教材 Ⅳ.①D918.95

中国版本图书馆 CIP 数据核字(2021)第 094462 号

高等院校会计专业本科系列教材
法务会计

主　编　何玉岭　陈　爽
副主编　王　唐　吕雪晶
特邀编辑:李　娅
责任编辑:尚东亮　　版式设计:尚东亮
责任校对:邹　忌　责任印制:张　策

*

重庆大学出版社出版发行
出版人:饶帮华
社址:重庆市沙坪坝区大学城西路 21 号
邮编:401331
电话:(023) 88617190　88617185(中小学)
传真:(023) 88617186　88617166
网址:http://www.cqup.com.cn
邮箱:fxk@ cqup.com.cn(营销中心)
全国新华书店经销
中雅(重庆)彩色印刷有限公司印刷

*

开本:787mm×1092mm　1/16　印张:11.25　字数:262 千
2021 年 8 月第 1 版　　2021 年 8 月第 1 次印刷
印数:1—3 000
ISBN 978-7-5689-2706-2　定价:36.00 元

前言

　　法务会计是一门涉及会计学、财务学、审计学、法学、法证据学、心理学和社会学等多学科的交叉学科，它是在市场经济实践中逐步发展起来的新领域。随着全球经济一体化，经济组织规模日益庞大，现代金融工具不断创新，经济犯罪、经济纠纷也呈现出多样化和复杂化的形式，企业经营环境日益复杂多变。通过法律来调节市场经济行为是现代经济的主要特征，对每一个市场经济主体来说，法律诉讼将成为保护自身权益的有效途径。律师和会计师这两个职业共同支持着经济社会的运行秩序，并由此产生了一种融会计师与律师为一体的新兴职业——法务会计师。法务会计师通过特有的专业能力，在解决经济纠纷、会计证据调查、防范企业舞弊、加强公司内部控制等方面发挥着重要的作用。

　　党的十八届四中全会首次提出我们要"建设中国特色社会主义法治体系"，党的十九大报告在十八大报告"全面推进依法治国"的基础上，进一步要求"坚持全面依法治国"，以推进国家治理体系和治理能力现代化为导向，加强市场主体合法权益保护。2019 年资本市场频繁爆雷，康美药业百亿货币资金不翼而飞，康得新四年虚增利润上百亿的舞弊案成为 A 股史上最大的财务造假案件，相继爆出獐子岛扇贝之谜、东旭光电货币资金真实性质疑、雏鹰农牧并购关联方资产虚构利润等资本市场多起上市公司财务舞弊案件；2020 年瑞幸咖啡财务造假案又引起了社会对资本市场和会计师事务所的关注。资本市场的财务舞弊案件接连爆雷为我国法务会计师的发展带来了前所未有的机遇。法务会计是一种既不同于一般会计工作，也不同于一般审计工作的特殊会计工作。我国的法务会计是以会计理论为基础，运用审计方法和侦查措施，分析并解决法律实践中的有关问题。目前在我国，法务会计仍属于边缘学科，法务会计理论与实务的研究及法务会计教育不能满足当前经济发展对法务会计师的需求，社会急需一批既懂财务会计理论与实务，又有深厚法律知识的复合型人才。我们要清楚认识到法务会计对我国经济和社会稳定发展的重要作用,加强法务会计理论研究和学习,大力发展法务会计教育,推进法务会计实践活动,进一步推动我国法务会计学科的发展。

在财务管理、会计学、审计学等专业课程体系中设置法务会计课程,强化法律职业道德,掌握财经知识和法学知识,对培养未来合格的法务会计师,提升其能力素质非常重要。为了帮助学生更加浅显易懂地理解和掌握法务会计的知识,本书汲取了众多同类和相关内容的教材和文献资料之长,广泛听取同行、专家的建议和意见,进行了精心的编写。本书每章前设有学习目标,章后设有小结和思考题,在实务应用章节添加了案例分析。本书可作为高等院校会计学、财务管理、审计学专业法务会计课程教材,也可以作为企业法务会计、各级各类管理人员的自学教材和参考书。

石河子大学经济与管理学院何玉岭、广东职业技术学院陈爽负责本书的总体结构设计及编写,何玉岭负责编写第 1 章、第 2 章、第 3 章和第 5 章,陈爽负责编写第 4 章、第 6 章、第 7 章。石河子大学经济与管理学院王唐参与编写工作,吕雪晶参与审稿。对以上教师的辛勤工作,在此表示由衷的感谢。

本书的出版得益于重庆大学出版社的精心组织和大力帮助,在此我们表示衷心的感谢!本书在编写过程中参考和借鉴了同行的有关论著、文章等,在此一并表示感谢!限于编者的时间和水平,书中不免出现错漏或者不妥之处,敬请各位专家、同行以及广大读者批评指正,以便对本书做进一步的补充和修改。

编　者
2021 年 3 月

目录

第1章 法务会计概述 ………………………………………………… 1

学习目标 ………………………………………………………………… 1

1.1 法务会计的产生与发展 ……………………………………… 1

1.2 法务会计与相关学科的关系 ………………………………… 7

1.3 法务会计工作与信息安全管理 …………………………… 13

本章小结 ……………………………………………………………… 20

思考题 ………………………………………………………………… 20

第2章 法务会计的基本原理 ……………………………………… 21

学习目标 ……………………………………………………………… 21

2.1 法务会计的概念与特征 ……………………………………… 21

2.2 法务会计的目标和内容 ……………………………………… 25

2.3 法务会计的基本假设和职能 ……………………………… 30

2.4 法务会计的对象和要素 ……………………………………… 32

2.5 法务会计的会计信息质量要求 …………………………… 34

2.6 法务会计的工作程序 ………………………………………… 35

本章小结 ……………………………………………………………… 39

思考题 ………………………………………………………………… 39

第3章 法务会计调查工具、技术方法 ………………………… 40

学习目标 ……………………………………………………………… 40

3.1 法务会计的调查 ……………………………………………… 40

3.2 计算机法证学 ………………………………………………… 44

3.3 法务会计技术方法 …………………………………………… 54

本章小结 ……………………………………………………………… 57

思考题 ………………………………………………………………… 57

第4章　法务会计证据 …… 58

学习目标 …… 58

4.1　法务会计证据概述 …… 58

4.2　会计证据的调查 …… 62

4.3　会计证据的审查与认定 …… 66

4.4　会计证据的检查技术 …… 72

4.5　会计证据的固定与保全 …… 78

本章小结 …… 80

思考题 …… 80

第5章　损失计量 …… 81

学习目标 …… 81

5.1　损失计量概述 …… 81

5.2　损失计量的理论分析 …… 91

5.3　损失计量的程序和技术 …… 95

5.4　损失计量常用的方法 …… 98

5.5　损失计量方法的应用案例 …… 104

本章小结 …… 109

思考题 …… 109

第6章　企业舞弊调查 …… 110

学习目标 …… 110

6.1　会计舞弊概述 …… 110

6.2　会计舞弊与内部控制 …… 115

6.3　法务会计对会计舞弊的识别和披露 …… 120

6.4　法务会计对会计舞弊的诉讼支持 …… 127

6.5　案例分析——从安然事件看美国法务会计的诉讼支持

…… 132

本章小结 …… 136

思考题 …… 137

第7章　经济案件侦查中的法务会计应用 …… 138

学习目标 …… 138

7.1　法务会计在经济案件侦查中的作用 …… 138

7.2　挪用公款案件的法务会计检查 …… 140

7.3　贪污案件的法务会计检查 …… 146

7.4　商业贿赂案件的法务会计检查 …… 152

7.5　洗钱案件的法务会计检查 ……………………………… 157

7.6　案例分析——某公司高管人员贪污法务会计鉴定案 … 165

本章小结 …………………………………………………… 167

思考题 ……………………………………………………… 167

参考文献 ………………………………………………… 168

第1章 法务会计概述

学习目标

本章主要对法务会计在西方和我国的发展进行了历史回顾,基于众多学者的理论研究和实践者的应用,对法务会计概念进行了界定,并介绍了法务会计学科的发展,进一步将法务会计与其他相关学科领域进行了对比,最后提出法务会计信息如何进行安全管理。通过本章学习,了解法务会计在国内外的发展状况,理解法务会计的含义,了解法务会计与其他学科的关系,理解法务会计的信息安全管理及应用,为后续学习法务会计基本理论做好前期铺垫。

1.1 法务会计的产生与发展

1.1.1 国外法务会计的产生和发展

法务会计是涉及会计学、审计学、法学、证据学、心理学和社会学等多学科的交叉学科,也是一门新兴的边缘学科。它是一种既不同于一般会计工作,也不同于一般审计工作的特殊会计工作,主要涉及会计和法律的特殊领域。法务会计是在西方国家的市场经济实践中逐步发展起来的新领域,最早可追溯到 1817 年加拿大梅伊尔素・瑟夫顿案 (Meyerv Sefton),当时法庭上要求一位检查破产账户的会计出庭作证。19 世纪苏格兰将法务会计作为一项职业在经济实践中开始应用。1871 年,苏格兰格拉斯哥的法庭和辩护律师需要特殊会计人员提供会计服务。第二次世界大战期间,美国 FBI 在 1940 年 12 月到 1941 年 6 月期间曾雇用了 500 多名会计师作为特工人员,检查与监控了大约总额为 5.38 亿美元的财务交易。1946 年,美国人默瑞克・派勒博特,一家会计师事务所的合伙人,发表的一篇文章中首次将法务会计(Forensic Accounting)作为一个词来使用,这是有记载的第一次在文献中出现的"法务会计"一词。20 世纪 70 年代末 80 年代初,美国大量出现内部股票舞弊案和储蓄信贷丑闻,法务会计也得到发展,其服务范围包括"洗黑钱"调查、公司内贪污调查、电子商务交易真实调查、商标注册权调查等,几乎涵盖了所有与财务有关的问题,服务手段综合了会计师和警察的技能。1982 年,狄克曼教授发表了《法务会计:作为专家证人的会计师》一文,奠定了法务会计的理论基础。西方国家的法务会计在理论和实务方面得到了迅速的发展,英国、美国、加拿大等国家对法务会计的需求节节上升。"9·11"事件之后,美国甚至在反恐调查中也大量动用了法务会计。加拿大的银行、金融机构和大型企业纷纷开始聘用法务会计来防治公司舞弊和其他不道德行为。一些大型国际性会计师事务所纷纷在内部设置了法务会计部门,大量增加法务会计人员。

法务会计经历了一个由产生到逐步发展完善的过程,不同国家因国情、经济环境、经济发展水平等差异,法务会计发展的过程中也呈现出不完全相同的特色。下面主要介绍几个国家法务会计的发展状况。

1)高校法务会计教育发展

美国是现代法务会计的发源地。"法务会计"这一概念也是美国会计师提出来的,美国法务会计在教育、研究等方面都走在世界前列。康奈尔大学、纽约大学等多所美国大学面向在校生开展了法务会计教育,部分高校进行法务会计学位教育,其他高校开设了数量不等的法务会计课程,主要课程包括法务会计、舞弊检查、法务会计有关法律环境、法务会计有关会计基础理论、法务会计与各类舞弊等独立或相互交叉的课程。在非学历教育中,美国法务会计师理事会和美国境内的注册舞弊检查师协会任命各自定点的法务会计教育提供机构为有实际工作经验的在职人员、专业人员提供在线或课堂形式的法务会计教育。美国法务会计教育已经走上规范化的道路。

在加拿大,多伦多大学、圣尼嘉学院等高校开展了法务会计教育,但加拿大的法务会计教育是以面向特许会计师的继续教育为主,其所开设的课程也以损失计量、调查和法务会计实践为主,授课教师有会计学、审计学、法学教授、大量的资深律师及会计师事务所的法务会计专家。多伦多大学罗特蒙管理学院与加拿大优秀法务会计联盟合作提供的法务会计教育最为权威,其颁发的法务会计教育文凭是所有特许会计师成为"特设调查与法务会计专家会员"的必备条件之一。

澳大利亚的法务会计教育发展非常迅速。2002年,澳大利亚卧龙岗大学、昆士兰大学等在内的许多大学都开展了法务会计学历教育。特许会计师协会(ICAA)与澳大利亚的莫纳什法学院的法务研究国际学会及澳大利亚辩护协会(FIAI)合办了法务会计硕士研究生学位课程。

英国包括谢菲尔德大学、格拉摩根大学、朴茨茅斯大学等在内的许多高等院校开展法务会计教育。

2)法务会计的学术研究

美国非常注重法务会计学术研究,于2000年专门创办了全球首个法务会计专业研究刊物——《法务会计》。刊物的主旨是为法务会计研究者提供独立的国际论坛,以促进法务会计的交流与发展,内容涉及舞弊与法务审计、财务舞弊的侦查、破产与估价研究、对公认会计准则与审计准则的违背、审计测试与评估、诉讼支持与纠纷避免、地下经济与反洗钱问题的研究等。此外,美国还有许多学术刊物可以发表法务会计方面的文章及评论,如《舞弊月刊》《舞弊审计师》《舞弊信息》《法务检查》等,给法务会计研究提供了良好的平台。除了学术刊物以外,美国已经出版的法务会计相关教材和专著有几十种,颇具影响的有《法务会计》《舞弊审计与法务会计》《法务会计:如何调查财务舞弊》《法务会计调查指南》《职业欺诈与舞弊》等。在法务会计的概念、法务会计的应用和法务会计的调查方法等方面,美国已经取得了大量的研究成果,并在法务会计基础理论方面形成了相对统一的认识。

加拿大学术界比较注重法务会计研究,出版了一系列法务会计教材和专著,其中公认比较好的主要有《欺诈审计与法务会计:新工具与技术》《财务调查与法务会计》等。

3)法务会计组织机构发展

美国法务会计在 20 世纪 80 年代快速发展,1988 年,成立了美国注册欺诈检查师协会(ACFE),这是一个全球性的法务会计职业组织,其规模及影响力最大,也是全球唯一一个专门对舞弊予以审核的专业性协会组织。ACFE 是以注册会计师为骨干的注册舞弊审核师协会,专门调查舞弊事件、培养专职的舞弊调查人员、积极发展和其他组织结构之间的合作关系,组织面向全球的注册欺诈检查师资格考试和认证,并对注册欺诈检查师及其他法务会计人员进行欺诈检查方面的继续教育与培训以及提供培训书籍、信息沟通。随后又成立了美国全国法务会计师协会(NAFA),这是一个主要从事法务会计调查的非营利性组织。1992 年,美国法务会计师理事会(ABFA)成立,该理事会是法务会计检查者协会的二级协会,主要负责法务会计师认证。1997 年,美国法务会计委员会成立。2005 年成立注册法务会计师协会(FCPAA),主要从事注册法务会计师的考试和认证,对注册会计师进行后续教育培训,致力于完善法务会计职业,提高了注册法务会计师队伍的人员素质。

加拿大法务会计职业组织——特许会计师协会(CICA)于 2000 年成立了专门化委员会,在该委员会的推动下,成立了信息技术杰出专家联盟(CA.IT)、调查与法务会计杰出专家联盟(CA.IFA)、特许企业评估师协会(CA.CBA)、信息系统审计师协会(CA.CISA)、破产与重组职业联盟(CA.CIRP)和特许法务会计师协会(CA.CIA)6 个专门化组织,其中调查与法务会计杰出专家联盟(CA.IFA)是最为成功的专门化组织之一。CA.IFA 主要通过教育、研究、认证来提升加拿大法务会计职业,负责对法务会计师的资格认证、准则制定、教育培训和学术交流等宏观管理,在国际仲裁、法务会计师的知识及角色、国内法律的变更、知识产权诉讼支持以及建立法务会计实务指南和准则等方面取得了显著的成绩。加拿大另一个职业组织注册法务调查员协会(ACFI),该协会的目标是提高并加快相关职业人员的联合以形成一个全国性的论坛和管理机构,这些人员为公众、政府和雇主提供反舞弊、侦查和调查方面的专业服务。

澳大利亚注册会计师公会(CPA Australia)是澳大利亚两大会计组织之一,成立于2002 年,大部分会员在公共事业部门工作,他们主要对怀疑的欺诈行为进行调查及对部分控制和防止欺诈行为的方法进行评价。该小组还向成员提供必要的知识,为法庭提供司法鉴定服务。澳大利亚特许会计师协会(ICAA)是另一会计职业组织,主要致力于私有部门的会计实践工作,它成立了法务会计专门兴趣小组,帮助其成员为法庭计算因违反合同或侵权行为给当事人造成的损失,还研究进行调查欺诈的方法等。ICAA 还于

2002 年 6 月专门通过法务会计准则 APS11 号,以及注册会计师公会联合研究的指南 2,即法务会计(GN2)。

英格兰及威尔士特许会计师协会成立的诉讼支持小组(LSG),为法务会计提供诉讼服务的指导和帮助。在 1998 年成立的欺诈顾问组(FAP),专门为中小企业防止欺诈活动,公布了一系列的研究成果,如《与欺诈斗争——中小企业指南》《计算机犯罪——每一个中小企业都应清禁》《中小企业中的欺诈迹象》等。

4)法务会计职业发展状况

法务会计已成为国际会计师事务所的重要业务和发展动力之一。美国《今日会计》报道,在美国前 100 家最大会计师事务所中,有近 60% 的会计师事务所拓展了法务会计服务。根据 1996 年《美国新闻与世界报道》的综合调查,法务会计已经进入美国二十大热门行业与职业中的三甲之列,并被预测为 21 世纪最热门二十大行业之首。2002 年,法务会计更是被美国人评选为"最保险的职业发展排名"的第一位。"四大"会计师事务所(毕马威、普华永道、安永和德勤)提供了比较全面的法务会计服务。它们所提供的法务会计服务代表了会计服务的新潮流、新趋势。"四大"在提供法务会计服务方面各有特点:德勤在法务调查、反洗钱、损失预防、资产预防、资产追踪、知识产权保护等方面提供较为全面的服务;毕马威在计算机会计以及防范电脑犯罪等方面具有特点;普华永道在环境纠纷解决、建筑工程纠纷、保险争议等方面有所长。总体上看"四大"在法务会计服务方面都比较侧重于向客户提供有关欺诈业务调查、诉讼证据支持、损失预防和计算犯罪的预防等方面的服务。

加拿大近一半的会计师事务所提供法务会计服务,并且还设有专门的法务会计师事务所,在这些事务所里开出的法务会计服务项目列表中,至少涉及财务证据调查、诉讼支持、损失计量和专家证人等业务,其中又以法务会计的调查服务为主,包括财务欺诈、雇员犯罪、破产欺诈、隐瞒财产、保险索赔欺诈、洗钱调查等,诉讼支持和经济损失计量位居其次,专家证人的业务量相对而言较少。

英国成立了一批专业的法务会计师事务所专门提供法务会计服务。

1.1.2 我国法务会计的产生和发展

我国在新中国成立前并没有相关法务会计活动的具体记载。现有文献研究一般认为我国法务会计产生于 20 世纪中期,但是在 21 世纪初,"法务会计"这个概念才正式引入我国。20 世纪 50 年代,我国社会主义公有制经济建立,在司法机关查处贪污、投机倒把、偷税漏税等案件中开始出现会计技术应用于会计检查和会计鉴定等司法会计活动,并得到推广。我国资本市场形成以后,在经济领域频频发生各种经济犯罪活动,各类虚假财务信息导致的索赔案件层出不穷,尤其在法律纠纷案件中涉及大量财务信息的调查和取证,司法人员在进行司法鉴定时,对涉及会计职业判断的相关诉讼证据很难做出准确判断。查账是十分重要的破案手段,特别是在侦查审理经济犯罪案件中,往往需聘请会计专业人员协助查账,或将案卷交与会计鉴定人进行审查,进行司法会计鉴定。我国加入 WTO 后,国内企业逐步参与到经济全球化的进程中,市场经济体制的全面发展带动金融、保险、商标、广告等事业的发展,推动了社会各行业对法务会计日益增长的需求。

1)法务会计教育的发展

目前,我国已有一批致力于法务会计教育的综合性院校、政法院校、财经类院校和职业院校在本科或硕士研究生教育中开展了法务会计教育,开设方式基本可以分为以下几种类型:

①2001 年,河北职业技术学院试办首届会计学法务会计方向。

②在本科教育中开设法务会计课程。如西南政法大学、华东政法大学将法务会计课程设为本科生教育的必修课。

③在本科教育中设立法学专业(法务会计方向)。如南京审计大学、云南财经大学、渤海大学等。云南财经大学首开司法会计专业方向(后改为法务会计方向)。

④中国政法大学民商经济法学院从 2004 年起招收法务会计专业硕士研究生。2004年,国务院学位办推出了会计专业硕士学位 MPACC 项目,在多个开设 MPACC 的学校中,2005 年复旦大学在全国高校中首次专门设立了"舞弊审计与法务会计"研究方向。此后,中国人民大学、中国政法大学、西南政法大学、首都经贸大学、吉林大学、华东政法学院、复旦大学、渤海大学等在法学或会计学硕士教育中开设法务会计方向。

2)法务会计的学术研究

尽管我国在法务会计领域的研究起步较晚,但是从 20 世纪末起,我国学术界掀起了一股法务会计研究的热潮,到目前为止,我国已有一批学者开始涉足这一崭新的研究领域,并发表了一系列的论文,从中国知网期刊网上输入"法务会计"关键词可以搜出上千篇文章。有关法务会计的学术研究主要集中于法务会计概念、职能及理论框架的探讨;法务会计与司法会计、审计学的关系;法务会计人才的培养;法务会计相关制度的建设。另外,部分高校还设立了法务会计研究机构,系统地从事法务会计理论研究,如山东政法学院法学院法务会计研究所、中国政法大学法务会计研究中心、云南财经大学法务会计研究中心等。我国法务会计研究已经初具成效,出版了数本法务会计教材和专著,主要包括:中国财政经济出版社出版的《法务会计概论》,中国政法大学出版社出版的《法务会计基础教程》《法务会计高级教程》,东北财经大学出版社出版的《法务会计理论与实务》,中国时代经济出版社出版的《法务会计研究》等。此外,东北财经大学出版社 2008年以来连续出版了有关法务会计方面的一套译著,包括《舞弊侦查技巧与策略(第二版)》《法务会计与舞弊调查(第二版)》《法务会计调查指南》《会计舞弊》《公司舞弊》《公司舞弊防范手册》等。

3)法务会计组织机构的发展

1990 年长春市建立了中国第一家司法会计鉴定所,2001 年上海成立了司法会计鉴定专家委员会,同年成立了上海司法会计中心。2006 年 8 月 19 日,在北京召开了由国际注册会计职业资格认证中心、国际法务会计网举办的首届法务会计研讨会,此次研讨会组委会宣布:正式设立国际注册法务会计师资格认证专家委员会,国际注册法务会计师(IFAC)资格认证登陆中国,这标志着我国有关法务会计的资格认证制度已初步建立。

2006年9月底,首期国际注册法务会计师培训班在北京正式推出。参加培训的学员必须修完规定课程,通过资格考试成绩合格后,可获得国际认证与注册协会(IARI)颁发的国际注册法务会计师资格证书。学员获得此证书后具备获得申请成为美国注册欺诈检查师协会 ACFE 副会员的资格。

4) 法务会计职业发展情况

1985 年,最高人民检察院在全国检察系统刑事技术工作会议上通过了《关于检察机关刑事技术工作建设的意见》,明确指出要在省、市两级人民检察院中设置司法会计岗位,并且把它纳入检察机关刑事技术工作。但是,目前我国法务会计仍是一个较为新兴的行业,还没有专门的法务会计师事务所,大部分会计师事务所没有专设法务会计部门,鲜有外资事务所设有法务会计部门。国内会计师事务所能提供法务会计服务的也非常少,从事过相关工作的会计师屈指可数。但是,国际会计师事务所在中国市场开辟了法务会计业务,德勤财务调查服务有限公司于 2002 年在香港成立,整个团队由专业会计师、警察和计算机专家组成。2004 年德勤着手在我国内地成立分公司,专门负责企业重组等法务会计事宜。该公司主要业务人员来自香港,逐步发展本地执业队伍,着力招募理财专家、专业警察以及计算机高手。德勤已经在内地发展了不少客户,其客户主要来自外资企业和合资企业。面对激烈的竞争,我国会计师事务所必须积极开拓新的业务增长点。随着我国经济高质量发展,对法务会计业务需求日益提高,会计师事务所需要转变发展理念,改变业务范围仍停留在审计、验资等传统领域以及少量的税务筹划咨询业务的局面,拓展和优化财务管理咨询、法务业务咨询等优势业务。

1.1.3 市场经济条件下建立法务会计的必要性

21 世纪的中国是一个法治越来越健全的国家,会计也将面临越来越复杂、越来越完善的法律环境。会计不再是传统观念上的会计,会计人员也不再仅仅局限于从事传统会计工作的人员。随着全球经济的一体化,经济组织规模日益庞大,现代金融工具不断创新,企业经营环境瞬息万变,各国的经济犯罪、经济纠纷的形式呈现出多样化和复杂化,而且几乎所有的经济行为都与会计和审计有关。在现实生活中,通过法律来调节市场经济行为是现代经济的主要特征,也是所有市场经济体制国家的特征。因此,在市场经济条件下,法律诉讼将成为保护市场主体自身权益的有效途径,作为反映、监督、控制经济运行的主体——会计与会计人,则更应承担起越来越多的法律责任。

1) 会计与法律的融合是国家规范经济秩序的需要

在市场经济条件下,作为主导经济主体的国家,用法律手段来规范经济秩序,将成为一种普遍现象。借助注册会计师的专业能力、法律的威慑力来减少舞弊现象的发生,也成为市场经济中的热点问题。国外安然和安达信事件、国内康美药业和康得新财务舞弊等事件证明只有加速会计与法律的融合,才能更有效、更全面地防范会计信息失真,真正切实地贯彻《中华人民共和国会计法》要求。在市场经济体制下,法律诉讼将成为每一个企业和个人保护自身权益的有效手段。但是涉及市场经济的经济活动时几乎所有经济行为都与会计有关。在诉讼过程中,往往涉及许多与会计相关的法律问题,由于会计专业化较强,社会公众和法官在缺乏会计专业知识的前提下,往往难以理解用复杂会计语言表达的经济行为,从而为进一步通过法律手段来维护权利人的合法权益增加了障碍。如红光实业公司的虚假财务报表,由上海浦东的一位投资者向法院起诉,要求红光实业公司及有关中介机构赔偿损失。但法院如何来认定虚假财务报表的责任,如何确定投资者的经济损失,由于缺乏具体的法律解释,故法院不得不以没有直接因果关系为由将此案驳回。面对这种现实,为适应市场经济和法制制度日趋完善的形势,加大会计打假力度,规范市场经济秩序,必须全面快速推进会计与法律的融合,以弥补会计知识与法律知识的不足,才能妥善解决现实生活中复杂的经济问题、法律纠纷。

2) 综合性法务会计人才能够有效维护企业的合法权益

从企业自身的经济利益而言,会计人员既懂财务知识又熟悉法律法规,成为综合性法务会计人才,能够运用法律知识防范经济活动中的舞弊行为,有效地维护企业的合法权益。现代会计理论和实务的不断发展和完善,极大地提高了会计在经济管理中的中心地位和作用。但是涉及民法通则、税法、经济法、合同法等一系列法律制度规定时,会计人员的专业局限性就凸显出来,缺乏对法律法规的熟悉和理解。如不法分子常常利用空头支票、过期支票、印鉴不符的支票等实施诈骗,或者构筑一些合同陷阱引诱企业上当。如银广厦、渤海集团、亿安科技等诉讼案件都反映出这一问题。这就非常需要会计人员能结合《合同法》《票据法》等法律知识帮助企业避免不必要的损失和损害,维护企业的经济效益。

1.2　法务会计与相关学科的关系

1.2.1　法务会计与法务会计学

法务会计(Forensic Accountants)以有关法律法规为依据,以相关会计知识为基础,对受理的案件或受托业务进行审查、作出判断与认定。国外学者一般认为法务会计泛指一切为法律案件提供支持的会计业务(forensic accounting includes any accounting engagement in support of a legal case),其工作任务主要包括两个方面,即在法律案件的侦破与审判中涉及的"商业估价"(Business valuations)和"舞弊审查"(Fraud examination)。作为法务会计受托从事上述工作,不同于受托进行司法鉴定的司法会计仅限于从会计专业角度出具相关的司法鉴定意见,而是依据相关法律规范并按照证据规则的要求,通过对相关财务资料的调查与收集、审查和处理,向作为委托方的公务人员(比如检察官、法官等)以及其他涉诉当事人或其代理人(律师),提供能够证明手头案件事实及其真伪的证据。

法务会计的产生与发展是基于社会经济发展的日益复杂化和舞弊的蔓延之势,也是社会分工与合作条件下各类学科和技术之间交融的必然产物。法务会计包含舞弊调查、诉讼支持和损失计量在内的广泛应用领域,它可以通过独特的发现、调查、取证、分析、面谈等技术方法,收集证据,认定舞弊,并在现行法律制度指导下利用会计数据,以系统的计量方法和模式认定损失数额,通过参与诉讼策略的制定、辅助律师工作和专家证人等解决法律争端。

企业会计、审计、税收、管理会计、财务管理、破产清算、法务会计、预算制定、商业咨询等都是会计学专业涉的领域。其中,法务会计学是基于法务会计的产生与发展而诞生的,是以法务会计为研究对象的学科,也是一门新兴的边缘性学科。要准确地理解法务会计学,应先明确它是一门新兴的综合性交叉学科,法务会计学的融合性是其最大特点,它是融合了会计学、审计学、法学、证据学、侦察学和犯罪学等学科内容为一体的学科。法务会计学全面吸收了会计基本原理和法学原理,特别是证据学的基本理论,也吸收了审计学中部分审计的技术方法和统计学中的某些统计分析、比较分析方法而形成的一门学科。法务会计学与财务会计、管理会计、成本会计等不同,它不是某个"单一会计",而是更广泛意义上的会计学科。法务会计人员不仅要具备会计知识和财务知识,还必须学会运用审计技术和调查技术,这样才能够发现企业经济过程中的问题,针对疑点问题进行深入调查,寻根究底,找出问题根源。除此以外,法务会计人员还必须具备法律知识,才能在法庭上配合律师的工作。我国法务会计学应是一门应用科学,既是会计学的一个分科,又是法庭科学的重要组成部分。

法务会计学是会计学科和法学科领域新综合学科,与环境会计、人力资源会计、公司法、破产法、诉讼法等领域相比,更具有广泛性和复合交叉性,法务会计学的系统构架除了法务会计基本理论外,还包括法务会计鉴定、法务会计证据基本理论、经济犯罪调查和舞弊审计等配套理论。

法务会计本质是与实践紧密结合的。任何学科都是为了满足社会实践需求,解决实际问题与矛盾而产生和发展起来的。法务会计学就是在社会经济生活和法律实践中产生的专门用于解决法律实践中有关会计问题的科学理论。在具体实践中,法务会计需要综合运用法学中的侦察学、证据学、诉讼法学和实体法学等理论知识和技术方法。侦察学、证据学、司法鉴定学等为法务会计提供了指导原则,诉讼法学则规定了必要的诉讼主体和完整的法律程序。

1.2.2　法务会计与相关学科的关系

法务会计在我国尚属于初级阶段的新生事物,是一个新兴的、不成熟的学科领域,其融合多个学科的知识和内容,极为容易被混淆。因此,应将法务会计与其他学科进行明确和划定清楚范畴,将法务会计定位于为法律人士提供财务信息服务会计的层面,并从它与相关学科的关系上进行准确的理解和把握。

1)法务会计与财务会计

法务会计属于会计学的一个分支,会计学是法务会计的理论基础之一。法务会计开展工作需要借助会计专业术语对会计对象重述,运用会计的理论和技术,正确理解凭证、账簿、报表等会计资料传递出来的财务信息,调查、甄别和分析会计资料中有关舞弊等经济犯罪的财务证据和线索,为法庭和诉讼当事人提供有力证据。

财务会计理论中的资金运动关系、复式记账原理、会计核算方法、财务报表之间的勾稽关系等理论在法务会计人员收集会计资料证据时成为有力的理论支撑,为查明经济案件的有关事实提供了客观依据。财务会计为信息使用者进行经济决策提供财务信息,法务会计为法律工作者处理法律事项服务,它们都属于会计服务活动,最终成果所依据的事实材料都来自各项经济活动,对会计事项进行确认、计量和分析所依据的会计知识和业务准则基本一致。两者之间有较多的联系和共同点,但是因为二者本质属性不同,决定了他们之间依然存在差异,主要表现在以下方面:

(1)会计目标不同

财务会计是为会计信息使用者(投资者、债权人、管理层、员工、供应商、客户、政府机构、社会公众等)提供其决策所需,能够反映企业财务状况、经营成果、现金流量等的会计信息。法务会计的目的是根据会计资料中发现的法务会计证据,为法律事项承办人、当事人及其代理人等查明真实会计事项,提供有效的诉讼支持,以利于其准确及时地处理法律事项或问题。

(2)服务对象不同

因为法务会计和财务会计的目的性差异,决定了二者的服务对象不同。财务会计服务对象是会计主体在社会再生产过程中能以货币表现的经济活动或者资金运动,是会计核算和监督的内容。法务会计的服务对象是法律事项所涉及的能够用货币表现的经济活动、资金运动或资金状态。两者的服务对象虽然都是会计事项,但法务会计在虚假陈述、合同纠纷、交通事故、财产继承等经济纠纷中的损失或财产的范围与金额很可能并非是会计记录与报告的对象。从资金运动的情况来看,财务会计通常是通过会计分期,系统和完整地反映整个资金运动的全貌,而法务会计只是根据法律事项截取某一时段或这一时段中的某一部分。法务会计也可能跨越若干个会计期间考察某一或若干会计主体的某一部分或全部资金运动。

(3)会计基本假设和信息质量要求不同

①会计基本假设的区别

财务会计对会计主体范畴的解释决定了它只能记录与报告某一特定单位或组织的经济业务。法务会计是围绕具体的法律事项开展工作,它遵循的是法律事项假设,事先明确为哪个法律事项的处理提供专业服务。凡是该法律事项涉及的会计事实都必须查清、核实,并向委托人报告,法律事项划定了法务会计的空间活动范围。持续经营假设和会计分期假设界定了会计核算的时间范围,为会计信息质量要求和会计处理方法,分期核算账目,编制会计报表和提供会计信息确立理论和实务基础。法务会计的法律事项性决定了它不适用会计学的持续经营与会计期间假设的解释。法务会计工作重点在于必须核实清楚与法律事项相关的会计事实,至于其涉及多少个会计期间无重大意义,法庭只有等全部事实查清之后才能对案件进行最后处理。货币计量假设是对所有会计核算对象采用同一种货币作为统一尺度予以计量,把会计主体经济活动和财务状况数据转化为统一货币单位反映的会计信息。财务会计和法务会计都需要遵守货币计量的假设,在法务会计中必须查实法律事项涉及的财产损失、纠纷金额、犯罪金额等财务数量信息。

②会计信息质量要求的区别

根据《企业会计准则——基本准则》规定,将可靠性、相关性、可理解性、可比性、实质重于形式、重要性、谨慎性和及时性作为企业日常会计核算和出具财务报告时提供高质量会计信息的标准和要求。法务会计与财务会计对信息质量要求存在较大差异。例如:a.可靠性要求。法务会计是为正确处理案件等法律事项需要探求相关会计事实的真相,以会计资料等相关证据材料或线索去推测过去发生的会计事实的真实情况,与财务会计要求企业会计核算应当以实际发生的经济业务为依据的理解有较大差异。b.相关性要求。法务会计人员向法庭、当事人及其代理人等提供基于处理案件或纠纷所需会计事实信息为依据的专家意见要与待处理法律事项相关。c.可理解性要求。法务会计与财务会计的信息使用者不同,法务会计主要是针对法庭、律师、当事人等诉讼参与人及其他相关主体,除了体现在其提交的书面专家意见上外,还体现为向法庭、律师、当事人等所作的说明和回答询问的要求上。d.谨慎性要求。财务会计中要求不预计任何可能发生的利益,而承认一切可能发生的损失,但是在法务会计中找不到适用的依据。e.可比性要求。法务会计仅需核查会计指标口径与各期会计方法上的统一性而非遵守,不可能构成其业务原则。f.重要性要求。在法务会计中无论财务会计认为重要与否的会计事项都必须仔细查清,并且财务会计认为次要的事项在个案中可能成为法务会计的重要事项。g.及时性要求。法务会计应当遵守及时调查、验证和向法庭、当事人或其代理人等提出专家意见。

法务会计应遵守可靠性、相关性、可理解性、及时性等要求,此外,法务会计还应遵守合法性和独立、客观、公正的要求。

(4)信息呈报方式不同

财务会计最终提供一套依据会计准则要求格式规范和标准的财务报告,主要由"四大"会计主表和附注组成,各报表之间存在严密逻辑的勾稽关系,内容高度统一;法务会计则呈报一份专家意见书,该意见书的格式没有统一范式,内容会随着涉及案件的差异而有所不同。

(5)会计依据和标准不同

财务会计核算和监督的依据和标准是会计法、会计准则、会计工作规范等,法务会计则以事实为根据,以法律为准绳,为了查明法律事项涉及的财务会计事实,法务会计人员必须依照《公司法》《证券法》《诉讼法》等实体法与程序法的规定办事。专家证人或鉴定人出具意见的依据通常只能按行业规范提供专家意见,法律通常就会计事实方面作出程序性规定。法务会计人员按照法律规定的程序来确定相应的实体内容,并最终出具两方面相结合的专家意见。

2)法务会计与财务学

法务会计与财务学在内容和方法上有着密切的联系。财务学是按一定标准对各种财务活动和财务关系进行分类的财务管理理论,包括财务本质、财务对象、财务目标、财务职能等理论要素。法务会计的一项重要功能就是对财务问题的确认和解释,尤其在一些经济案件中,法务会计需要能够迅速识别出与法律案件有关的财务事项的要害之处。

客户的各种财务活动是法务会计研究的对象,财务学中的量化分析技术方法为法务会计所用并作为损失金额计量的重要技术。

法务会计与财务学虽有一定联系,但各自的研究对象、目的不同。法务会计是为了达到目的,受各信息使用者所托对会计主体开展经济活动后的结果进行检查,属于对会计事项的外部监督或社会监督,不同于一般会计为保证提供会计数据资料的真实、可靠性所使用查账、对账手段进行的内部监督;而财务学是对经济活动过程中资金运行进行筹划和管理,侧重于财务管理方面,即在会计历史信息的基础上提供相关决策方案、制订具体的实施计划,在决策方案实施过程中进行控制。

3)法务会计与审计学

法务会计与审计学的关系最为密切,法务会计的理论渊源来自审计,从产生动因到一般技术方法都有相同之处,有学者认为审计学的后延就是法务会计,也有学者直接将法务会计来源归入审计学。审计需要运用大量数理统计方法审查和分析特定主体提供的会计资料,对其实际经济活动进行鉴证和评价。法务会计在财务舞弊案件调查取证时,要依据审计原理,大量借鉴和运用审计技术和方法,以保证能查明案件事实。法务会计人员与审计人员一样,必须保持独立性,由会计信息提供者以外的第三人进行检验审查活动。

虽然法务会计的理论和技术方法来源于审计学,但法务会计的产生动因主要是弥补传统审计的不足。民间审计意见只能保证其合理性,而法务会计的结论和专家意见可以作为一种鉴定证据,其性质保证了调查和鉴定结果的客观性、真实性。法务会计还是对审计的再审计。法务会计与审计存在一些差异,其工作也会比民间审计细致得多。

客观地说,两者既有联系又有区别,其区别主要表现在:

（1）目的不同

审计的目的是在一定历史环境下,专设部门依照法律通过审计实践活动对国家各级政府、金融机构、企事业单位组织的重大项目和财务收支进行事前和事后审查的独立性经济监督活动。从理论与实践层面来看,现代审计包括政府审计、民间审计和内部审计三大主体。法务会计的主要目的是通过对特定主体的相关财务资料的审核与分析,寻找经济欺诈、财务舞弊的线索与证据,作为确定其法律责任的依据,直接解决法律问题。

（2）对象不同

审计主要查阅被审单位的会计报表及相关会计资料的真实性、合规性,其任务是"查阅财务资料",发现是否存在影响报表真实性的重大舞弊事件,对于被审单位其他相关活动涉及较少,仅限于与会计资料有关或影响审计师做出专业判断的活动。而法务会计的对象几乎包括被审单位所有的经济活动,只要和欺诈、舞弊等违法事项有关的经济活动均需调查取证。在法务会计的领域中,诸如反洗钱、诉讼策略制定等均是审计从未涉及的领域。

（3）技术方法不同

审计一般多采用演绎思维,运用检查、监盘、观察、查询及函证、计算和分析性复核等传统审计方法来获取审计证据,有严格的程序性。而法务会计在工作中,要综合运用会计学、审计学、证据学、犯罪学、心理学、信息学等多种学科的相关技术方法,没有固定的工作程序。

(4) 结果呈报不同

审计的结果是形成审计报告,具有一定的格式要求;而法务会计的结果是形成专家报告和专家意见等,没有具体的格式规范。两者从内容到形式上均有不同。

4) 法务会计与法学

法务会计是会计学与法学交叉形成的新领域,二者联系紧密。法务会计的产生起源于法律活动的实践需要。法务会计在参与诉讼活动、履行诉讼支持和专家证人职责时,要熟悉相关法律诉讼制度和审判程序,才能做出具有法律效力的结论。实体法具体规定了法律主体的权利和义务,包括刑法、民商法、经济法等所有的部门法,法务会计开展业务工作要以实体法为重要依据和标准。程序法是收集、判断证据和运用实体规则,法务会计是实现法律诉讼的特殊手段和方式,其在收集、整理、提供有力证据时,必须遵守程序法的证据规定。

从法务会计与法学的关系上看,两者的主要区别在于方法论的根本差异。法学方法是以法律关系分析为重要手段,以价值判断为指导,偏重定性分析,数量化仅是作为辅助手段。法务会计属于会计学领域,依靠经济关系量的方面进行确认、计量的,它将定性判断分析和准确定量分析相结合。经济案件中涉及财务数据和法律证据需要运用大量交叉性、边缘性、混合性的会计和法律知识。

5) 法务会计与犯罪学

犯罪学是以研究犯罪现象为对象的学科,属于行为科学,注重社会学和心理学层面的研究。通过研究犯罪的动因、犯罪行为表现和对犯罪的防范,为预防和打击犯罪提供科学的理论依据。法务会计在开展工作时要借鉴犯罪学的理论和研究成果,对经济案件、舞弊案件等分析舞弊的动因、行为及防范。诸如舞弊的三角理论、GONE理论、冰山理论等。结合犯罪学和犯罪心理学进行法务会计工作,有助于发现其舞弊和违法行为,及早开展事前控制和监督,完善内部控制制度。

6) 法务会计与信息学

随着信息技术发展和5G时代的到来,计算机作为对信息处理最为快捷有效的工具,在各行各业中得到广泛应用。信息学是以信息为研究对象,以计算机等技术为研究工具,以扩展人类的信息功能为主要目标,研究信息的获取、处理、传递和利用规律性的一门综合性学科。法务会计采用的技术方法需要信息化快速发展为其提供技术支持。会计信息系统的出现使会计信息处理有了质的飞跃,信息处理网络化成为不争的事实,直接改变了传统的手工会计、审计环境。会计信息系统所需要处理的各种数据直接存储于计算机网络之中,对各种交易中的会计事项进行确认、计量和披露的会计活动。如今的企业管理完完全全实现数字化、在线管理、动态和远程处理。信息化快速发展也为法务会计工作带来巨大的挑战,不同程度的信息安全威胁、被篡改的财务数据、信息化内部控制风险失控都对法务会计师在进行调查审验、鉴定和识别时有了更高要求,法务会计师必须熟练运用信息化手段和技术。法务会计与信息学均具有综合性新兴学科的特征,法务会计有信息学的技术支持,能够迅速提高工作效率和效果。

总之,法务会计广泛吸纳各门学科的相关元素,不断发展和完善起来,逐步形成具有特色的完整学科体系。

1.3　法务会计工作与信息安全管理

1.3.1　什么是信息安全

信息安全是信息发布、存储和使用过程中的安全程度和状态。从发展趋势上看,信息安全最早被用来概述安全体系,就是保护信息的保密性、完整性和可用性。信息安全被细分成以下领域:Web 安全、渗透、逆向、漏洞挖掘、安全防御、体系建设等。信息安全也可分为政治信息安全、经济信息安全、文化信息安全、军事信息安全、外交信息安全、舆论信息安全等。根据国际标准化组织(ISO)的定义,信息安全是"在技术上和管理上为数据处理系统建立的安全保护,保护计算机硬件、软件和数据不因偶然和恶意的原因而遭到破坏、更改和泄露"。信息安全是一个动态的复杂过程,它贯穿于信息资产和信息系统的整个生命周期。信息安全的威胁来自内部破坏、外部攻击、内外勾结进行的破坏以及自然危害,按照风险管理的思想,应对可能的威胁、脆弱性和需要保护的信息资源进行分析,依据风险评估的结果为信息系统选择适当的安全措施,妥善应对可能发生的风险。

在经济全球化背景下,经济信息安全以资本市场信息安全为核心,包含内容安全和技术安全两个层面。我国资本市场发展日益壮大,大规模市场交易和资金流动都要通过交易平台以网络化形式实现。片面、虚假、歪曲的信息会误导资本、扰乱市场,核心技术失控,网络漏洞以及黑客、病毒等都可能使资本市场内大量财富瞬间化为乌有,信息安全决定了交易安全、金融安全和经济安全。

1.3.2　信息安全管理体系

信息安全的目标就是要保证敏感数据的机密性、完整性和可用性。为了达到信息安全目的,人们建立起信息安全管理体系。在信息安全管理体系中,通过确定信息安全管理体系范围、制订信息安全方针、明确管理职责、以风险评估为基础选择控制目标与控制方式等建立起信息安全管理框架。

1) 信息安全管理体系建立的重要性

随着经济时代和科技社会的不断发展,计算机的使用达到普及,企业的信息数据管理模式在发生着创新改变,大数据在各行各业的工作中所占比重逐渐加大,也在一定程度上加快了企业信息化建设进程。但是大数据环境中包含的信息内容广泛、数据容量大、安全隐患问题较多,大数据时代推动企业信息管理方式进步的同时,也对其管理工的稳定性和安全性提出了挑战。企业应正确认识到大数据时代对自身信息管理发展的影响，在应用大数据便利条件时，适时建立和完善适应自身发展特点的信息安全管理体系，从日常的生产工作入手，保障企业内部信息的可靠性和稳定性。

企业的信息覆盖范围广，涉及内容复杂，信息安全管理体系建设工程庞大。因此，一个综合性企业信息安全管理体系在构建应用过程中，不仅需要有安全可靠的技术作为支撑，也要有科学规范的管理措施对其具体工作进行约束，二者相辅相成，才能在真正意义上对企业信息安全起保障作用，加强企业内部信息的安全管理。

2）大数据时代企业信息安全管理体系

（1）构建企业信息安全管理体系框架

因各个企业的发展领域和特点不同，所以在建立信息安全管理体系时，应先按照其实际所需的安全管理内容进行大致分类。企业的大数据安全管理体系是以云端信息平台为基础载体的，其性能涉猎范围较广，内容较为复杂。因此，企业在构建自身安全管理体系框架时，应适时参考行业发展标准，再添加相应的信息安全管理内容，以此提高该框架的科学合理性和实用性。

①增加相关法律知识

技术是支持系列信息安全管理工作有序落实的重要前提条件，也是推动大数据管理系统进步的关键因素。企业应及时根据技术进步对自身法律条文进行适时更新和补充，作为企业信息安全管理体系的补充内容，提高执法独立性，以此有效保障企业信息安全。此外，法律知识也是辅助企业管理人员科学合理建设和完善信息安全管理体系的要素，并监督和规范其具体操作。相关法律知识的适时补充，能在一定程度上完善工作人员的知识构建体系，促进其综合素质提升，保证其系列工作开展是在法律允许范围内进行的。

②严格完善企业工作管理机制

紧密有序的工作管理机制是保障企业各项工作高效开展的重要因素，也是联系各部门工作的关键纽带。因此，在对企业信息安全管理体系框架进行构建时，也应对其组织安排、运行检核等工作管理机制进行实时完善，以此帮助工作人员加深对自身工作的认识，根据内部信息的保护程度对其进行分类，促进实际信息安全管理工作与企业管理体系特点进行有效融合。另外，明确制订工作管理机制，严格规范企业人员的具体工作，促进其工作内容与管理制度趋于一致。因为各个企业的发展背景不同、运作模式不同，所以要求其根据自身特点对管理机制进行个性化定制，在加深管理工作对企业人员影响程度的同时，充分体现企业发展特点，帮助企业管理人员在新兴发展理念的指导下对具体管理工作进行适应性革新。

（2）云平台的安全防护

云平台是企业信息安全管理体系建立的基础，其工作运行必须在网络条件支持下进行。但是现今网络安全问题层出不穷，导致云平台的稳定性和有序性在一定程度上遭到破坏。网络信息共享使得企业云管理平台很难清晰界定信息来源及引用对象，造成企业内部信息泄露和遗失。因此，企业在完善自身信息安全管理体系时，应适时对云平台及网络环境进行有效的安全防护，增加使用人员认证、应用范围说明等程序，以此确保企业信息数据传输的安全可靠性和私密性,适时降低外网环境破坏企业内部安全体系的风险。云平台登录人员身份认证等安全防护从根源上保障企业信息安全,有效减少外部网络病毒的入侵。在计算机防火墙的协助工作下,建立一套网络防护体系,隔绝外界干扰因素的影响,进一步保障企业信息安全管理工作的安全可靠性,最大限度减少安全问题的产生。

（3）完善风险评估标准和安全标准

企业应适时提高工作人员对信息安全的认知程度,让其深刻理解信息数据安全的重要性,保证信息安全管理工作的有序落实。企业根据自身发展特点,对市场的风险评估标准和安全标准进行合理改进完善,以此更加贴近现实安全问题发生状况,这样不仅能提高信息安全管理工作的水平,也能保证信息安全问题的完备解决。科学合理的风险评估标准和安全标准的实行,使得云平台体系及工作人员能够对隐患问题进行判断,对其开展解决防预措施。

总之,企业构建信息安全管理体系是高效适应大数据时代发展的重要体现,也是进一步保障内部数据信息不受外界干扰的关键措施。

3）计算机网络信息安全

计算机网络安全主要指网络上的信息安全,从本质上来讲是网络系统中软硬件以及系统中数据的安全,利用网络管理控制和技术措施,保证在一个网络环境里,数据的保密性、完整性及可使用性受到保护。计算机网络安全不仅包括组网的硬件、管理控制网络的软件,也包括共享的资源,快捷的网络服务,在网络中的信息所有过程都必须要处于安全的状态才能够体现计算机网络的可靠性。计算机网络安全应是保护计算机网络系统中的硬件,软件和数据资源,不因偶然或恶意的原因遭到破坏、更改、泄露,使网络系统连续可靠地正常运行,网络服务正常有序。计算机网络信息安全包含静态安全以及动态安全两种:静态安全主要是指信息在没有进行传输和处理的状态下内容的保密性、完整性以及真实性;动态安全则是指信息在整个传输的过程中不会被进行窃取或者遗失。

（1）构成计算机网络信息不安全的因素

近年来在大数据的环境背景下,计算机网络信息安全很容易受到漏洞因素、自然因素、人为因素、技术因素和偶发因素的影响而出现安全问题,不能保证信息的安全性。计算机网络不安全因素主要表现在以下几个方面:

①计算机网络存在漏洞

互联网具有开放性、共享性、国际性等特点,任何单位或个人都可以在网上方便地传输和获取各种信息,使得网络所面临的攻击来自多方面,或是来自物理传输线路的攻击,或是来自对网络通信协议的攻击,以及对计算机软件、硬件的漏洞实施攻击。现在很多的计算机网络操作系统都会存在着一定的漏洞。因为很多计算机网络中的 IP 协议都是利用密码来进行传输的,这样就会被很多"有心人"利用,然后再通过相应的技术手段对协议中所传输的信息进行截取,从而出现信息外露的情况。现在的很多计算机网络系统的节点辨识都只有一种 IP 地址,而这种 IP 地址是可以进行随意更换的,不需要进行身份验证就可以进行处理,这样就会被一些"有心人"进行利用。

计算机系统实际运行的过程中,如果存在安全漏洞的问题,就会导致黑客入侵的概率增加,病毒感染风险问题的发生率有所提升,不仅导致计算机信息的安全性与稳定性降低,严重的还会诱发网络瘫痪问题,严重危害计算机网络系统的安全性。这些对网络的攻击不仅是来自本地网络的用户,还可以是互联网上其他国家的黑客。

②技术支持不足

计算机操作系统是作为一个支撑软件,提供运行的环境。操作系统主要提供了管理系统的软件资源和硬件资源。操作系统软件自身的不安全性、系统开发设计不周而留下的破绽等,都会给网络安全留下隐患。

数据库存储的内容存在安全问题。数据库管理系统大量的信息存储在各种各样的数据库里,数据库主要考虑的是信息方便存储、利用和管理,安全方面考虑较少。如非法用户可以绕过安全内核,窃取信息。对数据库的安全而言,就是要防止数据库被破坏和非法地存取,防止数据库中存在不符合语义的数据。

脆弱的防火墙。防火墙指的是一个由软件和硬件设备组合而成,在内部网和外部网之间、专用网与公共网之间的界面上构造的保护屏障。防火墙不能保证网络的绝对安全,也难以防范网络内部的攻击和病毒的侵犯。防火墙可以保护计算机免受一类攻击的威胁,但是却不能防止从 LAN 内部的攻击。若是内外部人联合起来,防火墙也不能抵御它能检测到的攻击。

③自然与人为因素

计算机主要是各种电器元件组成的部分,外界环境的敏感度较高,系统运行期间很容易受到自然因素(地震、泥石流、水灾、风暴、建筑物破坏等)的影响。如在环境湿度过高、振动过强、冲击力较大的情况下,会导致计算机设备受到影响,网络信息安全性降低,不能保证相关网络系统的正常运行。

随着计算机技术的发展,计算机的犯罪对全球造成了很大的威胁。一方面,人为性的主动攻击现象,不法分子利用各种类型的攻击方式,对计算机网络信息进行篡改、盗取与破坏,导致信息的安全性降低;被动性攻击问题,就是在不对网络安全性产生影响的情况下,为了获取到数据信息所作出的攻击。1986 年,深圳发生了第一起计算机犯罪案件。随着计算机网络技术在各行各业中的广泛应用,计算机犯罪呈现直线上升的趋势,这些犯罪分子所采用的犯罪手段也更趋向技术化以及多样化。计算机犯罪的主体大多都是掌握了计算机以及网络技术的专业人士,还有一些计算机网络技术的专家也会铤而走险进行网络犯罪。这些都会导致计算机网络信息出现泄露的现象,导致系统运行的安全性降低。

④偶发性因素

如电源故障、设备的机能失常、软件开发过程中留下的某些漏洞等,也对计算机网络构成严重威胁。此外,管理不好、规章制度不健全、安全管理水平较低、操作失误、渎职行为等都会对计算机信息安全造成威胁。

(2)计算机信息安全违法行为

①窃听。不法人员利用电视、电话、手机等设备截收计算机向周围空间辐射的电磁波,通过解译以后复现信息。

②越权存取。越权存取别国计算机中的机密。

③黑客攻击。网络黑客采取非法手段躲过计算机网络的存取控制,得以进入计算机网络。黑客干扰计算机网络,并且还破坏数据,更有甚者渗入政府或军事计算机存取其信息。

④计算机病毒。计算机病毒是一种人为编制的程序,能够在计算机运行的过程中进行自身的拷贝或者修改,从而给计算机的系统带来一定的破坏,甚至会导致整个计算机系统瘫痪。计算机病毒具有一定传染性、破坏性以及复制性的特点。随着互联网的不断发展,计算机病毒的种类逐渐增加,扩散的速度也比以前更快,计算机系统受到感染的范围也越来越广。

⑤有害信息。有害信息主要是指计算机信息系统及其存储介质中存在、出现的,以计算机程序、图像、文字、声音等多种形式表示的,含有恶意攻击党和政府,破坏民族团结等危害国家安全内容的信息;含有宣扬封建迷信、淫秽色情、凶杀、教唆犯罪等危害社会治安秩序内容的信息。

4)大数据背景下计算机网络信息安全管理

(1)强化软硬件的管理力度

计算机系统是软件与硬件组合而成的整体结构,要想保证计算机系统安全运行和预防信息安全隐患,应该对计算机的操作系统以及网络设计进行高度的重视,在计算机网络信息安全管理的过程中要对整个计算机网络安全系统进行评估和分析,最大限度预防信息丢失与破坏问题及软硬件安全隐患问题,提升软硬件使用的安全性。

日常应对计算机硬件定期开展检查维修工作与维护工作,排查安全隐患问题,如果发现硬件存在风险,强化杀毒管理力度,开展垃圾软件的清理工作,以免在硬盘中有病毒数据,预防出现核心数据破坏性的问题,或者更换高质量的硬件设备,保证系统的有效运行。

在软件管理的工作中,要利用补丁进行更新处理,及时修复安全漏洞,保证软件系统能够高质量运行。积极引进目前市场中较为先进、可靠性高的杀毒软件技术,定期更新杀毒软件,确保在软件运行期间消灭计算机网络系统中的病毒,保证所有信息内容的安全性。准确理解各种软件的优势和缺点,按照实际状况选择较为适合的软件安装,设置软件的限制功能与保护功能。

(2)设置安全权限

计算机网络系统实际运行的过程中,可以设置安全权限,形成文件的加密作用,确保在大数据背景下维护文件的安全性,保证不会出现信息安全的问题。按照实际情况针对性开放文件内容,预防陌生人读取或是获取信息;结合企业与个人需求,分别设置相关安全权限。将安全权限和 ID 认证技术相互整合,形成 ID 安全权限形式,可以保证信息的安全性,为信息访问管理、查询管理等提供便利。

(3)对数字加密处理

数字加密可以预防信息在传输过程中数据包被非法拦截或盗取,保证文件在传输期间的安全性。近年来,我国数字加密技术快速发展,计算机文件传输的安全性有所提升,尤其是一些重要的文件在传输期间可以保证信息的完整性与安全性。在大数据背景下，计算机网络信息安全防护应该积极采用密钥数字加密技术、规范性数字加密技术，在文件传输期间设置相关的数字密码，确保文件传输的安全性。

（4）设置防火墙技术

大数据背景下计算机网络信息安全防护应该注重防火墙和杀毒软件的安装，利用软件、技术等维护信息的安全，有效预防出现隐患问题。在所有的网络安全技术使用中防火墙的使用率是最高的，且成本比较低，容易安装，能够进行在线升级。对防火墙而言，能够有效预防一些不可预测和潜在破坏性的入侵，规避信息篡改问题与丢失问题。利用防火墙技术及时地对信息传输的过程进行监测以及限制，自动化检测非法入侵，限制外部对内部信息的读取，营造出较为良好的内部和外部环境，保证各种网络信息的安全性，阻止各种 IP 盗用以及路由攻击。

（5）积极采用监控与入侵检测技术

大数据环境背景下的计算机网络信息安全防护的工作中，应该积极采用先进的监控技术与入侵检测技术，以免出现不法入侵与其他问题。在使用入侵检测技术的过程中，将人工智能检测技术、统计学检测技术、推理学技术等有机整合，预防计算机系统受到不法入侵，确保相关系统与信息的安全水平。在使用监控技术的过程中，将统计分析与签名分析有机整合，在计算机网络系统实际运行期间，利用统计学技术判断是否有信息安全隐患，监测系统是否有攻击性的安全隐患，然后将签名分析的内容输入 DS 系统代码内，写入各种攻击模式的签名，便于有效维护计算机网络信息。

（6）完善安全防护机制

大数据背景下的计算机网络信息安全防护工作中，应该积极创建较为完善的安全防护机制，保证可以有效开展各方面的安全防护工作。一方面，在构建相关防护机制的过程中，应该组织安全管理部门相互之间做好技术与情报的共享工作，共同维护相关计算机网络信息系统运行的安全性，保证有效完成相关的安全防护任务；另一方面，应该创建专业化的安全维护组织机构，各个部门之间都要相互协调沟通，有效开展信息安全防护工作。

1.3.3　法务会计在信息安全管理中的应用

信息及信息用户的社会属性使得法务会计师有必要为企业提供专业服务，法务会计师有着独特的、综合的知识结构和专业经验，能够在企业信息安全管理、抵御和防范信息安全风险中发挥重要作用。信息安全风险主要有：

1）技术安全风险

技术安全风险主要为计算机系统及软件风险。在计算机网络环境下，企业的各种票证和账单等是在计算机电脑上操作和储存，并通过互联网传递信息数据，在传递信息过程中会发生被攻击者篡改或截获的可能。目前，大部分企业网络使用的操作系统仍然是以 Windows 系列操作系统为主，不论哪一种操作系统都存在大量已知和未知的漏洞，导致入侵者容易获得管理员权限，实施拒绝服务等攻击。企业和外部单位有着工作联系和往来,日常大量的数据信息都需要互联网来传输,在传输中可能会发生被非法用户截取、泄露企业机密,或被非法篡改,造成数据混乱、信息错误等造成工作失误。非法用户还有可能假冒合法身份发送虚假信息,造成正常经营秩序混乱,给企业带来巨大财产损失。

2）操作人员风险

由于企业中负责具体业务的工作人员并不一定熟悉计算机操作,企业管理者对信息安全领域的投入和管理意识淡薄,不注重对人员信息安全的培训和教育,因此在系统使用过程中极有可能出现由于人员操作不当而造成的意外损失。另外,企业工作人员信息安全意识不强,共用口令、随意复制及传播企业内部信息等,增加了黑客攻击机会和信息泄露的风险,给企业网络信息安全埋下隐患。由于系统管理涉及企业重要机密,操作人员也有可能会利用职权之便对信息进行破坏或剽窃等。

3）法律风险

网络的出现和广泛应用对传统社会产生了强烈的冲击,旧的法律法规体系已不能完全适应、指导和规范网络安全的实践。网络本身的虚拟性、实时性、广泛性要求更加切实可行、更加完备的标准准则和法律法规的出现。

随着计算机信息技术快速发展和互联网行业的崛起,大数据和 5G 时代已经到来,信息安全管理意识差和防范能力低的企业,在面对信息安全的威胁时极其缺乏系统性的对应措施和策略,解决方案、手段单一,缺乏多种手段的共同治理。随着现代网络安全风险的提升和单位组织管理者风险防范意识的增强,信息安全不能仅靠信息安全技术和产品来实现,还需要结合法律、制度等社会性手段建立信息安全管理体系(ISMS)才能实现信息系统的整体安全性。

建立包含技术和法律等手段的多层面信息安全管理体系可以强化员工的信息安全意识,规范组织的信息安全行为,对组织的关键信息资产进行全面系统的保护,维持竞争优势;在信息系统受到攻击时,确保业务持续开展并将损失降到最低程度;使组织的商业伙伴和客户对组织充满信心,提高组织的知名度与信任度。因为信息安全事关企业信息资产和业务安全,需要通过法制渠道满足企业在电子商务和管理环境中维护竞争优势的需要,法务会计师可以充分利用其在法律和会计信息管理方面的优势,为企业制订有效的信息资产保护计划,提供有价值的服务,并依法追究相关组织和人员的责任。法务会计师根据不同企业自身的特点,对企业的信息安全风险和对企业价值的影响进行分析和调整,如资产/业务—威胁—防护措施—风险,资产—资产价值—威胁—脆弱性—防护需求—防护措施—风险等。这样,法务会计师可以在企业的信息安全风险——价值链中找到自己所提供服务的着力点,在 IT 化环境中为维护企业信息资产安全,减少和消除信息安全风险中发挥自己独到的作用,从资产的分析评价、漏洞的分析评价、发生的事件等出发,以法律、法规和制度为边界,对信息资产的风险和价值进行分析计算,检查和测试企业信息资产的安全程度,对企业信息系统进行风险监控,并为潜在的或实际的电子企业纠纷提供专家分析。

企业信息安全管理最重要的是对信息资产安全的管理,维护信息资产的价值不受损害。企业核心的信息资产主要包括硬件(如服务器、工作站、路由器、交换机、防火墙、入侵检测系统、终端、打印机等整件设备以及主版、CPU、硬盘、显示器等散件设备等)、软件(如源代码、应用程序、工具、分析测试软件、操作系统等)、数据(如软硬件运行中的中间数据、备份资料、系统状态、审计日志、数据库资料等)、文档(如软件程序、硬件设备、系统状态、本地管理过程的资料等)和消耗品(如优盘、移动硬盘等)等。法务会计师可以通过信息资产安全风险评估,明确存在风险的关键业务资产和业务流程,协助企业业务人员和管理层对核心信息资产及其风险程度进行确认,全面权衡实施控制措施的支出与安全故障可能造成的业务损失,对企业信息资产安全管理的方向和目标提出建议。

本章小结

　　法务会计是在西方国家的市场经济实践中产生和逐步发展起来的,最早可追溯到 19 世纪。20 世纪 80 年代以后法务会计在美国、加拿大、英国等国家的教育、研究、职业组织和职业发展方面都获得了迅速的发展。法务会计的产生与发展是经济和社会发展的必然结果,是律师、会计师职业发展、突破单一学科局限性和对审计功能补充的客观需要。我国经济和社会发展的特性决定了法务会计在我国发展的必要性,然而,我国法务会计的发展现状与国外相比还存在很大的差距。随着我国信息技术和计算机网络应用、大数据和 5G 的到来,法务会计应用到越来越多的领域。因此,我们应当充分认识法务会计在促进我国经济和社会发展方面的重要作用,进一步加强法务会计理论研究,大力发展法务会计教育,完善法务会计制度建设,并逐步推进法务会计实践活动,以推动我国法务会计学科的发展。

思考题

　　1.简述法务会计与财务会计的关系。
　　2.简述法务会计与其他学科的联系与区别。
　　3.试述我国法务会计发展的现状、存在的问题及对策。
　　4.什么是信息安全管理?
　　5.如何构建现代企业信息安全管理体系?
　　6.简述法务会计在企业信息安全管理中的应用。
　　7.阐释"经济越发展,会计越重要;经济越发展,经济犯罪越猖獗,法务会计越重要"这句话。

第 2 章 法务会计的基本原理

学习目标

　　本章主要阐述法务会计的基本理论,包括法务会计的含义和内容、基本职能和目标、会计对象和要素、基本假设、基本职能、工作程序等。构建完整的法务会计理论结构不仅能够促进法务会计学科的发展,加深社会公众对法务会计的认识和理解,而且还可以科学指导法务会计的工作实践,推动法务会计发展。本章学习目的在于理解法务会计的概念,明确法务会计的基本职能和目标,熟悉法务会计的内容构成,掌握法务会计的基本假设、对象和要素,了解法务会计工作程序。

2.1 法务会计的概念与特征

2.1.1 法务会计的概念

　　法务会计一词在 1946 年就有人使用过,但真正意义上的法务会计却始于 20 世纪 70 年代末。用"Forensic Accounting"界定法务会计得到广大学者认可,其中"Forensic"指"法庭的",从字面上理解"Forensic Accounting",即指与法庭有关会计。但是将法务会计定位于"服务于法庭",局限了法务会计的应用范围,容易将法务会计与司法会计混为一谈,两者职责重叠。迄今为止,国外有关专家、学者对法务会计的定义众说纷纭,我国理论界与实务界关于法务会计的界定也是争议颇多。法务会计是会计与法律相结合的边缘学科,这一点会计理论界已取得共识。但是,法务会计的内涵是什么,尚无明确统一的含义。中外会计学者从不同的方面对法务会计的内涵进行了阐述。

　　1)国外学者关于法务会计含义的主流观点

　　法务会计(Forensic Accounting)在世界各国的提法不尽相同。1953 年,马克斯・路易(Max Lourie)发表了《法务会计》一文,使用"法务会计"的称谓,并将法务会计定义为与执法相关的会计实务,为了获得证据而进行的检查活动。1982 年,美国的弗兰克・C.狄克曼(Francis C.Dykeman)在著名论文《法务会计:作为专家证人的会计师》中将法务会计确定为注册会计师使用会计技术和方法,为客户及律师进行的诉讼提供专家证词。美国著名法务会计学家 D.Larry Crumbley 认为法务会计是用来在涉及商事和财务金融法律中,解决需要应用会计方法处理的法律关系问题。这一观点为实务界所采用。AICPA《咨询实务帮助7——诉讼服务》中称,"法务会计是将会计理论、原则和准则应用于涉及法律纠纷的事实或推定中,包括会计学的每一分支学科知识"。弗兰克·J.戈瑞普则提出"法务会计作为一门科学,它是将运用会计、审计的方法与程序获得的有关财务证据资料应用于相关法律问题的解决"。目前,美国引用最广的是著名会计学家 G.杰克·贝洛各尼(G.Jack Bologna)与洛贝特·J.林德奎斯特(Robert J. Lindquist)关于法务会计的解释:法务会计是运用相关的会计知识,对财务事项中有关法律问题的关系进行解释与处理,并向法庭提供相关的证据,不管这些法庭是刑事方面的,还是民事方面的。

加拿大会计学专家斯考特也给出了法务会计的定义:"法务会计是一种处理与记录和汇总企业经营状况和各种财务交易关联的法律问题的会计处理方法,在这个会计的新领域里有两大类会计实践:一是法律诉讼支持;二是欺诈调查会计。"加拿大注册会计师协会在其《法务会计准则讨论稿》中指出:"法务会计是指在潜在或现实的纠纷及诉讼活动中,基于会计领域的相关知识(如财务信息、会计处理、金融、审计、鉴证和管理控制等)及财务调查、损失的计算,提供对一定民法、刑法及证据法等知识运用的服务。"加拿大的《特许会计师杂志》(*CA Magazine*)里将法务会计定义为:"使用情报收集技术和会计、经营技能形成信息和意见供律师在民事诉讼中使用,并在要求时给予审判证言。"

1998 年 3 月 4 日,毕马威会计师事务所在中国香港专门召开了主题为舞弊与法务会计的世界级研讨会。研讨会上将法务会计定义为"通过对财务技能的运用以及对未决问题的调查方法,将证据规则与此相结合的一种会计学科"。作为一门新学科,它主要处理财务事实与企业问题的关系,并运用于法律上的鉴定。

还有一种更为简明扼要的解释是:法务会计就是会计、审计和调查技术的结合。法务会计向法庭提供会计分析基础,用于讨论、辩论,以最后解决问题。除此之外,还有人将法务会计行业称为"将经济事实和法律问题相联系和运用的行业"。

以上国外诸多专家学者对法务会计的定义趋于完善,但都未涉及法务会计主体,研究方法方面主要是对法律条文的解释和历史的概括总结以及案例研究,实证分析较少。

2) 国内学者关于法务会计含义的主流观点

结合中国国情,我国会计学者也对法务会计的定义做出了表述。1999 年,喻景忠最早提出法务会计的概念,他认为"法务会计是根据法律的特殊规定,运用会计专业知识和技能,对在经济管理和经济运行过程中各种法定的经济标准和经济界限规范过程与报告结果,进行计算、检验分析、认定的运用型学科"。2000 年,李若山认为国际法务会计是特定主体运用会计知识、财务知识、审计技术与调查技术,针对经济纠纷中的法律问题出具专家性意见作为法律鉴定证据或者在法庭上作证的一门新兴行业。2001 年,赵如兰认为法务会计是运用会计学和法学知识,针对经济管理和经济运行过程中的未决问题进行调查、计算分析和认定,其目的是提供法律鉴定的专家性意见;法务会计所做的一切是为法律鉴定或者用于法庭作证,这是法务会计与其他形式会计的最大区别。戴德明对法务会计作出了独特的阐述:法务会计是司法会计的一种,当司法会计的目的是在法律框架下规范和保护会计职业时,司法会计就可称为法务会计。2002 年,张秀梅认为法务会计是由法务会计人员运用会计学、审计学、证据学、法学、财务管理、证券、贸易、法律、法规、制度等知识,对经济案件和其他案件中涉及的财务会计事实和法律问题进行鉴别和判定,并出具书面鉴定结论作为法律鉴定或者在法庭上作证的一门涉及多学科知识的边缘性学科。2003 年,盖地分别从学科和实务两个角度给法务会计下定义,从实务角度看,法务会计是为适应市场经济的需要,以会计理论和法学理论为基础,以法律法规为准绳,以会计资料为凭据,处理涉及法律法规的会计事项,或者以法律法规和相关会计知识审查、监察、判定、裁定、审计受理案件、委托业务;从学科角度看,法务会计是适应市场经济需要,以会计理论和法学理论为基础,融会计学和法学于一体的一门边缘交叉学科。2005 年,谭立认为法务会计是在社会专业分工的基础上形成的专业支持,它弥补了公安司法人员、当事人及其代理人等处理法律问题或事项时所遇到的会计专业知识与技能的不足,是会计专业人员为解决或处理法律问题或事项提供的专业服务。2007 年,张苏彤提出法务会计是特定主体综合运用会计学与法学知识以及审计与调查的技术方法,旨在通过调查获取有关财务证据资料,并以法庭能接受的形式在法庭上展示或陈述,以解决有关的法律问题的一门融会计学、审计学、法学、证据学、侦察学和犯罪学等学科的有关内容为一体的边缘科学。

从上述国内学者对法务会计概念的界定来看,有的是从处理经济纠纷中法律问题的视角进行界定的,有的则是从学科和实务双重角度予以界定的,还有的是从现行司法会计体制的角度对法务会计进行诠释的。

3)法务会计的内涵界定

国内外会计学者对法务会计内涵的研究和探讨为我们全面理解法务会计提供了有益的启示。通过比较不同会计学者的定义,有助于我们更好地认识法务会计。综合各学者观点,定义法务会计为:特定主体依据相关法律规定,综合运用会计、审计、法学、侦查学等多学科交叉知识和专业技能,对社会经济活动中发生的法律所涉及的会计专业问题进行调查、审核、估算、分析和鉴定等,据以提出法律鉴定或为法庭审理作证的特定专业服务活动。其内涵包括以下几个方面:

(1)法务会计属于会计学范畴

由于法务会计具有管理咨询服务的性质,因此应归属于会计学范畴,这也更有利于法务会计的发展和延伸。

(2)法务会计是特定主体的活动

特定主体是具有会计、审计、法律、侦查等复合知识结构的特定专业人员,目前提供法务会计服务的主要是注册会计师、舞弊审核师、司法会计、执法主体、单位主体、中介主体等。

(3)技术工具多样化

法务会计工作中要求综合使用会计、评估、法律、心理学等多种技术工具。法律工具包括谈判、协调、仲裁、诉讼等手段;会计工具包括查阅凭证、核对账目等;心理学包括对被调查者舞弊动机等的推断。

（4）服务对象范围广

法务会计为不同主体提供服务，包括法人组织、非法人组织以及自然人。

（5）解决财产侵占、损失赔偿、保值增值等问题

我国市场经济快速发展，但是法制建设不健全、不完善，导致市场主体违规操作、侵犯资产主体权益现象严重，法务会计在维护市场主体财产、损失赔偿追回、资产保值增值方面能够起到重要作用。

（6）法务会计属于社会专业活动

法务会计以会计、审计、法律等专业知识为基础，以法律事实为依据，以保护特定主体财产权益为目标，实施侦查、监督等行为，属于社会专业活动。

2.1.2 法务会计的特征

特征是一事物与他事物相区别的内在属性与外在表征。法务会计作为典型的综合性交叉学科，专门服务于特殊的领域及特殊的业务，从而决定了它与一般会计的不同。

1）法律服务性

法务会计是一种服务性活动，它为法律事项处理或解决服务，是会计工作者对法律工作者或当事人的专业支持，是将会计语言翻译成法律语言，以帮助人们解决法律问题，因而具有法律服务性。法律服务性是法务会计的根本属性。法务会计师在执行其职能过程中，始终站在为当事人服务的立场上，通过调查分析等一系列工作，确定责任的发生及其归属，并通过法律手段来追究有关责任人的法律责任，以保护当事人的利益。

2）法律事项性

法务会计的对象是法律案件中专门性问题，它围绕法律事项开展业务，因法律事项的发生而引起，并随着法律事项的解决而终结。法务会计将会计理论、原则和准则应用于涉及法律纠纷的事实或推定、解决需要应用会计方法处理的法律关系问题。法务会计是协助而非直接处理或解决法律事项，它是查明或认定法律事项所涉及的会计事实。法律事项划定了法务会计的空间活动范围，法务会计具有鲜明的法律事项性特征。这一特征决定了法务会计不适用会计假设的会计主体、会计分期与持续经营假设。在法务会计中，凡是法律事项涉及的会计事实都必须查清，并不局限于某一会计主体或某一会计期间，也不局限于该主体是否处于持续经营状态。

3）法律规范性

法务会计以事实为根据，以法律为准绳，为了查明法律事项涉及的会计事实，法务会计人员必须依照《公司法》《诉讼法》《证据规则》等实体法与程序法的规定办事。法务会计的工作要符合实体法的要求。在执行职能时，要准确广泛地收集符合法律规则构成要件的证据，分析证据所体现的法律关系主体的特点、动机、手段，进而认定事实。其次，要符合程序法的要求，工作程序、证据收集、权利行使和参与诉讼的方式等均要依照法定程序进行。现实中会计资料、审计报告等是依照会计准则、审计准则等行业规范编制或形成的，这就必须依照法律规定对这些会计资料、审计报告等进行检查与验证，如有冲突必

须以法律规定为依据。

4) 调查取证性

法务会计是对法律事项涉及的会计问题进行调查,收集、固定证据,并据此形成结论性专家意见,用于法庭作证或供当事人自行解决纠纷、处理未决事项。不同于审计对有关项目和交易进行实质性测试,并收集相应的审计证据,法务会计则是进行专项调查,并要与证据规则相结合,针对性地收集、固定证据。

5) 价值量化性

在法务会计中,一方面法律事项所涉及的会计凭证、账簿、报表等会计资料绝大多数都表现为货币计量信息;另一方面,为获得处理法律事项所需的犯罪金额、纠纷金额、损失金额等必须对该法律事项相关的会计事实进行价值量化、分类和汇总。因此,法务会计需要以价值量化手段汇总法律事项涉及的会计问题,以利于司法人员或当事人对案件或纠纷进行定性和处理,具有价值量化性特征。

6) 应用广泛性

法务会计的服务对象是广泛的,是某一领域的特殊业务,既涉及法律的会计事项,又涉及会计的法律事项。法务会计是会计界为法律界提供专业服务,是会计实务对法律实务的支持。在现代社会中,各种各样的社会经济活动都要受到法律的约束,当人们在处理经济纠纷等法律事项时只要遇到自身难以解决的会计专门问题,就需要法务会计提供专门服务。因此,法务会计在行政、司法机关、银行、保险公司、上市公司及其他大型企业、会计师事务所、律师事务所等单位都将得到广泛应用。

7) 执业中立性

在法务会计工作进行中,法务会计师应当独立地进行调查、鉴定、咨询、取证等活动,不受任何机关、企事业单位、社会团体、个人的干涉。同时,在法庭诉讼中,也具有相对中立的地位。

8) 适用法律多样性

我国法务会计适应多种法律。如刑法、刑事诉讼法、经济法、民法、行政法、会计法、会计准则等法律、法规,呈多样性特点。

2.2　法务会计的目标和内容

2.2.1　法务会计的目标

法务会计目标作为法务会计理论的基础,具有法务会计的导向功能。法务会计目标是通过法务会计信息系统运行所期望达到的最终目的或最高境界,是构建法务会计理论体系的最基本要素。

1) 国内外学者对法务会计目标的理解

(1) 国外法务会计目标研究

《法务会计》(*Journal of Forensic Accounting*) 杂志介绍法务会计的目标是"建立一种责任或者价值评估,通常是在法庭或者行政管理过程中"。美国 AICPA 下属法庭和诉讼服务委员会和舞弊防范任务组也认为法务会计人员的调查是为了"解释并交流其发现"。但是对于这种价值评估或者责任是为谁建立的或者说向谁解释问题,则没有系统地说明。国外法务会计的目标主要为向法务会计报告使用者解释会计和检查相关问题,提供因已有交易或事项而获取损失的经济资源以及其时间分部和有关案件审判、应要求、应放弃或者赔偿财产权利等决策相关的信息。

(2) 我国法务会计目标的研究

2000 年,盖地认为不同领域的法务会计有其不同的目标。企事业单位的法务会计目标应是在尽可能与财务会计目标一致的前提下,做到符合或不违反国家的有关法律、法规;社会中介机构的法务会计的目标是对受托单位的合法性、合规性作出正确的职业判断;公检法等机关的法务会计应是对受理案件从法律的角度进行会计鉴定,准确判定法律责任。2001 年,赵如兰将法务会计的目标概括为对经济活动(或者经济纠纷)中的法律问题提供专家意见,以供法律鉴定或者在法庭上作证时使用。戴德明、周华认为法务会计的目标表现为两个方面:其一,约束会计职业行为使之符合恰当的法律规范;其二,保护会计职业界使之免受不公正的制裁。

从以上学者的观点来看,法务会计的目标存在的差异很大程度上仍然是由其所认为的法务会计含义不同而造成的,也就是对范围理解的不同而造成了对目标理解的差异。法务会计目标在法务会计体系中起着引导作用,是法务会计体系框架的最高层次。法务会计目标具有两个层次:总目标和具体目标。

2) 总目标

法务会计目标是法务会计研究的出发点,是法务会计的"立身之本"。法务会计的总目标是向委托人或授权人等法务会计报告使用者提供法律事项中所涉及的经济问题的会计学解释和专家意见,有助于法务会计报告使用者理解已获取信息(财务信息、会计信息和其他经济信息),并发现、查证舞弊或解决纠纷,从而为法务会计报告使用者提供有关案件审判、应要求、应放弃或赔偿的财产权利等决策信息。概括地说,法务会计的总目标就是提出专家意见作为法律鉴定的依据或用于法庭作证。这样有利于维护诉讼双方当事人的合法利益,法务会计师收集证据的唯一目的,就是使自己能够发现舞弊和解决纠纷,并提供自己的意见。

3) 具体目标

(1) 治理会计造假,防范财产侵占

当今时代,会计造假已成为各国社会公害、世界性难题和政治法律问题。我国因会计舞弊事件频发导致出现了多次股市风波,严重影响了经济发展、社会和谐,导致财政资金浪费和国有资产大量流失。上市公司为上市融资、非上市企业为逃避税收等各种目的制造会计舞弊案件。从中国证监会处罚的会计舞弊事件中可以看出,上市公司的会计舞弊金额巨大,给国家、投资者造成了严重误导和财产损失。行政事业单位会计舞弊现象也比较严重和普遍,国有财产损失浪费严重。法务会计作为融会计学、审计学、法学等多元学科知识为一体的复合交叉学科,能够运用会计、法律、审计、评估等综合工具,解决会计、法律等单一专业难以处理的复杂问题。

(2)准确计量损失,确保损失赔偿

损失赔偿是致损方用金钱补偿受损方因致损事件或案件所遭受到的损失或赔偿,包括财产损失赔偿、产品损害赔偿、人身伤害赔偿、精神损害赔偿、侵权损害赔偿、环境损害赔偿等。损失赔偿的关键在于确定赔偿范围、具体项目的损失计量。任何一门学科均不能完成损失计量问题,只有融会计学、审计学、法学等多元学科为一体的法务会计,才能运用专业方法,准确计量损失,为损失赔偿的诉讼与非诉讼法律事务提供专业支持。

(3)控制决策风险,实现保值增值

任何主体的决策活动目的在于控制决策损失,确保主体财产保值增值。法务会计借助多学科专业知识和技术可以识别决策风险,确定何种风险可能会对主体财产产生影响,量化不确定性的程度和每个风险可能造成损失的程度;控制决策风险,采用积极有效措施,制订切实可行的风险应急方案,控制风险,降低决策损失发生的概率,缩小其损失程度;主动规避风险,在既定目标不变的情况下,改变方案的实施路径,从根本上消除可能发生的决策风险。

当然,法务会计的目标不是一成不变的,随着法务会计的不断发展、法务会计职能的不断扩展、社会经济环境的不断变化,法务会计的目标也将变化。因此,在确定法务会计的目标时,应在立足本国实际的基础上,还须充分借鉴其他国家的经验。综上,法务会计的目标可以概括为:为法务会计服务委托人提供财务与会计的相关解释和检查相关问题的信息、提供有法律效力的证据、提供有关损失计量和赔偿确定依据和舞弊调查信息等。

2.2.2　法务会计的内容

法务会计的内容是相对于法务会计的客体而言的,即法务会计服务的范围或领域,受法律体系对经济活动、经济行为、财产和资源等相关规定的详细程度影响和制约。不同国家及同一国家不同时期,法务会计的内容均有所不同。我国法务会计的内容包括基本内容与具体内容两个层面。

1)法务会计的基本内容

法务会计的基本内容较为稳定,主要包括法律支持、舞弊甄别和损失计量三大部分。

(1)法律支持

法务会计人员以咨询师或专家证人的身份为法庭和诉讼当事人提供专门服务,通过对特定经济犯罪、经济过失和经济纠纷案件进行会计反映与计量,对特定的经济事项提供会计分析,从而为法庭对有关案件进行最终裁决提供重要的依据。法务会计人员的法律支持业务包括:①开庭前参与诉讼策略制订等准备工作;②收集会计事实证据,取得必要的书面证据支持,并检查相关性文件,对案件形成一个初始的评价;③对损失范围进行确认和损失计量;④依据会计证据在拒绝索赔过程中提供协助和在审问过程中提供帮助;⑤参与收集、调查、检查证据,协助了解会计事项,系统地表达被问及的事项本身及其以外的问题;⑥检查对方的损失报告,对对方的优势、劣势进行分析;⑦协助争端的解决与谈判;⑧参与庭审,法庭上作为专家证人提供证言,通过交叉询问提供帮助。

(2)舞弊甄别

舞弊甄别业务主要涉及调查舞弊或犯罪行为证据,进行资产追踪、追查等,帮助公司管理部门、律师或私人了解与解决与会计有关的损失确认,特别是金额方面的损失确认,其结果与法律支持保险索赔等相关。舞弊甄别的调查取证主要是通过会计记录、会计资料、会计人员等调查有关涉嫌犯罪行为,如侵占、盗窃单位财产、会计舞弊、行贿受贿、证券欺诈、保险欺诈、公司舞弊等,并为司法机关、纪检监察、律师辩护、经济调查等方面提供报告,有助于各方了解和解决诸如经济损失特别是金额方面的损失问题。

(3)损失计量

损失计量是将受损人的损失进行量化,是运用适当的数理统计方法和数学模型对自然灾害、人为事故、违约以及各类损害带来的经济损失进行货币计量的过程。损失计量涉及大量的技术方法,这些技术方法的运用需要大量涉及会计信息资料和会计、财务、审计等方面的专业技能,法务会计人员在损失计量方面可以帮助律师解决各类经济赔偿与损失量化的难题。损失计量的内容主要包括收入损失估算、自然灾害损失估算、环境污染损失计算、事故损失计算、股票及有价证券损失计算、保险索赔损失计量等。

2)法务会计的具体内容

法务会计的具体内容较为灵活和具有针对性,主要包括:

(1)中介法务会计

中介法务会计是指由会计师事务所、财务咨询公司、资产评估公司等专业中介机构的会计专业人员所提供的法务会计服务。法务会计业务表现为法务会计人员接受公安司法人员、律师、当事人等客户委托,运用会计技能查证案件或纠纷所涉及的会计事实,发表专家意见,提供相应的会计专业服务。因此,法务会计具有法律服务性、专业性、职业性。

中介法务会计在其执业过程中必须在形式上和实质上保持中立或独立,既不能卷入当事人的利益冲突之中,亦不能直接附属于公安司法机关。因此,居中裁判的审判机关必须与提供专家意见的法务会计人员和机构完全分开,刑事案件中侦查与检察机关的直属或附属会计人员或部门所提供的专家意见可作为该侦查或检察机关履行其职责的证据材料,但不得作为法院定案的证据,除非有被告方提供的专家意见作为对抗并经严格质证而得到印证。

(2)司法会计

司法会计是法务会计的重要部分或表现形式,也称诉讼会计。司法会计是指司法机关根据诉讼法进行法律诉讼活动,以发现、固定、审查、鉴别诉讼证据为目的,指派或聘请司法会计人员运用会计、检查和法律专业知识及其理论,对案件所涉及的财务会计问题进行审查、检查、鉴定的诉讼活动。司法会计的内容包括司法会计审查、检查和鉴定三个方面。司法会计人员凭借其法律、会计、审计知识执业,在大量的贪污案件、经济合同纠纷案件、民事财产纠纷处理案件等中发挥十分重要的作用。

我国的司法会计工作主要是通过司法机关的内设司法会计机构、附设司法会计机构及社会司法会计鉴定机构进行。内设司法会计机构是司法机关内部设立的司法会计机构,是其直属的司法技术部门,受指派进行司法会计审查、检查和鉴定。附设司法会计机构是司法机关附设的事业单位法人,它是独立的检验鉴定机构,一般称为司法会计中心,可以受指派或聘请进行司法会计审查、检查与鉴定,以鉴定业务为主。社会司法会计鉴定机构是社会上独立的会计鉴定机构(主要是会计师事务所),可以接受司法机关或当事人的委托进行司法会计鉴定。

（3）内部法务会计

内部法务会计是指在某单位内部的法务会计服务。工商部门、税务部门、保险公司、银行、大型企业、科研院所等单位直接招聘法务会计人员从事相应的专业工作。这些单位的法务会计人员除了以专家证人或鉴定人身份代表本单位出庭作证外,有时还直接处理有关法律事项,而并非从事会计专业服务。法务会计人员主要是协助有关法律事项承办人(如法律顾问、纠纷处理负责人等)查实有关财务或会计事实,收集、固定相关证据,他们的服务一般表现为专家辅助或专业咨询,如果该法律事项进入诉讼程序,他们就可能以专家证人或鉴定人身份代表本单位出庭发表专家意见。法务会计人员也可直接承办有关法律事项,如处理工伤事故、挪用公款等事项,这时他们既是法律事项承办人,也是法务会计工作者。内部法务会计主要有:①保险赔偿会计主要是根据保险法中各类保险责任界定、保险赔偿标准、保险时效等规定,依据会计资料分析,运用会计技术方法正确理算保险对象的总损失、理赔比例、理赔金额等,以维护投保人的合法权益;②税务会计主要是以现行税法为准绳,运用会计学的理论和方法,对应纳税款的形成、计算和缴纳进行核算与监督,对涉税事项进行调整计算,并核对各类纳税申报的合法性,以确保企业不因纳税方面的任何疏漏而给企业造成不必要的损失;③债权债务会计主要是法务会计人员协助企业清理交易双方因购销合同履行、贷款结算中可能发生违背商业信用而引起债权、债务纠纷等,确定违约的赔偿金额,以妥善处理好债权、债务双方的关系,保证各方的利益不受侵害;④海损事故理算会计主要是依据有关的国际公约、国内法律等,对海损事故的责任归属、是否加入某一国公约、直接及间接损失数额等进行确认、理算;⑤反倾销会计主要是法务会计人员在反倾销提起、反倾销调查、反倾销应诉中对控辩双方的会计举证。

实务中,法务会计往往是对内确定一个法务会计师的身份或岗位,而对外则干着各种力所能及的工作,但以法务会计工作为主体或表征。这种情况下,习惯上仍称为法务会计。尽管如此,法务会计的本质属性依然是法律服务性,而不可能是政府或企事业单位的管理工作,即不具有管理属性。

2.3 法务会计的基本假设和职能

2.3.1 法务会计的基本假设

假设是法务会计领域中无须证明的前提条件。如果没有这些前提条件,法务会计就不能有效地开展业务活动。法务会计的基本假设包括以下内容:

1) 法律事项假设

法务会计所考察的是法律事项所涉及的会计事实,它是围绕某一法律事项开展业务,因法律事项的发生而引起,并随着法律事项的解决而终结。凡是该法律事项涉及的会计事实都必须查清、核实,并向委托人报告。实际上,法律事项假设相当于财务会计中的会计主体假设,会计主体假设划定了会计的空间活动范围,法律事项假设划定了法务会计的空间活动范围。因此,法务会计遵循法律事项假设,即事先明确为哪个法律事项的处理提供专业服务。

2) 犯罪留痕假设

虽然经济犯罪没有公开的、可见的犯罪现场,但是在有关会计资料中会留下经济犯罪和舞弊的痕迹和信息,法务会计人员可以恰当地运用会计、财务、计算机等有关技术与方法从会计资料中发现犯罪线索和犯罪事实,并通过取得记录犯罪行为的会计证据举证揭露犯罪方的经济犯罪和舞弊行为,要求一方当事人对另一方当事人承担损害赔偿责任。

3) 征兆表现假设

万事万物在同一空间、时间生长,必定存在相互间的联系,各种舞弊行为虽然隐蔽,但是终究会通过其他组织单位(如会计师事务所、做空机构、证监会等)发现并披露舞弊形式,或者自身陷入经济困境最终暴露舞弊形式,舞弊行为的表现形式就是舞弊的征兆。无论舞弊行为多么巧妙地伪装或者隐藏,总是能够在某一时点或某一空间以一定的征兆表现出来。如企业高级管理层或董事会频繁改组、企业高管频繁更替;高管人员过多介入专业性较强的会计政策选择、会计估计和会计判断;企业在银行开设的银行账户众多,频繁更换为之服务的金融机构,向金融机构借入高风险的贷款并以关键资产做抵押;经常在会计期末发生数额巨大的关联交易;公司与其聘请的会计师事务所关系高度紧张或关系过于密切,频繁更换会计师事务所或拒绝更换信誉不佳的会计师事务所;频繁卷入诉讼官司等。

4) "2∶4∶4" 假设

近年来,关于我国资本市场上市公司舞弊行为频频爆雷,如 2017 年长生制药疫苗造假案件,2018 年圣莱达、国药控股、金亚科技、昆明机床等财务造假案件,2019 年爆出的康得新、康美药业巨额财务造假,2020 年瑞幸咖啡自曝财务造假等。这些舞弊案件隐藏时间较长,发生舞弊行为时大多数不为人知。我国资本市场每年都会爆出公司财务造假案,但是仍然有一些造假公司并未被发现和被披露。人们将舞弊按照被发现程度分为三种类型:①已经发现并向公众披露的舞弊;②已经被发现但还未公开披露的舞弊;③还没有被发现的舞弊。第一类舞弊大约占舞弊总数20%,第二类和第三类各占舞弊总数的40%。第一类舞弊相较于第二类和第三类舞弊手段明显、隐藏手法简单;第二类舞弊可能因为舞弊证据不足等原因未被公开披露;第三类舞弊手段更复杂,隐藏技术更高。

5)货币计量假设

一般会计的货币计量假设规定了会计工作的计量单位,它要求会计主体采用货币作为主要的计量单位,并假设币值不变。法务会计处理法律事项涉及的会计事实(调查资产侵占、损失赔偿计量和资产保值增值等)必须明确业务中的纠纷金额、财产损失、犯罪金额等问题,这些问题以货币作为主要计量单位。

6)可验证性假设

可验证性假设是指法务会计人员在工作中取得的资料、得出的结论具有可验证性。不同的法务会计工作人员采取相同的技术、程序可以获得相同的资料、结论,或者根据取得的资料、得出的结论可以追回到最原始的证据,这利于保障法务会计的真实可靠性。如果脱离可验证性假设,法务会计人员的结论就没有依据,无从检验其真伪。

2.3.2 法务会计的职能

法务会计的职能是指法务会计本身所固有的功能。因法务会计包括诉讼与非诉讼活动,相应的法务会计职能包括诉讼职能与非诉讼职能。我国借鉴了国外法务会计的诉讼职能,界定诉讼职能包括调查舞弊、损失计量、诉讼支持、专家证人等。结合法务会计本质及在我国的应用,有学者提出法务会计存在非诉讼职能:治理市场和防控腐败。

1)法务会计诉讼职能

(1)调查舞弊职能

调查舞弊职能是指法务会计人员利用对相关资料的调查,对可能发生的舞弊进行及早预防。法务会计人员采用积极的调查手段,结合公检法机关和审计机关发现、被害人举报等方式,凭借调查者的经验和职业警觉指引调查方向,归纳研究舞弊征兆表现,进行进一步的追踪,直到识别和查明舞弊行为。调查舞弊也是为了减少舞弊损失的最具成本效益的方法。几乎所有的组织都不可避免地存在某种类型的舞弊活动,通过调查舞弊可以采取积极的预防措施,有效地减少舞弊带来的损失与不良影响。

(2)损失计量职能

损失计量职能是指运用会计学的价值计量理论与方法,提高建立适当的数学模型对自然灾害、人为事故、违约以及各类损害赔偿案带来的经济损失和损害进行货币计量。损失计量是最能体现出法务会计特点的职能。损失计量职能是法务会计人员通过技术方法运用大量涉及会计信息资料和会计、财务方面的专业技能。法务会计人员凭借自己的专业优势,可以协助律师解决各类经济赔偿与损失量化的难题。

（3）诉讼支持职能

诉讼支持是指在诉讼过程中，法务会计人员就案件所涉及的会计事项发表意见并将其呈现给法官，以确保诉讼的顺利进行。法务会计人员可以参与诉讼策略的制定，提供专家证人报告，出庭或在庭外向法官、检察官、律师等介绍专业知识，为客户的胜诉提供有力的保障。

（4）专家证人职能

专家证人职能是指法务会计人员受当事人委托，以当事人的专家证人身份出庭作证，帮助当事人获得诉讼优势或最终胜诉。法务会计是为了解决法律中所涉及的会计专业问题，是专家证人的一种主观活动。

2）法务会计非诉讼职能

（1）治理市场职能

从市场主体来看，当前企业违法违规现象频发，手段、方式复杂，会计监督难以实现有效治理，法务会计是集会计、法律于一体，可以作为企业顾问，监督企业经济活动、会计记录，完善公司治理，保障企业行为合法合规；从市场总体来说，法务会计为不同市场主体提供专业服务，保障民生财产权益，积极弘扬法治精神，在经济领域践行依法治国战略，营造公平正义社会氛围，实现整个市场的有效运行，发挥治理市场的功能。

（2）防控腐败职能

经济的迅速发展，价值观念的扭曲，物质欲望膨胀，体制机制的不完善、不合理，使我国的腐败现象严重。法务会计基于舞弊动机、证据能力等理论，利用会计、法律、心理、侦查等技术工具，可以在防控腐败中发挥重要作用。

总之，法务会计的职能既相互作用，又紧密联系，成为法务会计工作进程中前后相继的交互进程。它们的具体运用充分体现和落实了法务会计的目标，是法务会计极具专业化的体现。

2.4　法务会计的对象和要素

2.4.1　法务会计的对象

法务会计的对象是指涉及法律问题的、用货币表现的经济活动或者其所涉及的资金运动或状态，是法务会计所要揭示的物质内容。这些物质内容主要表现为法律事项。本书较为认可谭立教授关于法律事项的概念界定，所谓法律事项是指待处理的、涉及财产权益的案件、纠纷或未决事项，该事项必须具有争议性，即当事人各方发生争议时（一般表现为案件或纠纷，也可能是未决事项）需要法务会计的专业支持。

明确法务会计对象有助于更好地提供法务会计专业服务，充分发挥法务会计的特殊职能和作用。因此，可以从两方面理解法务会计的对象：

①从静态的角度看，法务会计的对象表现为法务会计工作中需要审核（调查、鉴定、

咨询、复核）的与经济案件相关的会计资料和其他资料,如会计凭证、会计账簿和会计报表等会计资料以及案件综卷材料、被审核单位的财务制度等其他相关资料。这是以会计资料为载体的静态的、历史的财务数据集。

②从动态的角度看,法务会计对象是以会计资料的记录内容反映的贯穿于整个经济活动的财务信息流,随着资金周而复始地不断运动,该信息流时刻处于变化中,实时记录了整个经济业务过程。

2.4.2　法务会计的要素

法务会计的要素是法务会计对象的具体化,是法务会计本质特征的反映,是法务会计客体。法务会计的要素可以界定为以下四要素:财务数据、异常数值、预警信号、会计证据。

1）财务数据

财务数据是指在企业会计信息系统中形成的描述经济交易与事项的数值符号,它主要以价值量为表现形式,也会以实物量加以表现。法务会计人员在会计法和会计准则等指导与约束下,对经济业务数据按照一定的规范和程序进行会计确认、计量、记录与报告,最终以会计报表为载体输出会计信息,形成一系列的财务数据,以满足信息使用者的经济决策、控制与监督的需要。财务数据形成于会计信息加工处理的全过程,是会计信息的构成要素。财务数据是法务会计诉讼支持活动中应用最广泛的证据。

财务比率是利用财务报表上相互关联的两个或多个项目,通过组成比率以说明这些项目之间的相互关系。财务报表中有大量的财务数据可以根据需要计算出许多有意义的财务比率,涉及公司经营的各个方面。透过对财务比率的分析与比较,法务会计人员可以发现已发生的财务舞弊活动。

2）异常数值

按照财务学的观点,企业的各项财务数据之间一般都会存在逻辑上的联系与持久的平衡关系。如果存在财务舞弊,就会打破财务数值之间的联系与平衡关系,财务数值会出现异常表现。财务数据之间存在的逻辑上联系与持久的平衡关系为法务会计人员发现与调查财务舞弊提供了可能。财务数值的异常表现是法务会计人员需要认真研究的对象之一。

3）预警信号

预警信号,在西方国家也被称为"红旗"（Red Flag）,是指表明舞弊可能已经发生或存在的征兆。法务会计人员需要关注影响法律事项的但未在报表中反映非财务信息,如当事人主观意图、行为动机,当事人生活、行为等不正常,会计资料有改动痕迹,重要文件的丢失,无法解释的存货短缺或调整等预警信息。法务会计人员在其业务活动中,需要大量研究舞弊的预警信号,提高对财务舞弊的预警识别能力。

4）会计证据

会计证据是指能够用来或可能用来证明经济犯罪或舞弊的会计资料,主要包括会计凭证、会计账簿、会计报表和其他相关的分析性资料与图表。由于法务会计的目的是解决法律规则适用中需用的专业问题,会计证据是查明经济舞弊的重要手段,是推动舞弊调查的必要条件,是法务会计人员论证自己主张与观点的重要依据。因此,关注会计证据是法务会计人员的基本要求,会计证据要满足客观性、关联性和合法性。

2.5 法务会计的会计信息质量要求

法务会计作为一项特定的专业服务,其主要目标是向法务会计报告使用者解释财务、会计和检查相关问题,提供因已有交易或事项而发生的经济损失及其时间分布和有关案件审判、应要求还是应放弃或者赔偿财产权利等与决策相关的信息。要达到这个目标,就必须要求法务会计提供的信息符合下列质量要求:

2.5.1 可靠性

可靠性是指法务会计为正确处理案件等法律事项需要探求相关会计事实的真相,以会计资料等相关证据材料或线索去合理、准确地反映过去发生的会计事实的真实情况,从而使法务会计信息的使用者可以依据该信息做出正确的决策。如法务会计人员作为专家证人出庭时,能够如实反映有争议的案件事实,从而帮助审判人员作出正确的决策。法务会计人员提供的会计证据应是真实、完整的,获得结论的方法是符合逻辑的、正确的。

2.5.2 相关性

相关性是指法务会计人员向法庭、当事人及其代理人等提供基于处理案件或纠纷所需会计事实信息为依据的专家意见或结论,要与需要认定的、有争议的法律事项相关。从法律上来讲,这种相关性要求法务会计的意见对案件的判定具有实质性的影响。

2.5.3 可理解性

可理解性是指法务会计所提供的意见是能被法务会计信息使用者理解的。法务会计主要是针对法庭、律师、当事人等诉讼参与人及其他相关主体,除了体现在其提交的书面专家意见外,还体现为向法庭、律师、当事人等所作的说明和回答询问的要求。法务会计工作目标是能够提供决策支持,那么就必须保证信息可以被人理解。法务会计表述的语言是平实易懂的,提供的信息不存在冗余。

2.5.4 独立性

独立性是指法务会计人员在办理业务过程中,应保持公正立场,不卷入当事人的利益冲突。法务会计人员在调查与诉讼工作中会涉及众多人的利益,难免要受到来自各方面的干扰。这就要求法务会计人员要以超然独立的态度处理工作中的各种问题,不受任何人与利益集团的影响,完全以自己的职业判断独立得出结论,使法务会计信息不偏不倚地符合表述对象,避免倾向于假定的结果或某一特定集团的需要。

2.5.5　及时性

及时性是指法务会计应当遵守及时调查、验证和向法庭、当事人或其代理人等提出专家意见或向法庭作专家举证。

2.6　法务会计的工作程序

2.6.1　法务会计工作程序的含义

法务会计活动不仅是一种有目的的活动,而且是一种有组织、有步骤的过程。为了达到预期目标完成工作任务,为了保证查证工作的质量和减少风险,法务会计工作必须遵循一定的程序。法务会计工作程序是指法务会计人员在从事专业活动中,必须遵循的顺序、形式和期限等。这是实现法务会计工作规范化,使查证审验活动有条不紊地顺利进行的重要保证,也是依法办案原则和独立查证原则的基本要求。法务会计工作程序说明在一定时期内审查具体的对象或项目所需要的步骤。正确理解法务会计工作程序的含义,要注意以下几点:

①法务会计工作程序是通过实施一定的查证项目的工作程序。法务会计工作程序主要是从法务会计人员接受查证项目委托开始,直到全面完成项目为止的全过程中所经历的工作步骤,是与一个完整的项目过程相联系和相匹配的。它既非法务会计人员从事的所有工作程序,也非查证过程中某一阶段某一项工作的程序。

②法务会计工作程序由所要解决的问题决定。法务会计工作任务决定了法务会计工作程序。不论查证的客体是谁,也不论查证的目的和内容是舞弊、经济纠纷还是财产追踪等,法务会计工作程序一般包括准备阶段、实施阶段和终结阶段三个基本阶段。但在具体的法务会计活动中,每个阶段具体的处理事项会因法务会计具体工作要求而有所不同,最终出具的专家意见也有所区别。

③法务会计工作程序在不同情况下的含义不同。实际的法务会计工作程序是在查验实践活动中,完成某项具体查证项目所实际经历的工作步骤。不同的查验项目之间所经历的工作步骤有所不同。理论上,法务会计工作程序是对从事一般查验活动所经历的工作步骤,它抽象地、概括地反映了普遍的查验工作步骤,它来源于各种法务会计实践活动。规范的法务会计工作程序是由具有权威性的机构所规定的,要求在法务实践活动中遵照执行的工作步骤。实际工作的法务会计工作程序应该尽量符合规范的工作程序,这样才能最大限度地保证查验工作的高效率和高质量。

2.6.2　法务会计工作程序的内容

在法务会计工作实践中,法务会计人员可以根据受托人的需要,为法庭提供认定犯罪事实的科学根据;也可以为企事业等经济单位维护自身利益提供有力保障;还可以根据需要,为解决经济纠纷提供科学依据等。依据实际采用的方法和执行的程序,每一个法务会计调查事项执行的程序都不相同。综合常用的法务会计工作程序,将其归纳为以下几项内容:接受业务委托、制订工作计划、调查取证、分析证据、出具专家意见报告。

1)接受业务委托

法务会计人员执业时必须接受客户的委托,通过委托人取得对重要事实、当事人及相关情况的了解,建立委托关系,签订委托合同。明确问题是任何工作开始的前提,为工作执行提供了方向。法务会计人员工作初始必须与委托人充分沟通,并收集相关信息,以明确问题。法务会计人员的任务就是接受客户委托的法务会计业务,依据各种法定经济标准和规范,通过调查,分析认定后出具专家鉴定报告。需要注意,法务会计人员在接受某项业务的委托前要充分考虑客户诚信、业务性质、类型及自身胜任能力,评估业务风险,综合考虑各种因素影响后确定是否接受委托,正式签约。一旦决策失误,则会给以后的工作带来隐患和不良后果。

2)制订工作计划

法务会计工作计划是指根据与委托人洽谈和初步调查取得的结果,法务会计人员为了完成查验业务,达到预期的查验目的,在具体执行查验工作程序之前制订法务会计工作要达到的目标及完成目标所需采用的方法。法务会计工作计划不仅是从接受业务委托到出具专业报告整个过程基本工作内容的综合计划,而且是依据总体计划制订的,对实施总体计划所需要的工作程序的性质、时间和范围所做的详细规划与说明。一般来说,通常的计划应包括以下内容:对案情分析和判断;组织调查小组,任务分工;确定调查的方向和范围;制订调查措施;展开调查。

(1)制订计划前的准备

在编制计划前,法务会计人员应当了解被查单位的年度会计报表,合同、协议、章程、营业执照,重要会议记录,相关内部控制制度,财务会计机构及工作组织,厂房、设备及办公场所,宏观经济形势及其对所在行业的影响以及其他与编制计划相关的重要情况。同时,法务会计人员还应当对被查单位上一年度的会计资料、审计报告、重要的审计调整事项以及其他有关重要事项进行关注。法务会计人员应就委托事项多与被查单位有关人员就查验工作程序进行讨论和协调,尽可能多地了解被查单位的有关情况。

(2)编制工作计划

在编制计划时,法务会计人员应当对调查的重要性、查证风险进行适当评估,要特别考虑一些基本因素,如委托目的、调查范围及查证责任,被查单位的经营规模及其业务复杂程度,被查单位以前年度的审计情况,被查单位的持续经营能力,经济形势及行业政策的变化对被查单位的影响,关联者及其交易,被查单位会计政策及其变更,调查小组成员业务能力、查验经历和对被查单位情况的了解程度等。工作计划的内容包括:被查单位的整体情况、调查目标、调查范围、重要会计问题及重点审验领域、调查程序、工作进度及时间、费用预算、小组组成及人员分工、调查风险评估、对专家、内部审计人员及其他审计人员工作的利用以及其他有关内容。

（3）审核工作计划

有关业务负责人审核和批准工作计划,应审核调查目的、范围及重点查证领域的确定是否恰当,对被查单位的内部控制制度的依赖程度是否恰当,对调查重要性的确定及调查风险的评估是否恰当,对专家、内部审计人员及其他审计人员工作的利用是否恰当,调查程序能否达到预期目标,调查程序是否合适调查项目的具体情况,重点程序的制订是否恰当等。工作计划经有关业务负责人审核后,在具体实施前下达给调查小组的全体成员,并在执行中视调查情况的变化及时对工作计划进行修改、补充,并记录于调查工作底稿。法务会计人员会见委托人以及相关当事人,对重要事实和关联方相关情况进行了解摸底,核查案件事实及纠纷情况,通过初步全面地了解委托业务的情况之后,才能制订法务会计工作计划。

3）调查取证

进行调查、获取相关证据是法务会计工作的核心,调查的目的是获取法律证据,调查证据是法务会计报告形成的依据。法务会计的调查对象与法律事项相联系,是法律事项所涉及的能够用货币表现的经济活动以及体现这些经济活动的会计资料和其他相关资料,包括经济信息、财产情况、个人或公司资料、事件发生的证明材料等。通过对当事人、责任人进行询问调查,了解经济事项或案件发生单位的内部控制环境、内部控制制度,确定查验的重点和范围。

（1）会计资料的调查分析

①调查分析财务会计报告。审查被查单位所编制的各种财务报告是否符合规定和要求,表页、表内项目、指标是否齐全;查阅各报表之间勾稽关系;查证各报表内相关数字间的勾稽关系;检查报告说明、附注等。

②调查分析各类账户。判断容易发生差错或易于弄虚作假的账户;检查分析各类账户记录的增减变动情况,判断业务的真实性和数据的真实性;核实账户余额,包括总账和明细账。

③抽查有关凭证,以确定账簿记录的真实性,以及数据所反映的经济业务是否合理、合法。

④复算。法务会计人员要对被查单位所计算的结果进行复算,以确定是否有故意歪曲计算结果的弊端或无意造成的计算差错。

⑤询证。法务会计人员在检查中,发现有疑点时,可向有关单位和个人以函询或面询的方式进行调查。询证时,法务会计人员应不少于两人。

（2）实物盘点与资产清查

法务会计人员在审查分析有关书面资料后,还应对有关盘存的账户所记录的内容进行实物盘点,以取得实物证据。如盘点库存现金、存货、固定资产等。

法务会计原则上应进行详细的调查取证,法务会计人员需要对涉及某项法律事项的所有会计资料及相关资料进行全面调查。只有在一些特殊的情况下才能采用抽样调查方法。法务会计工作人员必须重视调查工作,坚持谨慎态度和质疑思维,根据具体委托事项,使用多种技术工具,获取充分、适当的证据。

4)分析证据

法务会计人员对调查所得证据进行综合分析,从不同角度获得有用的信息并形成结论。证据的分析方法可以采用图表分析、回归分析、敏感性分析、现值分析、计算机模型分析等。图表分析包括时间、数量、价格、成交额等数字指标,通过图表分析能够发现法律事项所涉及的经济变量的变化和运动趋势。回归分析是一种较常用的统计分析方法,可以通过回归分析找出多个经济变量之间的相互关系,也可以通过回归分析计算会计数据未来数值,观察数据变化趋势。敏感性分析是一种常见的经济分析方法,它用来衡量经济方案中某个因素发生变动时,对该方案预期结果的影响程度。现值分析则是计算未来资金流量现值的一种经济分析方法。法务会计的很多分析工作要靠计算机,如线性分析等量化分析,并且随着计算机的普及,利用计算机犯罪的经济案件会越来越多。因此,法务会计人员必须掌握计算机技术,才能更好地为委托人服务。

5)出具专家意见报告

列报即以一定形式、内容呈现的报告,是法务会计工作的最终成果的表现形式,法务会计人员签署报告表示对此工作承担责任。根据获得的案件事实材料及分析结果,提出作为最后结论的专家意见报告。专家意见报告是法务会计人员在对审查事项实施查证后,向授权人或委托人提出的,反映审验结果,阐明调查意见的书面文件。专家意见报告作为法务会计工作的成果,是调查活动的结果和客观描述,是调查工作质量的主要标志。专家意见报告是法务会计师对审查经过和查证结果的全面总结,作为解决法律纠纷的法律证据之一。法务会计报告应该充分地披露所有的问题,主要包括以下部分:

(1)报告的目的

说明聘请者和聘请目的,即谁聘请法务会计师承担这份工作,要求法务会计人员做什么。在报告开头应陈述聘请法务会计人员的一系列目标,法务会计人员必须确认在报告整体中是否包括这些目标。通常目标会随着进程中案件性质的变化和客户要求的改变而改变。

(2)背景介绍

背景介绍不仅对法庭确定法务会计人员在背景中发现的重点有帮助,而且使不全面了解案件的第三方的阅读者做好准备。背景介绍包括以下内容:主张的实质、对意见和结论有重要影响的事实等。

(3)确定范围

法务会计人员应在范围部分指明工作的性质是局部审查还是全面审查,包括对导致结论的特定事实的调查,还是仅仅对会计概念的评价。法务会计人员应审查所有信息,详细说明其希望得到却没有得到的信息,包括错误的信息也要说明,使法庭能够确定报告的可靠性程度。此外,应附加报告仅限于特定目的使用限制。

(4)说明假设和结论的可变性

法务会计人员应说明在调查中使用的所有得到特定结论的假设,解释为什么使用这些方法或假设以及使用的合理性。法务会计人员应该考虑不同的假设对结论的影响程度。

(5)结论和分析

在专家意见报告中可能会得出各种不同类型的结论。问题和结论应该按照逻辑顺序,并且与先前的报告目的相照应。结论和意见必须与特定分析和法务会计人员的审查相联系,并说明如何选择的方法。分析应包括所有支持结论的一览表和附录,不管是时间表、文件还是汇总的财务信息。

本章小结

随着市场经济的不断发展,与会计相关的法律问题日趋增多,通过法务会计的实践活动能够在实质上达到并体现法律的公平、公正,而法务会计实践正需要法务会计理论的指导。通过本章的学习,深入理解和探索法务会计理论体系的建设,从总体上把握法务会计理论,明确法务会计理论体系的逻辑关系,理解法务会计理论体系是由法务会计概念、特征、目标、基本假设、职能、内容、对象、要素、工作程序等组成的基本框架,以及这些内容之间的相互关系,为深入进行法务会计理论研究提供借鉴和启示,以促进法务会计理论更好地指导法务会计实践,从而推动法务会计学科的构建与不断完善。

思考题

1.简述法务会计的概念和特征。

2.简述法务会计的目标。

3.法务会计的内容有哪些? 它与有怎样法务会计对象的关系?

4.简述法务会计的基本假设。

5.简述法务会计工作的职能。

6.法务会计的要素有哪些? 各要素之间有怎样的关系?

7.简述法务会计的对象。

8.简述法务会计工作程序以及它对法务会计工作的影响。

第3章 法务会计调查工具、技术方法

学习目标

本章首先介绍了法务会计调查的概念、程序、工具和技术,其次阐述了我国计算机法证学的发展和主要内容,并介绍计算机法证学在法务会计实践工作中采取的工具和技术服务以及智能手机取证技术;最后综合介绍了法务会计技术方法。通过学习本章节知识内容,了解实际工作中法务会计如何运用计算机技术和传统技术相结合进行法务证据的调查和获取;熟悉法务会计调查的程序,掌握法务会计调查的工具和技术;了解计算机法证学的发展和重要性,掌握计算机法证学研究的内容,熟悉计算机法证技术服务,以及熟悉智能手机取证的工具和方法;熟悉法务会计的基本技术方法,了解辅助技术方法。

3.1 法务会计的调查

3.1.1 法务会计调查概述

法务会计调查是法务会计的重要内容之一。法务会计调查是法务会计人员接受委托,综合运用会计学、法学、审计学以及证据学等学科的调查技术和方法,对特定主体的相关经济事项进行调查,获取法庭能够接受的有关会计证据资料和专业判断,以此作为庭外调解或诉讼程序中在法庭上展示或陈述的依据。

法务会计调查按是否进入诉讼程序分为诉讼程序的法务会计调查和非诉讼程序的法务会计调查;按委托人的不同分为司法部门委托的法务会计调查和非司法部门委托的法务会计调查。非诉讼程序的法务会计调查主要是非司法部门委托的,而在诉讼程序中的法务会计调查既有司法部门委托的,也有非司法部门委托的。

在诉讼程序中,法务会计人员接受非司法部门的委托进行法务会计调查,其工作内容包括:取证、损失计算、选择诉讼政策、司法会计鉴定等。法务会计人员接受司法部门的委托进行法务会计调查,其工作内容包括:对涉案会计资料审查,以决定受理或不受理;对涉案会计资料进行检查,以获取证据;受司法部门的委托作司法会计鉴定,包括损失计量。

在非诉讼程序的法务会计调查中,法务会计人员接受除了司法部门之外的企业、经济组织等的委托,对特定主体的经济事项进行调查,主要是通过调查财务资料的合法性、合规性,以此发现是否存在舞弊问题,进而防范。

3.1.2　法务会计调查的程序和技术

法务会计调查与审计工作不同,审计人员在审计过程中,有规定的审计程序,审计人员只要程序合法就可以此为依据作出审计判断;法务会计调查没有固定的程序和方法,其工作类似司法调查,法务会计人员必须辨别出有效的会计证据并注意收集,日后作为证据向实施舞弊人进行索赔,或者双方调解不成走入诉讼程序后,向法庭出具。

1)法务会计调查的程序

(1)两阶段调查的程序

美国法务会计调查师在长期的法务调查实践的基础上提出调查的两阶段理论,将法务会计调查分为两个阶段:主动性调查阶段和反应性调查阶段。不同阶段要求法务会计调查人员具有不同的操作方法和思维方式。

①主动性调查阶段

在主动性调查阶段,法务会计调查人员的工作目标是充分地收集舞弊、损害等证据,从而证明他们已经发现了舞弊等问题,或者认为已经执行了充分的测试时才能停止寻找证据。在主动性调查阶段的开端,唯一的指引通常就是对公司和该项调查可能强调的任何高风险经营领域进行调查。在执行主动性调查时,法务会计调查人员必须寻找那些还没有变得明显,甚至永远都不会变得明显的证据, 它们能指引调查人员搜寻更多的证据。如果收集工作中发现了充分的、可能性的证实性证据,调查人员就应着手准备下一阶段的反应性调查。

②反应性调查阶段

在反应性调查阶段,需要寻找证实性证据,对在主动性调查阶段发现的迹象性证据作出反应,还要将证实性证据整理并提炼出可以合理确信调查研究人员发现案件等事实,并支持起诉的必备证据。在反应性调查阶段,法务会计调查人员必须知道搜寻哪些证据以支持诉讼,这些证据包括确定谁是嫌疑人,该嫌疑人是否参与过以前发生的其他案件,证明嫌疑人的意图并推算给受害者造成的总损失金额。

根据两阶段调查法,总结出法务会计调查工作程序如下:

第一步,确定所要查找的案件类型。为了保证能查找出所希望调查的问题,调查人员需要提前很长时间安排计划。因为不能审查所有项目,所以必须在给定的时间内选择审查的案件类型。在准备调查方案时,还应该考虑企业以前曾怀疑过或已经证实的案件。例如,如果企业曾有过类似的案件,那么,调查方案中应优先考虑这种案件。

第二步,选择一笔恰当的会计交易,该笔交易与所选择的案件类型不同。获取与该交易相关的支持性凭证记录和档案,熟悉合同、订单条款产品或服务要求。这个阶段不需要取证。

第三步,执行调查程序。注意要针对不同的案件类型选择不同的有效的调查方法,要打破传统审计工作的方法,采用更有效的主动性调查方法。例如,调查多方付款人舞弊需要选择不同的收款人作为产品或服务的接受方以证实付款交易,舞弊者可以利用真实性付款来伪造虚假付款的所有书面资料。因此,针对支持性凭证进行有限的检查和对货物的调查都揭露不了虚假付款。对于这种情况,调查人员就要特意寻找线索,如去施工或工作现场向目击施工的人员询问:"是谁承包的工程""谁是销售者""谁提供的劳务"等。

第四步,如果发现了强有力的证据时,必须格外注意确保对所发现证据的保密工作,并开始谨慎地寻找同类案件的其他例子。尽管已经取得的证据足够说明问题的存在,如果想要起诉,还需侦察一些确证性证据,因为如果只有一项证据,有可能不被定罪或是处罚很轻。

(2)五步调查的程序

五步调查法是当今国际法务会计专家在调查问题时常用的方法,该方法也是法务会计工作的五个主要步骤。

①确认问题

确认问题包括确定证据和资料的强点和弱点,目的是确定需要增加证据调查和分析的领域,形成对问题和相关信息的理解,最终决定如何获得附加信息。确认问题可通过检查各种数据材料进行,如原告陈述、辩护陈述、证人证言、警察询问证人的笔录等。一旦这一步完成,就能确定需要法务会计协助的性质和程度,最初的确认会随着法务会计调查进程而不断修订。

②调查问题

法务会计的一个重要任务是确定对已获得信息的最终使用,尤其是法务会计人员必须理解相关信息和不相关信息,了解最终法院需要的证据标准。一旦确认了相关信息领域,调查的目标必须特定化。此外,法务会计人员必须研究案件,还要寻找对自己确认问题其他可能的逻辑解释。

③财务分析和综合

在这个阶段,法务会计人员详细评估被调查的财务问题,得出适当的结论。结论可以是定量的结果,也可以是对已发现事实的说明。

④列报发现

法务会计人员必须以可以理解的方式和适当的格式列报发现。

⑤呈报财务证据

法务会计人员可能会进行口述或担当专家证人来说明他们的工作,也要准备质证和服从另一方不同的财务证据和其他方式。

两阶段调查法与五步调查法都是法务调查的程序,但适用情况不同。两阶段调查法的程序方法适用于那些没有线索的案件,法务调查人员必须自己发现线索,并证明问题所在,强调调查的主动性和方法的灵活性。五步调查法适用于已经提出问题并已经立案的案件,强调法务调查工作的证明性。

2）法务会计调查的工具

（1）调查软件包

法务会计人员应收集证据支持他的证言或意见。这种支持经常采用书面报告形式附带各种支持信息，如文件概要、会计计划和图表。调查软件包包括在计算机中保留数据和分析数据的程序，如能够识别不同证据的来源和依据，还可以对各种领域的信息进行选择、比较、分析、排序来帮助调查。法务会计可以应用依托 Visual FoxPro、Access、Paradox 等数据库技术研制的商务软件作为发现案件的工具。如某些舞弊分析软件根据购买商、购买数量和购买价格等不同的分类标准设计，调查人员将数据录入数据库后，该软件便会清晰地展示出数量过高或过低的分布，从而为进一步调查舞弊提供了线索。

（2）Benford 软件

目前广泛运用的一种舞弊案件分析软件是 Benford 软件，Benford 软件是根据 Benford 法则设计的，可以方便地找出舞弊案件可能出现的位置。Benford 法则是指任意一组数据中，0~9 这 10 个不同的字符在数据中不同位置出现的频率是有一定规律的，例如，1、2、3 等小数字字符出现的概率就远比 7、8、9 等大数字字符出现的概率高。美国物理学家 Frank Benford 发现在一个数据系统中，整数 1 在数字中第一位出现的概率约为 30%，整数 2 在数字中第一位出现的概率大约为 17% ，整数 3 在数字中第一位出现的概率约为 12%，而 8 和 9 在数字中第一位出现的概率约为 5% 和 4%，这称为 Benford 法则。在实践中将这样的期望频率与数据库中数字出现的实际频率相比较，一旦出现数字规律的不符合就意味着有发生舞弊的可能性。

（3）财务审计工作软件

法务会计调查有很多工作与审计有共同的领域，所以法务会计调查人员可以利用审计软件来查找案件。计算机辅助审计软件通过导入财务软件中记账凭证以及其他相关信息，根据会计准则和规范会计处理方法，自行生成总账、明细账和会计报表，同企业提供的相关会计资料进行对比，从而实现对财务软件本身和财务数据的审计。审计软件的应用会大大提高法务会计调查工作的效率，法务会计人员应该熟练掌握。

3）法务会计调查的技术

（1）财务比率分析法

各种财务比率的分析方法在调查实施阶段中可以有选择地使用。计算财务比率指标要用到财务报表，通过对财务报表的审查能对公司的经营情况和公司的财务环境有总的认识。但是，法务会计人员必须关注财务报表的真实性问题。

（2）会计审计技术

会计审计的查账方法包括详查法、抽查法、顺查法、逆查法、审阅法、核对法、比较分析法等。使用这些方法，可从会计报表勾稽关系中发现错弊并检查会计处理是否合规，也可以动用函证、询问、分析、清查等审计的方法实地探查关键问题，搜寻证据。

（3）侦察技术

调查实施阶段中可以选择运用各种逻辑思维方法寻求破案线索使用物证分析方法

处理物证材料,根据案件迹象及遗留痕迹运用排查法甚至秘密侦察、诱惑侦察等方法进行实地探察。此外,还可以与相关人员面谈、询问举报人或其他知情人等方法。侦察法还包括采用专门调查、采用经允许的强制措施等辅助侦察法。

(4)信息收集技术

法务会计人员案件的成功很大程度上取决于获得信息的质量、数量和适当性。取得法务会计信息的技术包括调查走访取得信息、询问座谈取得信息、调用官方资料库取得信息、利用调查问卷取得信息、匿名举报取得信息等技术。法务会计人员可以从各种渠道收集信息,那些使法务会计师既能收集和分析大众信息,又能结合调查中收集到的其他信息的渠道是最重要的调查途径。

(5)智能手机取证技术

智能手机取证技术是指法务会计人员为了能够有效提取到涉案人利用手机进行作案所遗留的、对诉讼极为重要的证据,采用专门的技术手段来从各类聊天工具、支付工具、浏览器中的软件通话记录、网页浏览痕迹中提取相应数据信息,从而为诉讼提供重要突破口。

(6)询问技术

询问技术使法务会计人员能以简洁的方式获得非文件证据。法务会计人员必须区分被询问人由于紧张作出的不清楚解释和不想作解释或害怕被识破的人为解脱而作出的解释。此外,法务会计人员必须控制和指导询问过程,以获得更多的证据。

3.2 计算机法证学

3.2.1 计算机法证学及其特点

1)计算机法证学的概念

我国大数据、网络信息技术发展和会计信息系统融合使得会计业务操作更多依靠电算化、信息化、网络化的方式来实现。但是近年来,利用计算机、网络实施经济犯罪的案件逐年攀升,计算机经济犯罪属于高科技犯罪,其犯罪特点和证据形式不同于一般的犯罪,核心证据是来自计算机系统与会计网络系统中的数字证据,因此,对揭露犯罪的调查方法和技术提出了较高的要求。计算机法证学作为法务会计的一个新的领域是将计算机科学、电子信息化会计和法学融合在一起的一门新兴交叉科学。

国外学者 Joseph Giordano 等人认为"计算机法证是对于科学地收集、处理、解释和利用数字证据的方法进行探究与应用,使数字证据成为犯罪调查过程中具有说服力的证据"。Palme G.认为计算机法证是指"为了促进对犯罪过程的再构,或预见有预谋的破坏性的未授权行为,通过使用科学的、被证实的方法对源于数字资源的数字证据进行保护、收集、确认、识别、分析、解释、归档和陈述等活动过程"。Lee Garber 认为计算机法证是"分析硬盘驱动、光盘、软盘、Zip 和 Jazz 磁盘、内存缓冲以及其他形式的储存介质以发现犯罪证据的过程"。

我国计算机法证专家郭永健认为"计算机法证是对获取的电子证据进行分析、发现、提取和出示的科学检验过程"。我国另外一些专家对计算机法证也有界定:"计算机法证是指对计算机入侵、破坏、舞弊、攻击等犯罪行为,利用计算机软硬件技术,按照符合法律规范的方式进行证据获取、保存、分析和出示的过程";"计算机法证是为了揭示与数字产品相关的犯罪或过失行为,利用科学且合理的方法,对以 0/1 二进制的数据电文进行识别、保存、收集、检查、分析和呈堂等活动过程"。

基于上述国内外学者对计算机法证学的界定和理解,可以总结出计算机法证学的定义:计算机法证学是以存在于计算机网络系统中的数字证据为研究对象,研究如何在法律的框架下,运用适当的技术手段,按照既定的规程全面检查计算机系统,对系统内的数字证据信息进行提取、识别、存储、保护、固定、分析与报告,将有效的证据提供给法庭,以解决有关的法律问题的一门融法学、计算机科学、侦查学、网络与信息化会计学为一体的一门新兴交叉科学。

2)计算机法证学的特点

①计算机法证学融合了计算机科学、网络与信息化会计学和证据法学等多学科专业知识的新兴交叉学科,是法务会计在信息网络化与计算机技术化环境下衍生出的一个新领域。

②计算机法证学是以计算机网络系统,特别是以基于网络的会计信息系统为犯罪现场,其研究对象为计算机证据或数字证据。

③计算机法证学的取证过程要遵循合法性的原则,要在法律的框架下,按照一定的规则与程序开展活动。

④计算机法证学具有极强的技术性,主要工作内容是对数字证据进行提取、识别、存储、保护、固定、分析与报告,将犯罪分子遗留在计算机系统中的"痕迹"按照证据规则的要求进行组织,使之作为有效的诉讼证据供法庭采信。

⑤计算机法证学的目的是对数字证据进行有效的获取、保持、分析与组织,在民事、刑事和行政案件中作为证据呈堂,以解决有关法律问题。

3.2.2　计算机法证学在国内外的发展

1)计算机法证学在国外的发展

计算机法证学最初出现于 1984 年的美国。1984 年美国联邦调查局(FBI)成立了计算机分析响应组(CART),开始对计算机法证问题进行研究。1991 年国际计算机专家联盟(IACS)在美国俄亥俄州波特兰市举办的一次培训会上首次提出了"计算机法证"的概念。20 世纪 90 年代中期,伴随着计算机技术的发展与计算机犯罪的加剧,司法机关对数字证据的收集技术以及工具的需求日益强烈,导致了计算机法证科学的快速发展。1998年美国联邦犯罪实验室设立了"数字取证科学工作组(SWGDE)"。该组织提出了"计算机潜在证据"的概念,并在美国出现了以 Encase、DIBS、Flight Server、AccessData 等工具为代表的计算机法证工具软件,使得计算机法证逐渐为人们所认同与接受。

进入 21 世纪以来,人们开始重视计算机法证学的基本理论以及取证的程序与标准的研究,并取得了丰硕的研究成果。人们提出了计算机法证的五个过程性模型:基本过程模型、事件响应过程模型、法律执行过程模型、过程抽象模型和其他过程模型;美国 FBI 制定了计算机法证的程序规范以及数字证据的标准;学术界每年都举行以计算机法证学为主题的学术会议与论坛;计算机法证的工具软件大量出现,计算机法证日益成为计算机网络科学与法务会计研究的重点领域。可见,计算机法证学在未来必将成为法务会计与信息安全领域的研究热点。

2)计算机法证学在我国的发展

计算机法证学在我国的研究始于 21 世纪初。2000 年 5 月公安部制定了《打击计算机犯罪的技术攻关思路》,确定了以办理计算机犯罪案件为主线,以查证数字证据为核心,以计算机犯罪侦查为主要内容的攻关思路,由此拉开了我国对计算机法证理论及实务研究的序幕。此后,公安部立项了部级重点研究项目"打击计算机犯罪侦查技术研究",包括计算机系统运行环境勘查取证技术、计算机系统日志勘查取证技术、常用应用软件默认数据及缓冲数据勘查取证技术、存储介质中残缺数据勘查取证技术、常用软件加密数据的勘查取证技术、常见破坏性程序的搜索与取证技术、计算机犯罪证据固定与保全技术和电子数据证据鉴定技术等八个课题。国家 863 计划反计算机入侵研究中心,2002 年承担了国家 863 项目子课题"电子物证保护及分析技术"等多个项目,建立了"计算机病毒库""计算机漏洞"和"打击计算机犯罪侦查技术研究"三个实验室。

随着研究的深入,有关计算机法证技术与学术研讨会和有关的鉴定机构也开始深入研究和讨论计算机法证学的发展。2003 年全国首家数字证据司法鉴定中心在江苏成立;2004 年首届计算机法证技术研讨会在北京举行;2005 年由北京网络协会创办的电子数据司法鉴定中心在北京成立;2005 年 6 月由中美技术人员共同参与的计算机网络司法取证实验室在山东成立;2005 年 6 月由中国电子学会计算机法证专家委员会、北京市物证技术学会和中国防卫科技学院共同主办的首届中国计算机法证技术峰会在北京举行。

总之,有关计算机法证学研究在我国已经有了初步的发展,但是有关的理论研究尚不深入与充分,相关的技术水平与工具的开发与国外相比还有相当大的差距。随着科学技术的快速发展,计算机犯罪手段的不断提高,迫切需要我们进一步健全、规范计算机调查取证的流程与标准,加强计算机法证技术研究,制定和完善相关的法律法规。

3.2.3 计算机法证学研究的主要内容

计算机法证学研究的主要内容包括数字取证技术、数字取证工具、取证规范和数字取证法律。

1)数字取证技术

计算机数字取证技术是指在遵循合法、合规与合理原则的情况下,对计算机网络系统和其他数字设备中的数字证据进行识别、保存、收集、检查、分析的各种技术或手段。

（1）证据识别技术

证据识别是从存在于计算机系统或其他数字设备中的海量数据中筛选、辨别出与调查案件相关的数据。证据识别技术具体包括被损害或被破坏数据的恢复技术、数据监控技术、数据加解密技术、数据挖掘技术、对比搜索技术等。

（2）证据保存技术

数字证据的保存涉及采取有效的措施保护数字证据的完整性与原始性，包括运用适当的手段对储存在各类介质上的数据进行完全备份和对存放在网络服务器上的数据进行物理隔离、加密以及实施实时监控，防止有价值的证据文件丢失。证据保存技术包括数据镜像复制技术和数据隐藏技术。

（3）证据收集技术

证据收集技术是指调查人员在计算机系统中提取、捕获与调查案件相关的数据信息，包括收集系统的硬件配置信息、网络拓扑结构信息、备份系统原始数据、记录有关操作的日期、时间与操作步骤等。证据收集技术包括数据恢复技术、数据复制技术和数据截取技术等。

（4）证据检查技术

证据检查是指对收集来的数据进行筛选与鉴别，从中识别和提取可能成为证据的信息。此类技术包括追踪技术、过滤技术、隐藏数据发现与隐藏数据提取等技术。

（5）证据分析技术

证据分析是指为了揭示数字证据与犯罪的相关性，而对数字证据信息进行剖析，找出它们之间的联系。证据分析技术包括追踪分析、统计分析、协议分析、时间链分析和关联度分析等技术。

2）数字取证工具

数字取证工具是指在进行与计算机相关的犯罪调查过程中使用的软件和相关硬件的集成。这些工具应能满足现场勘察取证的需要，符合法律与程序规则的要求，能够保证计算机取证工作顺利进行并获取到可以被作为证据使用的数据资料。

（1）证据识别类工具

这类工具的主要用途是识别系统或其他设备中的有价值的证据，包括密码破译工具、数据恢复工具、文件浏览工具和网络监控工具等。这一类工具主要有 Password Recovery Toolkit、Easy Recovery、AirSnort、EaseUS Data Recovery Wizard 等。

（2）证据收集与保存类工具

这类工具的用途是对获取的证据和经过分析以后的证据进行完整无损的镜像保存。这类工具包括磁盘擦除工具、磁盘镜像拷贝工具、反删除工具和加密工具等。此外，由于目前计算机硬盘是最主要的信息储存介质，所以现在计算机取证的最主要对象是硬盘。拷贝硬盘的最常用的工具是移动硬盘。

（3）证据检查类工具

这类工具主要是对证据进行检验、检测与搜索，包括图片检查工具、文本检查工具和磁盘分区检测工具等。典型的图片检查工具是 ThumbsPlus、文本搜索工具是 Dtsearch、磁盘分区检测工具是 FDISK。

（4）证据分析类工具

这类工具主要分析嫌疑人使用的电脑类型、采用的操作系统、有无隐藏的磁盘分区、有无可疑的外设、有无远程控制和木马程序等。具体包括数据挖掘工具、日志分析工具、对比搜索工具等。

此外，一些国外厂商还开发了计算机取证的综合工具，如美国的 Forensic Toolkit（vrK）、Encase 取证分析软件和德国的 X-Ways Forensics 综合数据分析套件。

3）数字取证的规范

数字取证规范是指为保证计算机取证工作合法、合理、科学、有序而制定的一系列指南、规程、步骤、程序与标准。美国、加拿大、法国、德国、英国、意大利、俄罗斯和日本的计算机法证专家共同提出了数字取证操作必须遵循的六项原则：

①在取证过程中必须应用标准；

②获取数字证据以后，任何举措都不得改变证据的原始状态；

③接触原始数字证据的任何人员应该得到相关的培训；

④任何对数字证据的捕获、访问存储或转移都必须留有完整的记录；

⑤任何人若持有数字证据，他必须对施加于该证据上的任何操作负责；

⑥任何负责对数字证据的捕获、访问存储或转移的机构必须遵循上述原则。

3.2.4　计算机法证技术服务

1）"四大"提供的计算机法证服务

由会计师事务所的法务会计专家为社会提供计算机法证服务在国外已成为惯例。"四大"在对外提供的有关计算机法证服务的情况见表 3-1。

表 3-1　"四大"计算机法证技术服务项目

会计师事务所	计算机法证技术服务项目
毕马威	捕获数字证据
	通过对大量数字信息的分析确认不寻常的交易、嫌疑人之间的联系、可疑电子邮件和对财务记录的操纵
	电子证据开示
	为执法机构提供制定数字取证标准
	防范计算机犯罪培训与相关政策制定
德勤	计算机调查
	法证数据分析
	电子数据清理
	数字证据恢复与分析

会计师事务所	计算机法证技术服务项目
普华永道	计算机取证
	计算机犯罪的预防
安永	计算机法证技术

由表 3-1 可以看出,"四大"都无一例外地提供了计算机法证技术服务,而且这类服务基本上都是列在其法务会计服务项目之下。

2)国内组织和机构提供计算机法证技术服务

我国会计师事务所较少提供法务会计服务和计算机法证服务,香港地区的一些会计师事务所和内地的一些商务调查公司和计算机技术服务公司对外提供计算机法证服务,具体情况见表 3-2。

表 3-2　国内组织计算机法证服务项目

提供计算机法证服务的组织	计算机法证技术服务项目
香港均富会计师行	电子商业程序审查
	电子交易之追踪、分析及说明
	电子证据之恢复、保存及鉴别
	滥用电脑资源、盗用或销毁电子记录
	违规黑客进入
	恢复电子密码
	永久性删除电子数据
	电子证据之披露
	电脑法证之复制
	电子证据之恢复、还原、过滤及分析
北京高科法证计算机技术服务公司	计算机安全解决方案
	计算机远程防范方案
	电子证据调查服务: ——电子证据发现 ——电子邮件数据分析 ——数据获取 ——手机数据获取与分析
	计算机法证技术培训

续表

提供计算机法证服务的组织	计算机法证技术服务项目
北京联合安信商务调查公司	计算机数据恢复
	交易数据的分析与追踪
	收集计算机痕迹证据:互联网监控
	电子邮件恢复与分析:计算机硬盘数据完全恢复

3.2.5 智能手机取证

智能手机正在深刻地改变 IT 和通信领域的行业结构,并已逐渐替代个人 PC。近年来,随着智能手机市场的高速增长和应用普及,智能手机用户量与日俱增,而犯罪分子和黑客将智能手机当成他们沟通和作案的工具,利用智能手机从事诈骗、售假、造谣等违法事件时常发生。智能手机犯罪发展迅速,犯罪手段层出不穷,针对智能手机进行的网络犯罪更是日益猖獗,智能手机取证正是打击这类犯罪的有效手段,智能手机取证也保持着高速增长态势。数据多样化给智能手机取证技术带来了诸多挑战,传统的短信、通话记录、通讯录相比微信、QQ 等应用程序的数据,其线索价值性和重要性都在逐渐降低。同时,在司法活动中电子证据取证意识逐渐增强,电子物证的重要性逐渐被重视,同时数据固定、提取和检验流程越来越规范化,取证的技术方法也在不断进步更新,智能手机取证在常规电子数据现场勘察分析中的作用日益增加。

1)智能手机取证概述

智能手机取证可以利用手机内存、移动运营商以及 SIM 卡中的基本信息进行初步数据提取。智能手机取证主要表现为取证对象的移动性,手机是移动终端,监管的难度较大;取证范围的广泛性,市场上常见的智能手机操作系统有 Android、苹果 IOS 系统、Windows Phone 操作系统等,取证范围大且手机软硬件及数据接口等方面差异较大,增大了取证工作的难度;智能手机信息技术更新速度快,产品周期短,数据标准难以统一。

2)智能手机取证的原则

随着科学技术的不断发展,针对智能手机取证工作也在不断地深入。在进行智能手机取证时要集中遵循以下几项原则:

(1)合法取证原则

进行智能手机取证的前提就是相应的项目符合法规,只有在合法授权条件下,才能建立相应的取证行为。在建立取证活动过程中,要设立取证人员、取证物品、取证技术手段以及取证基本程序等,保证取证行为在手段和技术合法的机制下运行。

(2)全面取证原则

在进行手机取证的过程中,法务会计人员要保证建立有效的项目处理机制,运行高效的信息提取技术,真正实现完整的数据链,通过对手机上相应的浏览记录进行跟踪和取证,保证整体数据信息的完整。

（3）无损取证原则

在对数据信息进行集中取证的过程中，法务会计人员要根据实际情况建立有效的项目处理机制，从根本上确保信息数据的完整和真实有效。特别要注意的是，在信息取证的过程中，智能手机要保证开机状态，要远离高磁场以及高温地区，避免载体损伤造成的信息受损。

（4）及时取证原则

在信息收取的过程中，法务会计人员要针对手机即时生成的系统日志和系统进程进行有效跟踪，一定要避免由于手机本身容量导致的信息覆盖问题。

3）智能手机取证的证据来源

智能手机取证的电子数据来源主要是手机内存、SIM 卡、闪存、移动运营商网络以及短信服务提供商系统。

（1）手机机身内存

手机机身内存是手机自身携带的内部存储器，由存储芯片直接安装在手机里，用以支持、维护手机的正常运行。手机机身内存存储着大量的信息，主要包括手机串号、通信录、通话记录、短信/彩信、应用程序、上网记录、图片、视频和声音以及存储的文件。各大手机生产商为抢占市场，根据手机品牌、型号的不同，信息在手机中的格式和内容也有所不同。早期的 Android 手机由于自带的存储空间小，多数都支持外插的 SD 存储卡，用以扩充存储容量，但是现在绝大多数的手机机身自带的存储容量已达 64 G 或 128 G 以上，存储容量已可满足绝大多数中度或偏重度手机使用的需求。

（2）SIM 卡

SIM 卡（Subscriber Identity Module）意为"用户识别模块"，是移动通信运营商颁发给用户的使用凭证和网络接入身份标识。第一，SIM 卡是数字移动电话的一张资料卡，它记录着 IMSI（国际移动用户标识）、密钥 Ki、PIN 码（个人用户标识码）、加密算法和其他用户相关的信息，可供 GSM 或 CDMA 系统对用户的身份进行鉴别以及对用户通话信息进行加密。因此，SIM 卡包含大量有价值的、潜在的电子证据。第二，IMSI（International Mobile Subscriber Identity）全球唯一标识一个用户（实际上是与一张 SIM 卡绑定）。在办卡时，会将 IMSI 写入卡中，同时会将该信息保存到 HSS/HLR 中，与电话号码一一对应。在用户使用移动终端接入移动网络时，IMSI 是重要的身份验证和鉴权信息。第三，移动用户综合业务数字网号码（Mobile Subscriber ISDN Number，MSISDN）是移动通信用户在移动通信网络中的身份号码，即用户的手机号码。它由移动运营商保存并和 IMSI 关联。第四，手机存储的固有信息，主要包括各种鉴权和加密信息、GSIM 的 IMSI 码、CDMA 的 MIN 码、IMSI 认证算法以及加密秘钥生成算法。在手机使用过程中存储的个人数据，如短消息、电话簿、行程表和通话记录等信息。短消息作为文本信息，是手机取证中潜在的、最有价值的证据之一。对一些旧款的手机而言，这些信息仅存储在 SIM 卡中，随着手机功能的不断升级，现在的手机内存和 SIM 卡都能存储这些信息。

（3）移动网络运营商

移动网络运营商的通话数据记录数据库与用户注册信息数据库存储着大量的潜在

证据。在实行"手机实名制"的大环境下,调查取证人员可通过法律程序与移动运营商联系,以便获得相应的取证数据。这些数据包括主叫/被叫用户的手机号码、机主身份;主叫/被叫手机的 IMEI 号、长度、通话时长、服务类型和通话过程中起始端与终止端网络服务基站信息。在某些案件中,需要锁定犯罪分子的位置,此时,可通过基站信息分析以获取用户的行为轨迹,从而实现实时定位。

4)智能手机取证的流程

在智能手机取证时,法务会计人员要根据实际情况建立最优化的分析机制,保证整体取证过程符合具体要求。

(1)取证准备

法务会计人员对案件进行初步了解分析,掌握案件目的、动机等基本情况;同时成立相关的调查小组,分工实施;针对具体的手机品牌、型号以及软硬件特征,选取合适的手机取证工具,充分做好调查取证准备工作。

(2)证据提取

对收集到的检材样本编号,拍照与记录,同时确定手机的型号与软硬件信息,屏蔽手机信号,预防手机数据变化而影响到证据提取的结果;选取相应的提取方式,提取有效数据,记录下检材样本数据。

(3)证据分析

对网络数据库、手机内存、SIM 卡以及手机软件的取证分析。证据分析主要为取证所收集到的数据,提取同案件相关联的一些数据信息,对于同案件相关的管理工具,如通讯录、电子邮件等进行比较;对于一些隐藏数据、删除工具等更改后证据进行深入分析,对相关的数据信息进行检测与恢复。

(4)证据提交

证据分析工作之后,需要编写分析报告,对收集的数据信息进行审查与转换,并作为证据提交。手机数据信息要在诉讼中发挥作用,必须要转化为各类诉讼规定的证据类型,否则无法作为证据进入诉讼。

5)智能手机取证的工具

在实际智能手机取证过程中,各种取证软件已经使用得越来越普遍。任何一种取证工具都存在一些缺陷,不能满足所有要求,这就要求调查取证人员能有针对性地对各种取证工具加以综合利用,才可以达到令人满意的取证效果。

(1)Final Shield

Final Shield 是一款信号屏蔽工具,可有效屏蔽手机信号,防止手机取证过程中外来信号影响原始数据的完整性,造成有些重要数据丢失。手机放入 Final Shield 中,通过设备内部的 USB 接口与手机连接,再通过设备外部的 USB 接口与专用手机取证工具或计算机连接,配合取证工具或软件即可实现数据的获取。

(2).XRY

.XRY 不但能在取证过程中提取手机存储卡中的数据,而且还会创建一个加密文件,以防止未授权人对数据进行任何操作。它支持数据线、红外、蓝牙传输,SIM 卡克隆,此外.XRY 也会在取证结束后向取证人员提供一份分析报告。

（3）Final Mobile Forensics

Final Mobile Forensics 最大的优势是对 CDMA 制式的手机支持,也支持 GSM 型号的手机。可对呼叫记录、删除数据（部分型号）、电话本、记事本、短信、彩信、上网记录、网络连接信息、视频、录音等数据进行分析。此外还可以获取并显示大部分型号手机的加锁口令。支持 BlackBerry、iPhone 和 Windows Mobile 等智能手机操作系统,并支持物理镜像的获取。

（4）CELLDEK

CELLDEK 是一款便携式手机取证箱,支持 Palm、Windows Mobile、BlackBerry 和 Symbian 操作系统智能手机的数据提取。内嵌一台笔记本电脑,通过内部软件可快速提取手机中的重要数据进行取证分析。

（5）Oxygen Forensic

Oxygen Forensic 超越了对普通手机、智能手机、PDA 的逻辑分析方法。通过采用高级的底层通讯方法,Oxygen 可以比普通的逻辑分析软件获取到更多的数据,对于智能手机具有极佳的获取效果,支持 iPhone、Palm、Windows Mobile、BlackBerry、Symbian、Android 操作系统。

6）智能手机取证的方法

不同品牌的手机,不同的案件环境,获取手机证据信息的方法也不尽相同。下面介绍几种常用的手机证据获取方法。

（1）获取手机的 root 权限

root 是 Linux 等类 Unix 系统的超级管理员用户账户,手机 root 也就是系统破解（在 iOS 设备中叫作"越狱"）,手机被 root 后,其他用户就可以超级管理员的身份运行程序。在手机电子数据取证过程中,对手机采取直接数据提取或者全盘镜像,大部分情况下都取决于能否成功获取到手机 root 权限。由于绝大部分智能手机本身是不开放手机 root 权限,因此往往采取第三方应用软件对手机进行 root。国内比较出名的 root 软件有 360Root、Root 精灵、KingRoot 等软件。有了这个权限,取证人员就可从手机中获取任何文件和数据,这些数据有一定概率包含了短信、通话记录等系统自动备份的临时数据库表,其中含有一定时间内的所有数据,即可能存在已删除的数据。在实际工作中,并不是所有的手机都能 root,例如,加锁的手机,必须先解锁,然而解锁的过程会要求对 data、System 分区进行双清,从而导致数据丢失且无法恢复。

（2）USB 调试模式

USB 调试又称 USB Debug,是 Android 为开发者提供的一个用于开发工作的功能,开发者可通过该功能实现在计算机和移动设备之间复制数据、安装应用程序与读取日志数据等功能。在手机取证工作中,如果 USB 调试模式为打开状态,取证人员可连接计算机进行信息获取。但是,Android 手机在默认的情况下,USB 调试是关闭的,此时手机将无法与取证工具和软件连接。

(3) JTAG 提取技术

JTAG 是一种国际标准测试协议,主要用于芯片测试,在电子物证检验工作中主要用于疑难手机检验,特别适用于高通芯片组的安卓系统手机存储芯片中数据镜像。在具体的提取过程中,只需将手机外壳打开,将仪器标配的夹具夹在手机主板对应的 JTAG 焊点,即可通过软件完成数据提取。JTAG 提取技术对手机机身硬件不做任何改变,且不受软件系统版本的限制,其优点表现在以下几个方面:第一,无论手机是否 root,是否打开 USB 调试,Android 版本多少,都可直接获取 Flash 芯片镜像。第二,对 CPU 底层协议的操作是在手机不开机的情况下进行,不会破坏手机的物理结构。第三,直接读取手机的镜像文件,所获得的数据与将闪存芯片拆除后提取的镜像数据完全一致。第四,与操作系统无关,与手机是否存在密码无关。第五,在取得手机镜像数据后,既可直接分析出手机的密码,也可直接解析出想要的全部信息。

(4) Chipoff 提取方法

Chipoff 是指将手机存储芯片取下,然后对其数据进行直接读取的方法。目前安卓手机都采用 eMMC 存储芯片来存储数据,且绝大多数都采用 ext4 的文件系统,因此,方便在多数检验工具软件中进行数据提取、恢复和分析。虽然将存储芯片从手机中完整地拆除下来需要借助不少工具,且需要一定的经验积累,但这种方法有很多优势是其他检验方法所无法比拟的。由于 eMMC 芯片本身的防护等级较高,通常情况下,只要这个芯片没有损坏,用 Chipoff 就能获取数据,其他如屏幕、电池、数据接口损坏的条件下均可成功获得手机数据信息。

3.3 法务会计技术方法

3.3.1 法务会计技术方法概述

1) 法务会计技术方法的概念

法务会计工作技术方法是指法务会计人员为完成当事人的委托,综合应用会计、审计、法律等方面的专业知识和技术手段,查明涉案业务的实际情况,并分析、审查所掌握的法务会计资料及其他有关资料、卷宗资料,以及进一步收集、调查、取得补充资料的一整套专业技术方法。

2) 法务会计技术方法的目标和原则

运用法务会计技术方法所要达到的目标主要包括以下三个方面:一是查明涉案业务的实际情况;二是分析、审查所掌握的法务会计资料及其他有关资料、卷宗材料;三是进一步收集、调查、取证补充资料。

由法务会计工作的任务、职能、性质、作用及本行业的执业特点所决定,法务会计工作的技术方法具备独特性、实用性、科学性、综合性四个特点。而法务会计在工作中也需遵守贯穿法务会计工作技术方法运用全过程的指导思想,即法务会计工作技术方法的基本原则是实事求是、全面联系、深入实际、依法从业。

3)法务会计技术方法的种类

法务会计工作的技术方法通常包括法务会计基本技术方法和法务会计辅助技术方法。

(1)法务会计工作的基本技术方法

法务会计人员对法务会计工作对象（主要包括委托方提供的各种财务会计资料和其他资料等)进行审查、判断、分析和评价所持有的基本观点和基本方法主要有以下几种:系统分析法、抽样分析法、顺(逆)分析法、资料分析法、计算分析法、指数对比分析法、资产计价法、实物勘察法、数据汇总法。

(2)法务会计工作的辅助技术方法

在实际工作中,法务会计人员除了运用上述的基本技术方法以外,还必不可少地需要运用一些辅助方法以利于基本技术方法的顺利实施,如座谈询问法、搜查法、鉴定法、专项审查法、实地观察法和判断推理法。

3.3.2　法务会计的基本技术方法

1)系统分析法

系统分析法是指法务会计人员根据所掌握的财务会计资料及其他资料(包括被审查单位保存的某一时期的原始凭证、记账凭证、会计账簿、财务会计报告和其他资料等) 对涉案业务进行全面而系统的审查和分析的方法。该方法一般操作流程是阐明问题、分析比对、评价,主要是通过被审查单位所提供的相关的财务会计资料来归纳分析比较的,因为需要甄别、提取有效数据,对涉案财务数据进行全方位的系统归纳总结,所以工作量较大。

2)抽样分析法

抽样分析法是指法务会计人员从所掌握的财务会计材料和其他相关资料中抽出一部分进行重点检查,以审查和判断所掌握资料的真实性及可靠性的一种方法。

3)顺序分析法

顺序分析法是指法务会计人员在分析财务会计资料时,一般是根据企业会计记账程序的顺序,即从原始凭证的填制开始审查,然后以原始凭证为依据逐笔审查核对记账凭证,再根据记账凭证详细审查核对企业的日记账、明细账和总分类账,最后以会计账簿来核对财务会计报告并依次进行调查分析的一种方法。

4)逆序分析法

逆序分析法是指法务会计人员在分析财务会计资料时,一般是按照会计记账程序的相反程序,从审查分析财务会计报告开始,以财务会计报告来核对会计账簿,然后根据会计账簿核对并审查记账凭证、原始凭证的一种方法。

5）资料分析法

资料分析法包括资料审阅法和资料核对法,两者都是通过对现有财务会计资料进行审查、归纳和分析,从而取得法律证据或提出法务会计报告的一种方法。资料审阅法主要是指法务会计人员通过仔细阅读和审核所掌握的各种财务会计资料、其他资料及卷宗材料等,以判断其是否真实、完整、合法和正确。资料核对法则是指法务会计人员不仅要对所掌握的财务会计资料、其他资料及卷宗材料进行审核阅读,还要将一些具有平衡、勾稽关系的财务会计材料进行相互审核,以判断被审查单位会计核算的正确性和客观性。

6）计算分析法

计算分析法是指法务会计人员通过对所掌握的被审查单位有关财务会计资料的数据进行计算,并根据计算结果分析或确定被审查单位的会计核算是否正确的一种方法。

7）指标对比分析法

指标对比分析法是指法务会计人员将所掌握的财务会计资料、其他资料等与这些资料中所反映出的各种财务会计指标进行对比、分析的审查方法。

8）资产计价法

资产计价法是指法务会计人员根据业务委托的需要,依据所掌握的财务会计资料和其他资料对被审查单位的资产进行重新计价,以审查有关单位的财务会计资料是否真实的一种方法,资产计价法是一种主要的实物资产审查方法。

9）实物勘察法

实物勘察法是指法务会计人员通过对实物的实地勘察以了解被审查单位实物数量和资金实有数额的一种审查方法,这种方法主要适用于对固定资产、货币资金和存货类等实物资产的审查。

10）数据汇总法

数据汇总法是指法务人员通过自己或者他人提供的分析财务报表来研究分析证据链,也有公式自动计算功能,可以满足审核的基本需求,并且修改数据后会自动更新,减少了单个表格数据的复制粘贴。数据汇总法是最常见的调查会计方法。

3.3.3 法务会计的辅助技术方法

1）座谈询问法

座谈询问法是指法务会计人员采用询问、座谈的方式,以了解有关情况并验证相关资料的可靠性或者获取新的信息。

2）搜查法

搜查法是指法务会计人员根据法务会计工作的性质和所涉及的实际问题,在取得有关法律机关的配合和审批后,对被审查单位的有关人员的身体、物品、住所和办公地点等场所进行搜查,以收集有关证据的一种特殊的会计工作方法。

3）鉴定法

鉴定法是指通过对一些书面资料、文字或经济活动的辨认或解决以获取相关证据，这项活动应由法务会计人员依法进行。

4）专项审查法

专项审查法是指法务会计人员依据所掌握的财务会计资料、其他资料和卷宗材料，对其中一些问题突出、问题集中的项目专门进行审查的一种方法。

5）实地观察法

实地观察法是指法务会计人员在被审查单位或有关人员没有任何准备的情况下进入被审查单位实地进行观察核实，以了解被审查单位的经济业务及经济管理和内部控制制度的执行情况所采用的一种审查方法。

6）判断推理法

判断推理法是指用逻辑推理的方法对所掌握的会计核算资料进行判断分析，以推测在什么情况下、可能出现什么样结果的一种特殊的法务会计方法。

本章小结

我国大数据时代的到来，进一步推动了现代信息技术的快速发展，随着法务会计实践的发展，法务科学的技术应用范畴在扩大，技术水平也在不断提高。本章基于我国信息化高速发展现状和法务会计实践工作需要，充分阐述法务会计调查取证工作应用的工具和技术，尤其是介绍了智能手机取证方面的知识，强调了法务会计调查的重要技术手段并与法务会计调查方法相互配合开展法务会计调查活动，为更好地推进法务会计实践工作与计算机技术相结合的研究提供启示，从而推动法务会计学科和计算机法证学科的进一步构建与不断完善。

思考题

1.简述法务会计调查的工具。

2.简述法务会计调查的程序和技术。

3.简述计算机法证学的定义及其特点。

4.简述数字取证工具。

5.简述智能手机在法务会计调查取证中的作用。

6.法务会计技术方法包括哪些内容？

第4章 法务会计证据

学习目标

通过本章学习,了解法务会计证据的含义、特征,熟悉法务会计证据的分类,掌握法务会计证据调查方法,理解法务会计证据审查与认定的基本理论与原则,掌握会计证据的检查技术,了解会计证据的保全办法和具体措施。

4.1 法务会计证据概述

4.1.1 法务会计证据的含义

法务会计证据,主要是指为法庭提供的,与财务、会计事项有关的,能够用来证明经济舞弊或经济犯罪事实已经发生的各类会计资料。

法务会计证据一般包括以下三种类型:第一种是会计核算资料,它既是会计活动结果的体现,也是反映经济活动的主要载体。第二种是会计相关资料,是指会计核算的参考或依据,但并非可以直接作为原始凭证纳入会计凭证的资料,如各种权益凭证、资金往来结算资料、记载实务流转和结存的有关资料。第三种是经济业务原始凭证,是指各种本应作为会计核算的原始凭证,但实际工作中并未用于会计核算,而是对经济业务活动的基本情况进行直接记录的原始资料,如银行进账单。法务会计证据主要形式包括存储在计算机磁性介质中的与信息化、网络化会计有关的能够证明经济舞弊或经济犯罪事实的"电子证据"。

4.1.2 法务会计证据的特征

法务会计证据作为诉讼证据的一种,自然具有诉讼证据的基本属性。一般的诉讼证据均具有三个基本特征:客观性、相关性与合法性。

1)法务会计证据的一般特征

(1)客观性

任何案件事实,无论是犯罪事实,还是一般的违法事实,或者财务舞弊行为;无论是属于刑事案件,还是属于民事案件,或者行政案件,它都是在一定的时间、空间和条件下发生的,它必然要与客观外界的其他事物发生各种各样的相互作用,就会留下相应的物品与痕迹,它要与周围的人们发生作用,就会在有关人员的头脑中留下印象。这些物品、痕迹与印象都会保留着案件事实的各种信息,可据以查明案件的真实情况。这些作为证据的事实以及它们与案件事实的各种联系,是客观存在的,是不以人的主观意志为转移的。证明主体只能发现与认识证据,并加以收集、固定与保管,借以查明案情,而不能以主观猜测、随意捏造、任意歪曲的事实作为证据。

(2)相关性

证据在具有客观性的同时,还必须具有相关性。证据的相关性是指证据必须是客观的,但是并不是一切客观的事实都可以作为证据,只有那些与案件具有关联性的事实才可以作为证据。证据的相关性是从证据事实与案件事实的相互关系方面来反映证据特征的。这一特征主要解决客观事实可以作为证据的内在根据的问题。鉴于此,我们需要认识到,证据事实必须与案件具有客观的联系,这样的联系往往具有广泛性、多样性与复杂性。

(3)合法性

证据的合法性是指证据从形式与来源上合乎法律规定,而没有不可采取的理由的特性。证据的合法性主要是从证据的外部特征是否合法的角度来反映证据的基本特征的。证据的合法性也被人们称为证据的可采性,是指证据必须为法律所允许,可以用于证明待证事实。证据的合法性主要表现为证据必须具有法律规定的形式和由法定人员依照法定的程序收集、查证和运用。具体来讲,证据的合法性必须由法定人员依照合法的程序和方法进行收集与提供;证据必须具有合法的形式;证据必须有合法的来源;证据必须经法定程序查证属实。

2)法务会计证据的固有特征

法务会计证据除具有一般诉讼证据的基本特征以外,还具有其固有的特点:

①从证据类别看,法务会计证据是一类特殊的法律证据,它包括财务账簿、凭证、财务会计报告、审计报告、验资报告和经济合同等涉及财务往来的一切资料,这些资料主要是以会计资料为载体的财务信息流和财务数据集,能够证明相关案件的真实情况而被法院所采纳的证据,既包括会计证据、审计证据,又包括确定损失计量的损害赔偿证据等。这些证据大体包括调查对象的经济业务记录与文件、实物所有权及价值证明、内部管理制度及人员素质、外部证据等。

②从证据内容看,法务会计证据是融合法律和会计双重特性的复合型证据。会计资料、审计资料、损失计量等属于财务会计资料,但并非所有的财务会计资料都可以成为法务会计证据,只有那些符合法律规定,进入诉讼或非诉讼程序的相关资料才能成为法务会计证据。这是法务会计证据区别于普通会计证据的关键之处。

③从证据的提供者来看,法务会计证据是由法务会计人员所提供的,这类人员自身具有特殊的专业素养和能力,能够综合运用会计学、审计学、法学等专业知识处理法务会计证据。证据提供者的专业性确保了法务会计人员在对与经济案件相关的会计资料等

原始凭证进行调查、收集、整理和获取前能预先了解和掌握与案件相关的基本情况,分析案件资金运动的基本规律,大致确定犯罪嫌疑人作案的手段,从而进一步把握审查与检验的重点,保证工作报告的科学性,提高法务会计证据获取和证明的效率。

4.1.3 法务会计证据的分类

1)按诉讼法律规定收集分类

按诉讼法律规定收集,可以分为诉讼会计证据和非诉讼会计证据。诉讼会计证据,是按照诉讼法律规定收集,完全具备诉讼证据特征,即具备客观性(真实性)、相关性和合法性,可用于包括诉讼在内的各种证明活动。诉讼会计证据之外的会计证据称为非诉讼会计证据,一般不能在诉讼中直接作为证据使用。

(1)诉讼会计证据与非诉讼会计证据的共性

①具备关联性(相关性),这是所有证据的共性,是证据之所以能够为证明提供依据的根本原因。

②具有会计资料的特点或内容,这是会计证据的专业技术特征,也是其最显著、最典型的特征,以此为标志,可以将会计证据与其他证据区分开来。

(2)诉讼会计证据与非诉讼会计证据的差异

诉讼会计证据与非诉讼会计证据的差异,总体上表现为对合法性和客观性(真实性)特征的要求不同:

①对合法性特征要求的严格程度不同

A.对证据形式要求的严格程度不同

诉讼会计证据的形式必须满足诉讼法律要求。三大诉讼法都明确规定了证据形式,而且在不同诉讼中证据形式并不完全相同。书证、物证、鉴定结论、视听资料、证人证言和勘验笔录是三大诉讼共有的,另外,刑事诉讼中还规定了检查笔录、被害人陈述和犯罪嫌疑人、被告人供述和辩解;民事和行政诉讼中都规定了当事人的陈述,行政诉讼中还有现场笔录。

非诉讼会计证据形式更灵活。例如,国家审计中规定的证据形式是:书面证据、实物证据、视听或电子数据资料、口头证据、鉴定结论、勘验笔录和其他证据,且对"其他证据"的内涵和外延并未明确,这样的规定显然不如诉讼证据的规定严格。注册会计师审计准则中,只列举了获取审计证据的程序,并未明确审计证据的类型。可见,虽然同为审计活动,但属于行政活动的国家审计与属于社会鉴证活动的注册会计师审计对证据形式严格程度的要求存在很大差异。

B.对收集提供程序要求的严谨程度不同

刑事诉讼中,人民法院向有关单位收集、调取的书面证据材料,必须由提供人署名,并加盖单位印章,向个人收集、调取的,必须由本人确认无误后签名或者盖章;勘验、检查笔录应由参加勘验、检查的人和见证人签名或者盖章。行政执法中,如税务处罚听证活动应当制作笔录,听证笔录应交当事人阅核、签章。而在国家审计中,对于收集审计证据的程序并未提出与上述类似的严格要求。

②对客观性特征的要求不同

不同诉讼会计证据应具备客观性特征，而非诉讼会计证据对客观性特征的要求明显具有多样性，用于不同领域时对客观性特征的要求不同，具体差异有大有小，有的只是表述不同，而本质相似，有的则存在实质差异。例如国家审计中，规定审计证据必须具备客观性，即必须是客观存在的事实材料。注册会计师审计中，对证据质量的要求是适当性，具体包括相关性和可靠性两方面，对可靠性的描述是指证据的可信程度，只说明可靠性受证据来源和性质的影响，并取决于获取证据的具体环境，没有明确提出客观性或真实性的要求。该可靠性表述明显有别于真实性或客观性要求，再结合注册会计师审计准则对审计证据的定义中关于审计证据包含自身编制或获取的可以通过合理推断得出结论的信息的表述，可以认为：注册会计师审计中对证据实质上并无客观性要求。

2）按适用证明领域、具体存在形式、运用的具体特征分类

结合现行法律规定，根据所适用证明领域的不同、具体存在形式的差异、在证明活动中所运用的具体特征不同，主要将会计证据分成以下七类，其中书证、视听资料、鉴定结论、勘验笔录和物证五种形式的会计证据在符合诉讼证据特征时，可以用于诉讼。

（1）书证

会计证据多数情况下以书证形式出现。手工记账情况下，会计资料全部是书面资料，符合书证的特征；会计信息化情况下，打印在纸质介质上并以书面资料形式装订和保存的凭证、账簿、报表等符合书证的特征。

（2）视听资料

会计信息化情况下，许多会计资料（包括记账凭证、账簿、报表和某些自制原始凭证如交易明细记录等）都可能以电子数据形式保存，这种情况下的会计证据具有视听资料的证据形式。

（3）鉴定结论

会计资料的内容由于其本身的专业性，不具备相应专业知识的人一般不易准确理解其内容，更由于经济活动的复杂性和多样性，使得会计资料所记载和反映的内容也越来越复杂，要理解其内容并通过这些内容分析和判断有关经济活动情况更非易事。因此，需要由"有会计专门知识的人"来对这些会计资料进行"解读"，即通过法务会计鉴定，对有关会计资料所反映的情况作出专业判断，形成相应的法务会计鉴定结论，既能使这些会计资料对案件事实的证明作用得以进一步显现，又能使不具有或不甚熟悉会计专门知识的人能够理解和掌握这些会计资料的含义，从而可以在诉讼证明活动中有效地运用。这种情况下的会计证据具有鉴定结论的证据形式。

（4）勘验笔录

对清点现金、有价证券、实物票据、盘点存货、清查固定资产等活动的过程及所发现事实的客观记载，这是勘验笔录形式的会计证据。

（5）物证

当会计资料不是以其内容，而是以其存放场所、实物状态等方面的特征来证明案件事实时，这是物证形式的会计证据。

（6）专业意见

运用会计专门知识为非诉讼活动（如税务稽查、反倾销调查、按法规要求披露上市公司财务会计信息等）中涉及会计信息的问题进行检查、审核、分析、评价、鉴证等所提供的专业意见（审计意见、鉴证结论等）。

（7）其他证据

可用于证明或说明待证事实真相，形成证明结论基础的各种证据材料，如询问与会计信息或相关经济活动有关情况得到的书面回复（如函证回函）或口头答复（如询问记录）。

4.2 会计证据的调查

4.2.1 会计证据调查的概念

会计证据调查是与会计证据的收集、审查和运用有关的各种调查活动的总称，是为查明和证明可以由会计资料记录和反映的经济活动事实和情况而进行的专门调查活动。收集证据是诉讼活动最基本的环节，证据的收集对于在庭审中如何举证，是否能经得住质证，能否被法庭采信以及能否完成维护社会公平与正义都具有非常重要的意义。

4.2.2 会计证据调查的特点

①内容的专门性。会计证据调查的内容是专门收集、审查和运用会计证据。

②范围的特定性。会计证据调查的适用范围是查明和证明可以由会计资料记录和反映的经济活动事实和情况。

③性质的从属性。会计证据调查的法律属性从属于其所服务的证明活动。

④程序的规范性。会计证据调查程序应严格遵循所服务的证明活动所适用的规则。

诉讼、行政执法、纪检监察、审计等活动中存在的与会计证据的收集、审查和运用有关的调查活动，都是会计证据调查。

4.2.3 会计证据调查的原则

法务会计人员受聘于当事人、律师或者司法机关，对涉案的会计证据进行调查、分析，并提供专家意见。法务会计人员熟悉会计记录的具体产生过程，通晓一般公认会计准则、财务制度、财务报表披露、内部控制制度等，可以运用一些调查、取证技巧，在短期内完成绝大多数证据的收集工作，并鉴别证据的可信度，将最主要的证据呈送给法庭，做到客观公允，保证整个诉讼过程的顺利开展。法务会计人员进行会计证据调查时要遵守客观、合法、独立、谨慎的原则，这是其调取资料能够作为证据使用的前提条件，也是当事人及司法机关选用法务会计的一个标准。

1）客观性原则

法务会计人员的职业道德要求对证据的调查必须客观、公正,这也是会计证据得以提交法庭,作为认证依据的前提条件。客观性原则包括收集证据的真实性以及全面性。

真实性是指法务会计人员不能收集明知是伪造的或者没有根据的会计证据,这是所有证据的必备属性。这里主要论证对会计证据收集的全面原则。法务会计人员在审查证据时,必须对事实过程作整体审查,结合整个会计资料所反映的会计信息进行收集,不能断章取义,组成完整的证据链有助于进一步提取证据,为法务会计鉴定提供尽可能齐备的证据材料。

2）合法性原则

会计证据的收集是司法活动的组成部分,其行为必须遵守有关法律的规定,才能合乎证据的合法性这一要求,这是会计证据被采用的基本前提。会计证据收集必须遵守《刑事诉讼法》《民事诉讼法》《行政诉讼法》《仲裁法》等法律中有关证据调查程序的规定。

3）独立性原则

法务会计人员在调查会计证据过程中不能受已知案情的影响以及被相关人员的意思左右,以会计资料为唯一的依据独立做出判断。法务会计人员除了遵守会计一般准则以外,必须要独立于所有的关系方,不能卷入与案件有关的任何利益冲突,具有良好职业道德记录的法务会计专家,其出具报告无疑可以增加被法官采信的可能性。

4）谨慎性原则

谨慎的态度是法务会计人员工作成果质量的关键,会计证据往往对案件起着重要的证明作用,甚至是区分刑事案件中罪与非罪的界限,当财务会计资料不完备时,或者由于技术上的原因无法得出精确的结论时,法务会计人员要以谨慎的态度根据调查结果出具结论,把不利的因素客观阐明。

4.2.4　会计证据调查的方法

在各类案件中几乎都会用到会计证据,只是根据案件性质不同所涉及的会计证据的使用程度不同。例如,刑事案件中贪污、受贿、挪用公款、偷税漏税、诈骗等案件,会计证据是至关重要的取证方面,而对谋杀、抢劫等案件,在确定犯罪的过程中会计证据参与的可能性比较小,不过当确定对被害人的赔偿以及对被告人的经济处罚时也要用到会计证据。

1）刑事诉讼中会计证据的调查

刑事诉讼中不同的会计证据调查主体可以使用的方法有很大差异。会计证据调查一般由公安机关或者检察机关进行,其调查对象就是与案件相关的财务会计资料,不仅包括证明犯罪嫌疑人有罪的证据,还包括用来证明无罪以及罪轻罪重的证据。公安机关或者检察机关进行会计证据调查在内的活动是依据职权的行为,有权采取各种侦查措施,包括讯问犯罪嫌疑人、询问证人和被害人、勘验、检查、搜查、扣押、鉴定等。法律规定侦查机关、公诉机关和审判机关有权向有关单位和个人收集、调取证据,有关单位和个人应当如实提供,司法实践中主要依照此规定调取会计资料从而收集会计证据。辩护律师具有一定的取证权,可以申请人民检察院、人民法院收集、调取证据;可以向证人或其他有关单位和个人收集与案件有关的材料,但要征得他们的同意;向被害人或者其近亲属、被害人提供的证人收集与案件有关的材料时,不仅要获得他们的同意,还要经人民检察院或者人民法院许可。会计证据收集一般多是由司法会计进行,司法会计是法务会计人员的一种表现形式,相比当事人自己聘请的法务会计人员所作出的法务会计报告,司法会计由于其主体的公权性,更容易得到法庭的认可。

以下为某国有企业人员贪污犯罪的会计证据调查案例:

国有企业 ABC 公司工作人员王某,利用职务便利,将本企业诉讼案件交由其熟悉的某律师事务所办理,代理费 150 万元人民币,私下与律师事务所约定返还其个人 70 万元。

本案是典型的贪污案件,为证明犯罪嫌疑人的犯罪事实,检察机关在调查过程中需要取得以下资料:

①该企业与律师事务所签订的代理协议,标的为 150 万元人民币。

②这 150 万元是通过何种方式支付给律师事务所,银行转账、支票(转账支票或现金支票)或者现金,因为标的额比较大,现金支付或者现金支票的可能性很小;如果是通过银行转账的话,要取得该企业在银行的账户资料,核实有 150 万元转入律师事务所银行账户,并且在企业及律所的银行存款账项下应该记载该交易取得的收入和发生的费用,如果是支票转账的话,需要取得支票存根、转账支票的资金走向。

③律师事务所通过何种方式将 70 万元返还给犯罪嫌疑人。直接付款至其个人账户,转入其个人或家人的股票账户,先转入别的公司,然后再转入犯罪嫌疑人个人账户,或者可能这 70 万元分成几笔,通过不同的方式支付。总之,不管通过什么方法划转资金,调查人员运用专业知识和敏锐的嗅觉,总能在错综复杂的账目资料中找到犯罪的痕迹,最后把这些证据衔接起来,还原犯罪事实。

2)民事诉讼中会计证据的调查

民事诉讼中通过会计信息判断双方责任,以及责任大小、赔偿标准等。民事诉讼案件存在大量的会计证据,会计证据对解决经济纠纷、确定侵权数额、分担责任大小起到重要作用,是原被告双方尽力收集的对象。双方交易的合同、单据、银行贷款合同书、账簿账本的记录事项,在法庭上,这些都是争辩的焦点。通过对会计凭证、会计账簿等财务会计资料的调取,有助于认定当事人双方经济业务的类型及经济业务进行的状况,法务会计人员调取的会计证据往往是案件证明的关键。

民事诉讼中进行会计证据调查有三种途径:一是当事人自行调查收集;二是当事人申请人民法院调查收集;三是人民法院依职权调查收集。符合下列条件之一的会计证据,当事人及其诉讼代理人可以申请人民法院调查收集:申请调查收集的证据属于国家有关部门保存并须人民法院依职权调取的档案;涉及国家秘密、商业秘密或个人隐私的材料;当事人及其诉讼代理人确出于客观原因不能自行收集的其他材料。会计资料一般是单位的商业秘密,符合上述特征。除举证方当事人(原告或被告)自己持有的书证、物证和视听资料等形式的会计证据可由其直接提交法庭外,其他会计证据一般需向人民法院申请调查收集。例如,针对专利侵权的损害赔偿计算方法,《中华人民共和国专利法》第六十五条作了较为详细的规定:"侵犯专利权的赔偿数额按照权利人因被侵权所受到的实际损失确定;实际损失难以确定的,可以按照侵权人因侵权所获得的利益确定。权利人的损失或者侵权人获得的利益难以确定的,参照该专利许可使用费的倍数合理确定。赔偿数额还应当包括权利人为制止侵权行为所支付的合理开支。权利人的损失、侵权人获得的利益和专利许可使用费均难以确定的,人民法院可以根据专利权的类型、侵权行为的性质和情节等因素,确定给予一万元以上一百万元以下的赔偿。"

3)会计证据调查的特有方法

会计资料的调查除了要遵循证据调查学的一般方法,还要根据会计证据的特点实行一些特有的办法。主要包括实物检查和书面检查。

(1)实物检查

实物检查指对物品进行盘查,如对大宗存货物进行盘点,查证该公司是否具有账面上显示的存货、固定资产、现金。盘点法按组织方式分为直接盘点和监督盘点两种。

直接盘点是指法务会计调查人员直接亲自进行盘点,监督盘点是指由财产保管人员及其他有关人员进行实物盘点,而法务会计调查人员在一旁对实物盘点进行监督,如果发现疑点则要求复盘核实。

突击盘点是司法实践中常用的一种方法,通过对现金、材料、产成品、固定资产等实物进行盘点,确定其存在、分布以及被侵害状况。如在前文所提案例中,通过对犯罪嫌疑人个人财产进行搜查,如果有大笔现金或者与其收入不相称的贵重物品,可以作为涉案证据予以扣押。

财产实物的会计证据调查主要用于对财产实物的存在与否、所有权归属、原始及现实价值等问题的确定。它在一定程度上同样依赖相关会计核算资料、审计技术,另外,还要求相关法务会计人员具备一定的资产评估知识。实物检查不是会计证据调查的重点,因为实物的调查不一定由懂得专业财会知识的法务会计人员进行,一般法务会计人员为了验证财务会计书面资料的正确性才进行实物检查。

(2)书面检查

书面检查是会计证据调查的主要方法,包括对会计凭证、会计账簿、会计报表的合法性、真实性进行的检查,主要从以下三个方面入手:一是是否符合财务规章制度;二是账目记录是否真实;三是与关联单位的账目记录是否相合。法务会计书面检查的基本方法包括审阅法、核对法、比较法。

①审阅法是指通过阅读案件涉及的财务会计资料及相关资料,寻找、发现和收集诉讼证据。审阅法主要用来初步确定财务会计资料及相关文件的真实性、合法性。

②核对法是指对两个或两个以上有同一关系的财务会计记录、数值进行审核对照,审查其是否一致或相符的一种会计检查办法。如企业虚构销售、虚设应收账款,法务会计人员应该检查企业是否有这么大的生产能力,抽查部分资料,审核手续单据是否齐全,原始单据是否存在,或者与购买单位核实业务是否真实。

③比较法是指通过对两个或两个以上的财务数值或比率进行比较,寻找和确认检查重点的一种司法会计检查办法。根据不同的案件特征以及案件需要,这些方法可以单独或综合适用。

如在前述案例中,对案发单位(ABC国有企业)的账务检查属于审阅法,对案发单位与涉案律师事务所对150万元律师代理费的记账方法的对比属于核对法,对律师事务所与犯罪嫌疑人银行账户的资金对比也属于核对法。运用这些基本方法的同时,查账技巧上还包括详查法、抽查法、顺查法、逆查法等。

书面检查时须注意的一点是,对某一单位的会计账目进行检查时,同时应该对其关联单位的相同业务或相关业务进行检查,例如,在关联交易的调查中,要掌握该企业的子公司、母公司、分公司情况,掌握关联方的采购、转让等交易情况,注意交易价格是否符合市场行情等。

4.3 会计证据的审查与认定

4.3.1 会计证据的审查与认定的概念

会计证据是否具有证据能力和证明力,对案件的结果起到决定性作用,因此,规范诉讼证据和证明行为的证据制度不仅对程序公正有着重要意义,而且还决定着实体公正的实现程度。只有制定科学完备的诉讼证据制度,才能消除诉讼证据能力的随机因素对诉讼结果的影响,使诉讼结果最大限度地保证其公平性和可信度。

会计证据的审查,主要是对会计资料能否作为证据使用的核查程序,看其是否具有证据能力。会计证据的认定,则是在审判过程中对可以作为证据使用的会计资料作出是否采用的判断和在不同证据中进行证明价值的比较分析。

证据的审查与证据的认定两个概念既有联系又有区别:一方面,审查证据不等于认定证据;另一方面,认定证据离不开审查证据。简言之,审查证据是认定证据的前提和基础,认定证据是审查证据的目的和归宿。

4.3.2 会计证据审查与认定的内容

会计证据审查与认定的内容,主要是从会计证据的证据能力和证据效力两个方面进行:

1)审查证据能力

审查证据能力确认其是否具有证据资格,是否可以进入诉讼的"大门"。

2)审查证据效力

即审查获准进入诉讼程序的证据是否真实可靠,是否具有充分证明案件事实的证明价值,确认其是否足以作为认定案件事实的根据。

前者可以称为证据的采纳;后者可以称为证据的采信。就法官的认识过程来说,采纳是对证据的初步审查和认定,采信是对证据的深入审查和认定;采纳是采信的基础,采信是采纳的延续;没有被采纳的证据当然谈不上采信,但是采纳了的证据也不一定都被采信。

4.3.3　会计证据的审查与认定的基本理论

1)认识论

认识论是哲学的重要组成部分,是"关于人类认识的来源、发展过程,以及认识与实践的关系的学说"。辩证唯物主义的认识论原理主要由三部分组成:其一是物质论,基本观点是物质存在决定人的意识或思维;其二是反映论,基本观点是人的意识或思维是对物质存在的反映;其三是可知论,基本观点是人可以认识客观存在的物质世界,但是人的这种认识能力是有限的。从性质上讲,审查认定证据的活动是一种认识活动,因此人们在制定审查认定证据的标准和规则时必须遵循认识论原理。这主要表现在以下三个方面:第一,案件事实是客观存在的而且会在客观世界中留下各种物质性"痕迹",即证据;第二,司法人员对案件事实的认识属于主观对客观的反映;第三,司法人员可以认知客观发生的案件事实,但是这种认知具有相对性,换言之,司法人员可以达至正确的认识结论,但是无论从人类司法认识活动的总体来说还是就每个具体案件中的司法认识活动而言,这种正确性都不可能达到百分之百的程度。司法人员在把握采信证据的真实性和充分性标准的时候,正确理解辩证唯物主义认识论的相对可知论具有特别重要的意义。司法人员对证据的审查认定属于认识的"个别实现",是在完全有限的思维的个人中实现的,是不可能无限期无止境地进行下去的,因此,就每一个具体案件来说,司法人员对证据的审查认定都不是"绝对真理",只能是"相对真理"。换言之,人们在证据基础上对每个具体案件事实的认识都不是百分之百的"真实",而只是在不同程度上的"真实",都不是绝对真实,而只是相对真实。

2)价值论

价值论或价值学也是哲学的组成部分,是关于最为广义的善或价值的理论或学说。"价值"一词最初含义是经济交换中的物的价值,后来被扩展到伦理、道德、宗教、艺术、政治、法律、习俗等领域,成为带有普遍性的善恶评价体系。司法人员审查认定证据的活动不仅是一种认识活动,而且是一种司法活动,因此其必然涉及各种社会价值的选择。换言之,司法人员在审查认定证据时,不仅要考虑如何认识案件事实真相,还要考虑如何实现和保障社会的公平、正义和善美。

作为面对各种纠纷乃至冲突的社会裁决机制,司法认识活动总要以一定的社会价值观念为基础。在任何一个社会中,司法裁判都需要社会成员的认可或接受,而这种认可或接受的基础就是司法的权威。诚然,司法的权威可以在表面上依赖于国家的权力乃至威权,但是其内在的支撑必须是司法公正。司法公正有两层含义:其一是要求司法机关在司法裁决的结果中体现公平正义的精神;其二是要求司法机关在司法活动的过程中坚持公平正当的原则。前者称为"实体公正";后者称为"程序公正"。实体公正必须建立在正确认定案件事实的基础之上,因此它与认识论对司法认识活动的要求是相契合的。程序公正虽然也具有保障实体公正的作用,但是还具有独立于或区别于正确认定案件事实的功能,即保障司法活动的当事人或参与者的正当权利得到平等的保护。在这里,价值论的要求便可能与认识论的要求发生背离。例如,前文讲到的非法证据排除规则就主要基于价值论的考量,而不是认识论的考量,因为有些被排除在司法认识活动之外的非法证据实际上可能是有助于正确认定案件事实的。

司法人员在审查认定证据活动中所要追求和维护的价值是多方面的,不仅有司法公正的法律价值,还有社会伦理价值、社会经济价值、社会文化价值等。这些价值的目标及其实现并非总是相互一致的,有时甚至是相互冲突或对抗的。因此,我们在制定审查认定证据的标准与规则的时候,往往需要权衡或者平衡各种价值考量,以便确立符合社会需要和具体国情的价值取向。而且,随着社会的发展变化,这种价值取向也要进行相应的调整。

4.3.4　审查认定证据的原则

1)采纳证据的标准和规则

(1)采纳证据的一般标准

①关联性

在诉讼双方提交法庭的各种证据中,只有确实与案件事实存在关联性的证据才可以采纳为诉讼中的证据,不具备关联性的证据不得采纳。关联性是证据的自然属性,是证据与案件事实之间客观存在的联系。在诉讼活动中,作为证据采纳标准之一的关联性必须是对案件事实具有实质性证明意义的关联性,即证据必须在逻辑上与待证事实之间具有证明关系。

②合法性

诉讼双方提交法庭的证据必须在取证的主体、程序、手段,以及证据的形式等方面都符合法律的要求或规定,否则就不能采纳为诉讼中的证据。合法性是证据的社会属性,是国家基于一定的价值考量而赋予证据的属性。虽然证据的基本功能是证明案件事实,但是在制定证据规则的时候,我们不能仅仅考虑证明案件事实的需要,还要考虑司法公正和保障人权的需要。

(2)采纳证据的主要规则

①非法证据规则

非法证据规则又称非法证据排除规则。所谓"非法证据",即违反法律规定收集或提取的证据。如何对待非法证据,世界各国在立法上或司法实践中有着不同的做法。我国现行的《刑事诉讼法》仅对取证方法做出了禁止性规定而没有就非法证据排除问题做出明确规定,换言之,只是列举了一些非法证据而没有规定是否排除。虽然最高人民法院和最高人民检察院的有关司法解释就非法证据排除问题做出了补充规定,但是仍然不够具体明确。非法证据可以分为两类:第一类是法定必须排除的非法证据,包括通过刑讯取得的所有言词证据;第二类是由司法人员根据具体情况裁量决定是否排除的非法证据,包括其他在主体、形式、程序、手段方面违反法律规定获取的证据。司法人员在进行裁量时应该考虑以下几个方面的因素,包括违法的严重程度、侵权的严重程度、非法取证人员的主观过错情况、非法证据的证明价值、犯罪案件的性质、社会公共利益的需要、对司法公正和法治环境的影响等。

②传闻证据规则

传闻证据规则又称传闻证据排除规则,是英美法系国家的重要证据规则,而且在一些大陆法系国家中也有类似的规定。目前,我国的法律还没有就传闻证据规则做出具体的规定,只是在学理上有所阐述。根据传闻证据规则,证人在法庭以外所做出的陈述一般都不能在诉讼中采纳为证据,可以采纳的情况属于传闻证据排除规则的例外。设立传闻证据排除规则的理由主要在于:第一,传闻证据有误传或失实的危险,可能影响司法的实体公正。第二,采纳传闻证据实际上剥夺了对方当事人的质证权,会影响司法的程序公正。在目前我国证人出庭率极低的状况下,设立传闻证据排除规则具有重大的现实意义。

③意见证据规则

意见证据规则又称意见证据排除规则,其基本要求是:证人只能向司法机关陈述其知晓或了解的案件事实情况,不能对案件事实进行推测、分析和评价,不能提供个人对案件情况的意见。换言之,带有意见性质的证人证言一般不能采纳为诉讼中的证据。确立意见证据排除规则的理由主要有两个:其一,普通证人没有提出结论性意见的专门知识,其意见往往带有主观片面性,可能干扰或影响法官或陪审员对案件事实的正确判断;其二,对于案件中一般事实问题的认定不需要专门知识,法官或陪审员完全有能力自己做出判断,无须证人提供意见。然而,在有些情况下,意见证言是不易排除或不宜排除的,因此意见证据排除规则也有例外。

④品格证据规则

品格证据是指能够证明一个人的品行、性格、行为习惯等特征的证据。品格证据既包括良好品格的证据,也包括不良品格的证据。诉讼活动中使用的品格证据一般涉及以下内容:第一,关于某人在工作单位或社会上之名声的证据;第二,关于某人特定的行为方式或社会交往方式的证据;第三,关于某人以前有劣迹或前科的证据。在刑事诉讼中,品格证据的对象既包括被告人,也包括被害人和证人。一般来说,品格证据不能作为证明案件事实的根据,因此品格证据规则又称品格证据排除规则。而在有些情况下,品格证据确实有采纳的价值或必要。这主要有两种情况:其一是关于相同而且特殊之作案手法的品格证据;其二是关于欺诈或者说谎的品格证据。

⑤有限采纳规则

证据的"有限采纳规则"亦可称为证据的"部分可采性规则",是英美法系国家证据法中关于证据可采性的一个重要规则。按照这个规则,某些言词或实物证据只能为某个限定的目的而被采纳为证据。例如,某证人先前的矛盾性陈述可以用来对该证人进行质疑,但是不能用来认定案件事实;某证据可以采用,但是只能针对一方当事人而不能针对另一方当事人。在英美法系国家的司法实践中,"有限采纳"的证据多用于对证人的质疑,包括证明某证人身上存在着感觉缺陷,证明某证人的精神状态有问题,证明某证人以前曾经做出过与其法庭证言相矛盾的陈述等。

2) 采信证据的标准和规则

(1) 采信证据的一般标准

①真实性

证据的真实性是采信证据的基本标准。对证据的真实性进行审查是把证据用作定案根据的必经程序。我国《刑事诉讼法》第五十条规定:"证据必须经过查证属实,才能作为定案的根据。"换言之,在获准进入诉讼程序的证据中,如果经过审查发现某个证据不具备真实性,那么法官就不能采信该证据,就不能把它作为定案的根据。

②充分性

作为定案根据的证据,不仅要具有内容的真实性,还要具有证明的充分性;不仅要"证据确实",而且要"证据充分"。所谓"证据充分",即证据的证明力或价值足以证明案件中的待证事实。从理论上讲,"证据充分"可以是就单个证据而言的,也可以是就案件中的一组证据或全部证据而言的。就案件中的某个事实或情节来说,一个证据或一组证据达到了"证据充分"的标准,就是说,这个证据或这组证据已具有足够的证明力来证明该事实或情节的存在或不存在。就整个案件来说,所谓"证据充分",则是指案件中的全部证据已经具有足够的证明力来证明案件的真实情况。由此可见,审查证据是否充分,就是要对证据的证明价值进行分析和评断。

(2) 采信证据的主要规则

①补强证据规则

补强证据规则是指法律明确规定某些种类的证据对案件事实的证明力不足,不能单独作为证明案件事实的根据,必须还有其他证据佐证,因此又称佐证规则。例如,我国《刑事诉讼法》第五十五条规定:"对一切案件的判处都要重证据,重调查研究,不轻信口供。只有被告人供述,没有其他证据的,不能认定被告人有罪和处以刑罚。"根据我国有关法律和司法解释中规定的精神和司法实践经验,下列证据也属于需要补强的证据:未成年人所作的与其年龄和智力状况不相适应的证言;与一方当事人有亲属关系或利害关系的证人出具的证言;无法与原件、原物核对的复印件、复制品;无法确认其原始性的视听资料;间接证据。

②证明力优先规则

所谓证明力优先规则,是指司法人员在对证明同一案件事实但相互矛盾的证据进行审查认定时应该遵循的优先采信规则。例如,证据 A 和证据 B 都是证明被告人是否收受贿赂的证据,但是证据 A 证明被告人收受了贿赂,而证据 B 证明被告人没有收受贿赂,通过对两个证据自身的分析也无法肯定其中任何一个是虚假的,那就要按照证明力大小的比较,确定优先采信哪个证据。

根据有关的司法证明理论和司法实践经验,证明力优先规则可以包括以下内容:

第一,原生证据的证明力大于派生证据的证明力;

第二,直接证据的证明力大于间接证据的证明力;

第三,经过公证的书证的证明力大于其他书证的证明力;

第四,按照有关程序保存在国家机关档案中的书证的证明力大于其他书证的证明力;

第五,物证及其鉴定结论的证明力大于其他言词证据的证明力;

第六,与案件当事人没有亲友关系和利害关系的证人证言的证明力大于有上述关系的证人证言的证明力。司法人员在具体案件中比较两个证据的证明力时,必须注意证明对象和证据内容的一致性。

③公正公开规则

法官在决定是否采信证据的时候必须享有一定的自由裁量权,即所谓的"自由公正"。然而,法官的"自由公正"不应是绝对的自由或者毫无约束的自由,而公正公开规则就是约束之一。所谓公正公开,就是法官认证的结论和理由应当向当事人乃至社会公开。公正公开可以有两种表现方式:其一是在法庭审判中的公开,即通过法官的当庭认证等活动表现出来的公正公开;其二是在判决文书中的公开,即通过法官在判决文书中说明采信证据的理由所表现出来的公正公开。由于对证据的真实性和证明力的评断和认定往往在庭审之后进行,所以判决文书中的公开实际上是公正公开的主要方式。法官应该在判决书中对判决的根据和理由做出具体的说明,特别是要对采信证据的理由做出具体的说明。法官不仅要对其采信为定案根据的证据进行说明,而且要对那些已经采纳但未被采信的证据进行说明,要说明其不把那些具备了关联性与合法性的证据采信为定案根据的具体理由。

4.3.5　审查认定证据的方法

会计证据的认定是对其证明力的认定。会计证据的证明力表现在其是否能够对案件的某一方面进行证明。法务会计人员运用各种取证方法获得会计证据时,必须考虑证据是否能真实反映会计事项的客观事实,是否与会计目标高度相关,会计程序是否恰当,数量上是否足够,取得程序和方法是否合法有效,会计证据是否具有足够代表性和时效性,是否具有足够的证明力来支持所形成的会计结论。在真实、合法的基础上,会计证据与案件的关联性越强,证明力就越强。

1)单一会计证据的认定

单一的会计证据是指与案件相关的能够对案件起到证明作用的单个会计证据,如一张原始凭证、一本账簿、一份会计报告等。假如某一证据无须其他佐证证据就足以支持诉讼观点,那么就可以说该证据具有充分的证明力。有充分证明力的证据必须是客观的、有力的和充足的。但是单一会计证据的证明力通常是有限的,在物证角度上,单一的会计证据能够直接证明财务会计资料的存在、被收集时的位置以及保管人是谁等,不过单一会计资料的书证意义往往有限,只能证明案件事实的某一方面或者某一环节。

例如,支票联可以证明支票被使用,但证明实际付款以及收款人是谁还需要银行对账单。记账凭证只能证明已经受理会计业务及会计处理结果,但不能证明实际记账结果,实际的记账结果需要借助账页来证明。任何一个单一的会计凭证只能表现经济活动的某一方面或者某一环节,因为会计资料所记载的经济业务是一个持续的过程,一项经济业务会有几个会计凭证从不同角度共同记载,并且经济业务的当事人各方都有记载,要发挥会计证据的证明作用往往需要提取相关的多个会计证据以形成证据链。

在这个意义上,单一的会计证据一般不会单独出现于案件的证明中,为了对待证经济事项进行证明,通常需要与其他会计证据或者其他证据材料有机结合在一起。

2)组合会计证据的认定

组合会计证据是指某一(或某项)财务活动中或某项(或某类)会计处理中所形成的全部财务会计资料。组合会计证据是对一类会计资料的综合,往往可以证明该项财务活动所涉及的全部财务活动内容与财务手续等财务事实,或者证明某项会计处理的全部内容及核算结果。组合会计证据必须是一个单位的财务会计资料中涉及某一业务流程的会计证据的组合,或者是针对某一经济事项从双方或多方业务人提取的相互印证的会计证据的组合。

证明一组会计业务的会计书证不是一份而是一组会计资料所构成,一般来说,它由相关的原始凭证、记账凭证、日记账、明细账及总账等会计资料组成(有时还可能涉及财务会计报告等),并且证明案件资金运行的书证要有始有终、环环相扣、形成锁链。会计证据之间具有实质联系是组合会计资料的特性,而仅有表面联系甚至毫无关联的会计资料的聚合不能成为组合会计证据。协调一致性是组合会计证据的必要条件,内部矛盾的会计资料的组合是不会被法官采纳的。

组合会计证据是针对某一经济业务涉及的全部会计证据的综合,不过并不一定能完整地证明该经济活动。例如,会计资料本身缺乏特定事项的记载或者表述不清,会计资料在形成过程中就存在错误,记载了不真实的事项,或者出于客观原因调查人员没有得到足够的相关会计资料,法官也会依情形判断是否采用该组合会计资料作为定案证据。法官对组合会计证据进行认定时主要考察会计证据的客观性、与案件的相关程度、对特定事实证明的充分性和重要性以及与其他证据的印证情况。

由于会计证据要与其他相应的证据相互印证,形成完整的证据链,才能对案件事实起到证明作用,会计证据通常属于间接证据。对会计证据的认定过程中,法官会通盘考虑会计证据之间的联系,会计证据与案件的联系以及会计证据与其他证据的联系进行综合判断。

4.4　会计证据的检查技术

会计证据主要包括原始凭证、记账凭证、会计账簿和会计报表。本节将分别探讨原始凭证、记账凭证、会计账簿和会计报表的检查技术和方法。

4.4.1　原始凭证的检查

检查原始凭证分为两部分,一部分是检查原始凭证的票面形式,另一部分是检查原始凭证的内容,两者缺一不可。因为票面的异常通常折射出业务内容的问题,不正常的经济业务也表现为票面形式的异常。

1)原始凭证的票面形式检查

检查原始凭证票面形式,主要审阅原始凭证的编制是否符合规定要求,用以查明原始凭证是否合规合法,有无使用篡改伪造等弄虚作假的方法,检查的要点是:

①原始凭证所具备的要素是否齐全,有无遗漏等情况。例如,原始凭证的编号、张联名称等。张联名称指此票据上写有的存根联是记账联还是报销联。张联名称被抠挖掉,存根联和记账联与报销联是一模一样的,有可能用存根联或记账联重复报销。原始凭证没有编号就找不到凭证的出处,无法追究凭证单位的法律责任。

②原始凭证所填写的文字、数字、加盖公章是否清楚完整。数字计算有无错误,金额大小写是否相符;时间填写是否漏填。文字数字有无添加痕迹,文字数字是否是同一人同时填写。通常情况下,对金额进行造假较常见。

③更改方法是否符合规定。原始凭证的填写内容被更改是可以的,但不可以更改多处,按规定在更改处必须加盖公章和更改人签章,即使更改也要看清楚原内容,否则更改是无效的。需要注意原始凭证金额错误是不可以更改的,只能由出具单位重新出具。对原始凭证涂擦、挖补、污损等做法都是不允许的。

④原始凭证的办理审批手续是否健全,有关经办人、验收、批准人是否签章。法务会计检查中,手续不健全的原始凭证很容易检查出来,签章要齐全,人名比较多的原始凭证也可能有问题,存在集体作弊、集体违法乱纪、集体腐败的可能。

⑤原始票据的种类是否用错。是否用假、废、旧发票充数,通常用假、废、旧发票掺杂在正常的原始凭证中,鱼目混珠、掩人耳目。是否用白条或收据代替发票。

2)原始凭证实质内容的检查

检查原始凭证实质内容,就是对原始凭证所反映的经济业务进行实质性检查。

(1)分析原始凭证编制单位情况

①通过分析凭证编制单位的生产经营范围,看提供凭证所记载的货物或劳务的能力是否超出生产经营的范围。例如,百货商店通常不可能提供机械设备,专业商店一般不提供非专用商品。

②根据原始凭证所加盖的编制单位的公章,分析该单位是否具备这类票据。例如,党政机关、事业单位、党派团体等非生产经营单位,都不具有销货发票。如销货发票加盖这类单位的公章,票据就可能是虚假的。

③根据开票日期,通过分析凭证编制单位的有关特点,推断其有无此种业务发生的可能。例如,冬天通常不发放防暑高温费,夏季里通常不发放取暖费。如果在此类日期发生上述经济业务,原始凭证就有造假嫌疑。

④在了解凭证编制单位的生产经营规模的情况下,可以通过分析其生产经营能力,推断其提供凭证所列货物或劳务是否超出生产经营能力。例如,规模小的饭店通常不可能提供中型以上会议就餐。在生产经营规模小的企业或小型商业机构采购大批量的货物不够经济划算。其中有可能被小企业从中"倒"了一把,或者有合谋造假的嫌疑。

(2)分析原始凭证接受单位的情况

①可以通过分析凭证接受单位有无采购某类型货物的必要,分析该凭证的真实性。例如,非生产经营单位一般不需要采购工业生产设备,非经销单位不需要采购大量的高档日用消费品。

②对加工费、咨询费等劳务费结合凭证接受单位的生产经营范围及能力分析,推断其有无接受这些劳务的必要。例如,咨询费的接受人应该是专门机构或专家学者,大量咨询费给普通消费者也不符合常理。大额超标准会务费、考察费、交通费、招待费可能是有关人员贪污、腐败的支出。

③通过对原始凭证接受单位各个时期相同要素的比较,检查同期支出是否超出很多,检查同期收入是否减少很多,如果是这种情况,又无特殊说明,此类原始凭证有造假的嫌疑。

(3)分析价格的合理性

价格的偏高或偏低,凭证都有造假的嫌疑。

①对同一单位购进的货物价格,可以比较购买价格的变化,看其与同期社会物价的变化情况是否相符。注意有人采用拖延报账的方法,经过一段时间,让人觉得在市场经济条件下价格经常上下波动是正常,从而使不法分子达到用价格作假、骗取钱财的目的。

②对同一时期不同单位购进的同类货物价格,可比较其价格有无明显差距。集中大量购物应当比单件购物单价要便宜。反之,则是不合情理的。

③利用对同一时期销售给不同单位同质同类货物的销货发票的比较,可以观察出其销售价格有无偏高或偏低的情形。

综上所述,检查原始凭证的方式方法很多,概括起来有几点:首先,利用查账人员的直觉和经验,对凭证中所列各要素进行审阅,看其是否存在异常,发现其中可能存在的造假行为;其次,将原始凭证所反映的经济业务与实际情况进行对比;再次,将不同时期同类原始凭证的相同要素进行对比分析,寻找查看其是否存在差异,若有差异就要分析产生差异的原因;最后,将不同时期同类原始凭证的相同要素进行对比分析,寻找其中存在的明显变化,对分析可能造假的原始凭证进行深入查证。

4.4.2 记账凭证的检查

记账凭证是会计人员根据合法的原始凭证或汇总原始凭证按照经济业务的内容加以归类,并据以确定会计分录而填制的,作为登记账簿依据的会计凭证。从证据角度讲,记账凭证反映单位或会计人员对会计业务的认识,也是证明会计处理事项的基本证据。记账凭证在编制过程中,可以出现的错弊多种多样,对其疑点发现与问题查证的方法也不一样,下面选择其中主要错弊介绍检查技术。

1)记账凭证的科目名称是否符合国家会计科目规定

近年来,国际交流的不断扩大,国际会计法规的不断趋同,国家下发的会计法律、法规也在不断更新变化,随之而来的会计科目代码、名称与内容也在不断变化。因此,在记账凭证的审核中,对新下发和规定的会计科目要加强对应审核,避免出现错用和漏用。

2)机制记账凭证与打印的纸质凭证内容是否一致

在电算化条件下,记账凭证都是机制凭证,打印的纸质凭证只是作为会计档案保管之用。由于机制记账凭证在审核之前可以修改,往往会造成修改后的机制凭证与打印的纸质凭证内容不一致。这就要求会计审核人员加强对机制凭证与打印的纸质凭证内容审核,避免出现此类现象。

3)记账凭证基本信息是否完整

①检查记账凭证编号。检查记账凭证是否存在无编号、重复编号、编号不连续、编号虽连续但与经济业务的实际情况不相符的情况;空号前后的记账凭证之间有无撕扯的痕迹;要注意检查重号的凭证是否是补粘入册的,从而确认或排除那种为应付检查而临时撕掉或粘贴有关记账凭证的可能性。

②检查记账凭证日期。记账凭证的日期一般是按照经济业务发生的先后顺序逐日填写的,并且与原始凭证上所记载的日期相接近,且原始凭证的日期要早于记账凭证的日期。检查中,如果发现原始凭证上所记载的日期与记账凭证上的日期相差太远,则说明可能存在某种错弊。

③检查记账凭证摘要。记账凭证摘要是对经济业务内容的简要说明,如果摘要存在错弊,可能会误导检查人员。常见的问题主要有:未填写摘要;摘要过于简单,使人无法看出经济业务的具体情况;摘要书写得不正确,造成含义不清,易于产生误解;摘要不真实,以此进行舞弊,如报销餐费,摘要却故意写成报销住宿费等。对于记账凭证摘要的错弊,可以通过审阅所附原始凭证的有关内容来进行检查核对,检查摘要的描述是否准确、真实,查明实际业务中是否存在舞弊行为。

④检查记账凭证上注明的所附原始凭证的张数与实际所附的原始凭证的张数是否相符,如果不符,则要仔细检查记账凭证的背面有无粘贴原始凭证的痕迹或撕去的痕迹,其中可能存在故意销毁欺诈舞弊证据的可能。当然,这种记账凭证上注明的所附原始凭证的张数与实际所附的原始凭证的张数的差异也可能是工作人员计数差错造成的,要注意加以区别。

4)检查记账凭证所列会计科目应借、应贷方向和金额是否正确

检查记账凭证核算内容是否符合国家统一制度规定;有无会计科目应用错误,或是仍然沿用旧制度下的会计科目;借贷方向与所附原始凭证业务性质是否相符;所记金额与所附原始凭证金额是否相符等问题。

5)机制记账凭证的辅助核算内容是否完整、正确

为了会计核算和财务考核的准确,在电算化条件下的机制记账凭证会采取辅助核算的方式。机制记账凭证的辅助核算包括数量、单价、部门、往来单位等核算内容,有时财

务软件自身的缺陷或软件设置不完整,会导致辅助核算项目的不匹配、不准确。例如,数量、单价的辅助核算中,由于改动数量或单价,财务软件没有自动更新导致辅助核算数据不准确。此时,应该应用财务软件的自动复核更正功能进行处理,避免辅助核算数据不正确。

4.4.3　会计账簿的检查

会计账簿是以审核无误的会计凭证为依据,用以序时地、分类地、全面地、系统地记录、反映和监督一个单位经济业务活动情况的会计簿籍,包括总账、明细账、日记账和其他辅助性账簿。在会计核算中,会计账簿发挥着对会计凭证所载数据进行归类、汇总、加工,使之条理化、系统化,从而系统全面地反映资金运动的重要作用,并为编制会计报表提供依据。会计账簿的质量取决于凭证的质量,又决定了报表的质量,因此,对会计账簿进行分析检查对保证会计信息的质量,查证企业经营活动中的会计舞弊,以及对凭证和报表检查具有十分重要的意义。会计账簿的检查应从以下几个方面进行:

1) 会计账簿设置的合规、合理性检查

检查会计账簿设置是否符合法律规定,是否具有合法效应;开设账簿的种类和类型是否符合企业等组织的经济活动记录需要;记账人员职责分工是否明确;账簿启用、交接和保管情况是否规范。

2) 会计账簿真实性、合法性和完整性检查

以国家方针、政策、法令、制度、规定作为依据,检查分析有关账簿资料的真实性、合法性和完整性,有无差错、疑点和弊端。主要是检查账簿记录的有关经济业务是否符合会计核算的基本要求,记账内容是否合规,其记账金额是否与记账凭证相符,内容记载是否齐全,账页是否连号,记账是否符合会计制度和记账规则,有无违反《会计法》《企业会计准则》等现象,有无涂改或其他异常迹象;对明细分类账的记账内容要认真检查各科目所列内容有无违反国家有关法令、规定,违反财务会计制度,乱列名目擅自支用等现象。

3) 会计资料之间一致性检查

会计凭证、账簿和报表虽然格式和填写要求不一致,但是它们反映的经济内容相同,因此,通过检查和核对这些会计资料各相关内容是否一致可以发现会计舞弊等问题。

(1) 账账一致性检查

账账是否相符主要检查总账、日记账和各明细账之间的相符情况。包括:核对总分类账借方余额账户的合计数同贷方余额账户的合计数是否相符;日记账库存现金和银行存款期末余额以及各明细分类账期末余额合计数与总账有关账户期末余额是否相符;会计部门财产物资明细账期末余额与财产保管和使用部门财产物资明细账期末余额是否相符。例如,月末结转分配时,总账科目下费用和损益类科目是否转平,明细账科目下的科目余额是否符合明细科目属性类别,总账科目中管理费用、制造费用、主营业务收入、主营业务成本等科目余额是否结平,明细账科目中"应交税费"科目下的"应交税费-增

值税-未交增值税"科目余额是否转到"应交税费-未交增值税"科目下等。

（2）账证一致性检查

会计账簿记录是根据会计凭证等资料编制的，两者之间存在较为紧密的联系，会计账簿与其相应的会计凭证应保持一致。账证是否一致性主要检查会计账簿是否根据审核无误的会计凭证进行登记，会计账簿的记录与记账凭证和所附的原始凭证有关时间、凭证字号、内容、金额是否一致，记账方向是否相符。

（3）账实一致性检查

账实一致性的检查主要是通过盘点等方法，核对原材料仓库的物品、生产公司的在产品、成品仓库的完工产品与账面数量及状态是否一致；现金日记账账面余额与现金实存金额是否相符；银行存款日记账账面余额与银行对账单是否相符；各种应收、应付款项明细账账面余额与债权债务单位或个人记录是否一致。检查企业是否制定有定期进行账实一致性检查的制度，并得到有效执行。

4.4.4　会计报表的检查

会计报表包括主表、附表、附注及财务情况说明书，其中以审阅资产负债表、利润表、所有者权益变动表和现金流量表及附表中有关项目的经济内容以及各种报表间的勾稽关系为重点，具体应该从以下几个方面进行：

1）会计报表格式设置是否合规

审阅被查单位的会计报表格式、项目设置是否符合会计制度规定，审核有无编表人、是否有主管负责人签字或盖章。

2）会计报表填写的项目是否齐全

会计报表中各种小计、合计、总计是否正确，有无遗漏、错格、错行现象，附注及财务情况说明书是否齐全；是否只有一套报表。

3）审阅会计报表内容的可靠性和合法性

①报表中是否有异常数字。有些经济业务反映在会计报表中可以是正数，也可以是负数，如损益表中的利润总额，但有些经济业务反映在会计报表中只能是正数，如出现负数（红字）则为异常数字，需要加以关注，如现金、银行存款、固定资产、存货等账户余额，利润总额为"0"应视为异常数字。

②各项数字的变化是否正常。将表中本期数字与上期数字相比较，找出发生重大差异的项目，分析其发生差异的原因，如应收账款是否因销售量大量增加而增加、计提折旧是否因固定资产的大量增加而增加。

③表内各有关数据的勾稽关系是否正常，报表间各有关数据的勾稽关系是否正常。如资产负债表中的资产总计是否与本表内的负债和所有者权益之和相符；固定资产净值是否与固定资产原值减累计折旧减固定资产减值准备之差相符，利润表中未分配利润数是否与资产负债表中未分配利润数相符，损益表中的净利润是否与利润分配表中的净利润相符，资产负债表年初数是否与上年年报年末数相衔接等。假的财务报表总会露出

"蛛丝马迹",例如,有地方有些情况是主表改了,而附表未改。

④审阅报表的附注及说明。附注说明资料是对报表有关项目的补充说明,在审阅报表时不可忽略,特别是重要会计政策和会计估计的变更说明、关联方关系及交易说明、收入的确认说明所得税会计处理方法说明、会计报表重要项目说明,如坏账损失准备与应收账款之比是否超过了国家财务制度和内部财务制度规定的标准、投资的核算方法等,检查时应特别注意这些项目。

4.5　会计证据的固定与保全

4.5.1　会计证据的保全办法

会计证据一般以书证的形式出现,因此对会计证据的保全办法主要采用保留原件、打印、复印、扫描等。法律中对书证的要求是应当提供原件,《中华人民共和国民事诉讼法》第七十条规定有最佳证据规则,即"书证应当提交原件。物证应当提交原物。提交原件或者原物确有困难的,可以提交复制品、照片、副本、节录本"。因此一般应提交会计资料原件,但是会计证据一般作为会计档案存在于当事人单位或者企业的账本中,除了个别有关人士以外,其他人很难接触到记录一个单位经济状况、包含隐蔽商业信息的会计资料。会计账簿的原件对一个单位的经济运行起到至关重要的作用,为保持经济运行记录的稳定性和完整性,避免会计证据面临灭失、毁损的危险,经济实体一般不会将其原件提交到法庭上。

4.5.2　会计证据的保全主体与具体措施

1)侦查机关对会计证据的固定和保全

刑事案件中调查机关是被赋予公权力的公安、检察机关,他们可以采取强制措施对涉案的会计证据采取封存、提取的办法,不过为了保证涉案单位的正常运转,除非对极有可能被毁损灭失或者具有物证意义的会计证据采取封存的办法,通常侦查机关对会计证据的固定和保全应采取复制、拍照的措施,电子会计证据则采取适当的提取、固定办法。

侦查人员在扣押书证时应会同见证人和被扣押书证持有人清点并当场开列扣押清单,写明文件资料的名称、出处、数量,由侦查人员和见证人、被扣押书证持有人签名或盖章,一式两份,交由原书证持有人和由侦查人员附卷备查。不需要扣押原件的会计证据的固定,侦查人员要采取现场复制的办法,复印件要加盖原件出处的公章或者印章签名,注明提取时间、地点、名称、数量。在会计证据的提交过程中,证明每一案件资金的每一会计书证,应当按照资金的运行轨迹,由发生到终结,顺序排列。

2)当事人对会计证据的固定和保全

当事人自行收集会计证据的固定相比侦查机关更具难度,因为对于律师或者法务会计人员来说,他们没有权力强行调取,更没有权力扣押书证,只能在征得会计资料所有人的同意后,采用复制、拍照等方法进行固定和保全。在没有办法取到原件的情况下,应复印原件并加盖原件出处的公章或者个人印章签名。如果能得到公证处的公证,证明效果更强。保全证据是国家公证机关的一项业务,公证机关保全证据是以当事人申请为前提,对与当事人权益有关的,日后可能灭失或者难以提取的证据加以验证提取,以保持它的真实性和证明力的活动。

只要当事人申请公证的行为、事实和文书是真实、合法的,且具有法律意义,不论是诉前申请,还是诉后申请,公证机构均可予以公证。我国《民事诉讼法》第六十九条规定:"公证证据效力是经过法定程序公证证明的法律事实和文书,人民法院应当作为认定事实的根据,但有相反证据足以推翻公证证明的除外。"由此可见,对当事人自行收集的会计证据,如果能够加以公证,可以有效避免会计证据灭失风险,增强会计证据的证明力。

当对案件认定起关键作用的证据掌握在对方或者第三人手中,当事人无法取得并可能毁损、灭失时,法院可以依当事人的申请而对证据进行保全。

证据的提出义务在民事诉讼中由当事人负担,因此证据的固定和保全是当事人的诉讼义务,法官通常不会介入其中,但是当案件当事人与掌握会计证据的组织机构进行诉讼时,诸如储户与银行之诉,股民与证券公司之诉,电子商务中消费者与商务网站之间的诉讼,如果掌握会计证据的机构拒不提供能够证明案件事实的会计资料并且证据有可能被认为灭失时,当事人可以向人民法院申请民事诉讼法规定的证据保全。不过由于会计证据保管在特定的人手中,具有一定的私密性,当事人无法律授权往往无法取得,证据保全制度仅能解决在证据可能灭失或以后难以取得的情况下的保护,如果证据不会灭失或毁坏,对方当事人拒不提出,应该如何解决呢?那就是会计证据的强制提出义务。

4.5.3　会计证据的强制提出制度

会计证据通常保存于单位的会计账簿中,对案件具有关键证明作用,而其他单位或个人如果没有法律授权往往无法得到与案件相关的会计证据信息,为负担举证义务带来了困难。刑事诉讼中,侦查机关由于具有国家赋予的公权力,可以采取强制措施对所需的会计证据进行调查、提取,但是在民事诉讼中,当事人没有权利要求对方提供与案件相关的证据,要获取对方或第三人保管的会计证据非常困难。因会计证据所有者具有证据上的优势地位,对方当事人如果要获得相关的会计证据,必须需要法庭的帮助。

在大陆法系的日本、德国、法国都规定了文书提出义务。如在日本民事诉讼法中,规定了对方当事人或者第三方的文书承担义务,适用情形包括:根据私法上的规定,举证人可以请求文书持有人交出文书;文书是为举证人的利益而制作的;文书是为举证人与持有人之间的法律关系而制作的;当事人在诉讼上引用该文书时;商业账簿。

英美法系为了确保当事人调取证据的权利,确立了证据开示制度。根据美国《联邦民事诉讼程序规则》第二十六条的规定,对"任何不属于保密特权范围而与诉讼标的有关的事项"均可进行调查,如果想发现对方当事人所持有的文件,可向其发出书证清单,上面标明要对方交出的文件种类,这种要求甚至不必与案件有直接联系。证据出示只要由当事人提出即可,无须法官的批准。

综上,我国应该设置会计证据的强制提出制度,即当事人一方可以要求另外一方或者第三人提供对案件待证事实具有证明作用的会计账簿。因为会计账簿(包括银行账簿)是经济活动的重要证明,为了让当事人充分享有举证权利,发现事情真相,会计证据应该公开于庭审当中,使双方当事人处于真正平等的地位。提供的方式不仅指提供原件,因为原件的缺失会影响会计证据所有者的会计业务连续性,会计证据保管人通过允许当事人查阅、复制的方式提出亦可。当然,为了避免当事人滥用这种权利,应设置两个适用条件:一是当事人没有办法通过其他途径获得该会计账簿中的证明材料;二是不侵犯对方或者第三人的商业秘密或隐私权。

本章小结

会计资料所记载和反映的事实是证明经济犯罪行为的重要证据。本章介绍了法务会计证据的含义、特征和分类,阐述了法务会计证据调查方法,分析了法务会计证据审查与认定的基本理论与原则,重点阐述了会计证据的检查技术,并总结了法务会计证据保全办法和具体措施。

思考题

1.除会计证据的一般特征以外,法务会计证据还具有哪些固有特点?

2.法务会计证据调查应坚持哪些原则?

3.会计证据审查与认定的内容包括哪两方面?

4.简述会计证据证明力优先规则。

5.法务会计的诉讼支持体现在哪些方面?

6.简述会计凭证的检查技术。

7.简述会计账簿的检查技术。

8.简述会计报表的检查技术。

9.简述会计证据的保全措施。

10.如何正确理解会计证据的强制提出制度?

第5章 损失计量

学习目标

损失计量在法务会计诉讼支持中是一个重要的研究点,也是制约涉损法律问题、经济纠纷解决的瓶颈。它综合运用会计学、审计学、财务学、评估学、精算学、证据学、法学等多学科的知识和方法,为涉损法律问题的解决提供专业的技术支持。本章学习目的要求了解损失和损失计量的概念,理解损失计量的基本理论,掌握损失计量的技术和方法,熟悉计量方法的应用。学完本章,学生应对损失计量从初步认识到熟悉内容,最后能够运用损失计量方法解决实际问题。

5.1 损失计量概述

5.1.1 损失的内涵界定

我们在界定损失计量的内涵之前首先要对损失有一个明确的认识。损失的概念比较广泛,不同学科对损失有不同的定义,至今还没有一个公认的、通用的概念标准。

1)损失的概念

损失一般是指失去的东西,不会有补偿。《后汉书·和帝纪》中说道:"今年秋稼为蝗虫所伤,皆勿收租、更、刍稿;若有所损失,以实除之,余当收租者亦半入。"宋末元初戴表元《八月十六张园玩月得一字》中也提道:"月行虚空中,万古无损失。"这两个古代引证将损失解释为损毁、丧失。现在关于损失的研究中,学者们一般多会从会计学的角度来认知损失。

美国财务会计准则委员会(FASB)认为:损失是某一个剔除费用或派给业主款以外出于边缘或偶发性交易以及出于一切其他交易和其他事项与情况的权益净资产之减少;陈今池编著的《立信英汉财会大词典》中将损失定义为:"损失是指一项支出的发生或资产的耗用,并未提供相应的营业收入;或指企业在一定时期的营业费用超过营业收入;或指一项资产遭受未能预料的损坏或盗窃。"新会计准则虽没有单独地将损失列为会计要素(一般将其归入费用),但首次引入了"损失"的概念,在会计专业术语中损失是指由企业非日常活动所发生的、会导致所有者权益减少的、与向所有者分配利润无关的经济利益的净流出。具体指企业在生产经营活动中发生的固定资产和存货的盘亏、毁损、报废损失、转让财产损失、坏账损失、自然灾害等不可抗因素造成的损失记其他损失；并将其分为两种：直接计入所有者权益的损失和直接计入当期损益的损失。2007年，李玉函认为损失是指由致损事由或致损事件引起的（包括正常事由或事件或非正常事由或事件），能够确认且能用货币计量的经济利益的减少、财产物资的丧失或减少以及人身的损害与精神上的创伤。

在法律制度中，"损害"（Damage）是与损失意思较为相近的一个词。英国法律辞书《牛津法律大辞典》中损害的定义是：损害，为在法律上被认为是可控诉的情况下，一个人所遭受的损失和伤害。损失的形式可以是对人身的、对名誉的、对经济利益的、对财产的，或者对其他方面的损害。从经济学角度出发，认为损失是被害人所直接遭受的经济上的不利或金钱上的损失，它并非是因被害人的人身或有形财产遭受损害而间接引起的，或者说，它并非是被害人所享有的人身权或物权遭到侵犯而间接引起的。

以上所述从不同领域和角度对损失的界定虽然表达方式不同，但含义大致是相同的，即损失的本质是最终导致的某种利益或权益的减少。因此，损失应是致损事由或事件引发的，能够合理确认并能以货币计量的经济利益的减少、财产物资的丧失或减少以及人身损害和精神创伤。

2）损失的特点

因不同学科对损失的界定和理解存在差异，我们从法律角度结合损失的相关理论阐述其以下特征：

（1）真实存在致损事由或致损事件

损失的产生有其必然的动因，存在真实的致损事由或者致损事件，具有一定客观性、可靠性。致损事由，一般是指人为的因素，基于人内心对损失的心理认知、意识状态，包括故意与过失。故意是指行为人明知其行为能造成一定的损失，还是积极或消极地造成了损失发生的心理状态。过失是指行为人由于过于自信或疏忽大意，自认为不会造成损失，而实际上造成了损失产生的心理状态。致损事件，一般是指非人为的因素，多是因为外界自然或物理条件所致，包括不可抗力、自然规律等。不可抗力是指不可预见、无法避免并不能克服的客观情况，例如，地震、海啸、洪水等自然灾害发生所造成的损失。自然规律是指"存在于自然界的客观事物内部的规律"，例如，机器设备的折旧、老化，货物商品的自然挥发或减少等。

（2）损失形式多样化

损失的形式各有差异，包括经济利益的减少、财产物资的丧失或减少、人身的损害以及精神上的创伤等损失，或以单一形式存在，亦或以多种形式的混合体。经济利益的减少可以是短期或当期的也可以是长期或未来，即经济利益上所产生的损失；财产物资的丧失或减少直接体现了损失发生而导致财产物资数量上的丧失或减少，包括全部的或者是部分的；人身的损害以及精神上的创伤是指对个人身心而言，例如造成肢体损害或者是器官功能的下降或损伤等，精神损害则是指对个人心理所造成精神上的创伤。

（3）损失可确认和计量

不论是物质损失或非物质损失,需要合理准确的辨认,即根据真实发生的致损事由或者致损事件进行确认。只有确认无误的损失才可以进行损失计量,给予量化。基于损失计量的角度,那些不能确认、计量的损失是不符合法务会计范畴的。

一般认为,损失的确认是对损失的范围、类型等进行认定,即判断损失是否在损失计量的范围之内,并在何等程度上进行损失计量;损失的计量则是在损失确认的基础上对损失进行科学、可行的计量,得出最终的量化结果。因此,损失的确认是损失计量的基础和前提,损失计量是损失的确认量化表现。

（4）损失可赔偿、补偿和弥补

损失的发生往往会造成一定的损害,根据减损情况对损失进行赔偿、补偿、弥补。由于致损方的行为给受损方带来一定的损失,依据相关法律的规定,需要对受损方进行一定的赔偿;自然灾害的发生给社会、人民造成严重的损失,由国家和社会等采取一定的措施对受灾方进行补偿,以及指导灾后重建工作;由于个人的利益取向、计量方法不科学等原因造成国有资产流失等情况,则需要从现有制度设计上进行必需的弥补。

3）损失的类型

由于损失产生的动因不同,形式多样化,为了更加清楚认识和理解损失的内容,便于对损失进行可靠计量、正确选取计量方法和判断责任归属,应按照不同的标准对损失进行细化和分类。

（1）按与致损原因的关联关系分类

①直接损失

直接损失也称积极损失,它是指由于致损事由的出现或致损事件的发生所带来的直接的、很明显的损失,直接损失是基于当前状态或者以当时的角度去衡量。例如,财物被毁损而使受害人财富减少,包括固定资产和流动资产损失;致伤、致残后受害人医疗费用的支出;人格受到侵害后支出的必要费用等。

②间接损失

间接损失也称消极损失,它是指由于致损事由的出现或致损事件的发生所带来的间接的、不明显的损失,即可得利益的损失。间接损失是基于间接因素的传递和影响来考量。例如,因健康受损害不能参加劳动而减少收入的工资;火灾导致商场停业引起的商铺租金损失;预期利润损失;订单损失等。

两者在损失计量的方法、赔偿范围及法律适用上都存在差异性,例如,在民事法律制度中,一般而言对直接损失予以赔偿,而对间接损失不予赔偿。

（2）按与致损原因发生的时间间隔分类

①即期损失。即期损失是指当致损事由的出现或致损事件的发生后就产生的损失,在时间上不间断。

②远期损失。远期损失是指致损事由的出现或致损事件的发生后经过一段时间间隔后才呈现的损失,在时间上存在滞后性。

两者在损失计量的基准时点上选取计量技术手段存在着差别。远期损失比即期损失需要经过很长的时间间隔才能显现出来,如果需要进行损失计量,必须借助一定的科学技术手段,采用特定的计量方法对损失进行计量。

(3)按给自然人造成的损失形式分类

①人身损失

人身损失一般是对人身肢体、躯干等造成的损害以及对器官功能造成的下降或丧失,可参考法律制度中有关人身损害的标准。

②精神损失

精神损失是对自然人造成心理上、精神上的阴影,对人的心理、精神产生较大的影响。精神损害赔偿的计量比较困难,对精神损害程度的认定和判断较难量化,可参照法律制度的衡量标准。

(4)按损失的表现形式分类

①有形损失

有形损失是指损失的表现形式较为直接、直观,可见或可测量出来的物理性损失。例如,使用机器、设备、房屋等固定资产发生的物质磨损或自然力的影响;存货等流动资产受到物理、化学或自然力等因素而逐渐发生一定程度的损耗。

②无形损失

无形损失的表现形式相对来说看不见、摸不着,不能特别的直观和显现,但是也是实实在在发生了的损失,只是潜在的损失。无形损失一般在无形资产、知识产权中较为突出,也包括精神损失,采用的计量方法也有别于有形损失。

(5)按损失的范围分类

①全部损失

全部损失是指完全的、彻底的、整体上的损失,即指财产上或功效上的全部损失。

②部分损失

部分损失则是在整体上产生的部分损失。

部分损失经过特定的手段可恢复或保持原有的状态或功效,具有可修复性;而完全损失则不具有此修复性,在实体或形式上归于消失。

5.1.2 损失计量的内涵界定

1)损失计量的概念

随着我国社会主义市场经济建设的日益发展和法制建设的日益完善,在涉及财产权益、经济利益等经济诉讼案件或纠纷处理中,当事人的合法权益受到损害时,普遍会选择法律诉讼来维护自己的权益。然而,律师在执业过程中对涉及经济学、会计学、财务学、审计学等专业性较强的案件会受到专业限制。例如,律师对于经济诉讼案件中经济损失和损失范围的确认、损失内容的计量及计量方法等专业性较强和争议性较大的问题很难从专业角度进行把握和衡量,影响案件的审理和评判。法务会计师可以协助律师从专业角度对经济案件和纠纷进行研判,从而提高工作效率和正确做出评判。诸如,美国在经济诉讼案件中关于损失计算一般会聘用法务会计人员与涉案律师沟通、检查相关法务证据,根据初步评价,进一步明确损失范围、考察适合的计算方法及法律规定;同时,他们也需要检查对方提出的损失报告,分析其优劣势,最后拟定相应对策。因此,法务会计越来越广泛应用于解决具体的法律问题,诉讼中利用法务会计人员的专业特长解决损失计量问题,已成为法务会计的主要业务。

损失计量作为一个新兴的研究方向,为涉损法律问题的解决提供专业的技术支持。社会经济领域中经济诉讼案件的层出不穷促进了法务会计在实践领域中的快速发展,社会对损失计量服务的需求日渐增强,损失计量的实践应用范围更加广泛,越来越呈现出适用性。在法律诉讼中可以对涉诉损失做出确认和计量,帮助法官公正裁判,受损方得到合理赔偿,致损方受到惩戒;也可以为国家和社会提供自然灾害(如地震、洪水、海啸等预防和救助)等较为明确的损失数据,指导合理发放救助物资及援助灾后重建。

尽管在实务领域损失计量得到广泛运用,但是我国对损失计量的理论和实务研究较少。从现有文献资料中能够查到并被理论界认可的损失计量概念主要表述有:一是损失计量作为法务会计业务工作中的一个重要环节,综合运用各种技术方法,采用货币计量单位对欺诈舞弊案、经济犯罪案、经济纠纷案以及自然灾害、人为事故、违约等各类损害赔偿案带来的经济损失和损害进行计算与量化的过程;二是损失计量是指综合运用会计、财务、审计和计算机技术等多元方法,采用规范的程序,按照一定的标准,以特定的报告形式,对损失进行确认与货币计量的过程,并对涉损法律事项的数据进行核算;三是损失计量是指对法律事项涉及的由于一方当事人行为不当造成的对另一方当事人的损失进行计量。

对于上述三种关于损失计量的概念中,基本上都认同实际工作中损失计量需要运用多学科知识和技术方法。损失计量涉及应用领域极为广泛,且需要计量的法律事项和处理问题极其复杂,只有将多学科知识融会贯通,互相弥补必要的专业知识,才能减少计量结果的误差。对于损失计量的目的也达到了一定共识,就是以相关的法律法规和损失计量准则,采用适当的损失计量方法等对损失进行的确认、计量,进而对涉损法律问题的解决提供技术支持。

损失计量在进行内涵界定时需要注意以下方面:一是损失计量借助了会计学、财务学、审计学等多学科知识的综合运用,包括其基本理论解释、可量化结果的技术方法等。二是损失计量的范畴较广,只要是涉及损失的法律问题,都需要损失计量的专业支持。三是损失计量因不同损失有不同的表现形式,其计量方法也会采用不同的方法。较为认可和常用的方法有重置成本法、收益估算法、市场对比法、条文适用法等。四是损失计量的目标就是当出现需要解决的涉损法律问题时,损失计量人员借助特定的技术、手段、方法,按照一定的程序,依据相关的法律规定,提供特定的损失计量报告,对损失所进行的确认、计量。

综上分析,从法务会计角度对损失计量进行定义,就是特定主体综合运用多学科知识,采用专业的方法、程序,按照一定的标准,以特定的报告形式,对损失进行确认与货币计量的过程,其目的是为法律诉讼活动提供技术支持,以解决涉及损失的法律问题。

2) 损失计量的特征

在界定清楚损失计量的内涵后,接下来需要明确法务会计损失计量的特征,这样才能对损失计量的内涵进行更加准确的把握。

(1) 法务会计诉讼支持业务的重要内容

法务会计诉讼支持业务主要是损失计量和专家证人,其中损失计量是法务会计最专业、最有难度、最具挑战性和核心的内容。

(2) 损失计量的客体范围广泛

在日常生活中随处可见各种损失,涉及损失的法律问题较多且复杂,需要明确损失计量的客体。法务会计损失计量的客体是欺诈舞弊案、经济纠纷案、经济犯罪案和自然灾害、人为事故、违约等各类损害赔偿案带来的经济损失。例如,在经济犯罪案件中,犯罪主体给国家、社会造成了一定的危害,对于其造成的经济损失等的计量,是对其裁量罚刑时的一个重要衡量标准。如果对损失不能进行较为明确的计量,一些法律问题的解决就缺乏相应的依据。

(3) 综合运用多学科知识

法务会计工作范围的广泛性决定了损失的量化需要综合运用相关学科的技术、手段、方法,是需要借助会计学、财务学、审计学、心理学、计算机学、证据学、法学等多学科知识。损失计量最终是对特定法律问题中的损失进行量化,是涉及特定法律问题的多科学知识的融合。

(4) 采用的计量方法呈现多样化

由于经济案件的复杂性和多样性,损失的类型和性质不同,法务会计损失计量的方法也就没有既定的模式,会随着不同的案情而有所不同,这就要求损失的计量方法也需要多种多样。不同计量方法对同一损失对象可能会有不同的量化结果。由于损失所处的时间、空间不同,所采用的修正参数也不同,这都会直接影响到损失的最终量化结果。因此,在进行损失计量时,明确损失的范畴,客观地分析其属性,选择适当的修正参数,采用最为合理的损失计量方法。

(5) 强调法律法规的严肃性和标准性

损失计量是为了协助律师等在诉讼业务中解决涉及损失的法律问题,必须严格遵循相应的法律制度。在进行损失计量时,要公正、独立、中立地收集所需相关信息资料及证据,严格按照损失计量的相关标准,认定涉及损失的相关法律事项,依据各环节的法定程序,依法对损失进行确认与计量。

5.1.3 损失计量假设

假设是认识和研究事物发展规律的前提,是建立一门学科的理论体系和方法体系的基础。许多科学论断和研究方法都是建立在一定的假设基础上的,"这是由于认识的无限性和阶段性,人们不得不依据已掌握的数据资料对某一事物的某些特征或全部事实做出合乎逻辑的推断。这种依据有限事实对于所研究的事物,通过一系列推理做出合乎逻辑的假定说明就叫假设"。人们在认识事物发展变化的阶段性和无限性时,必须将复杂的事物先抽象化,并人为设定种种限制条件才能加以研究。提出假设,必须依据充分的事实,运用已有的科学知识,通过演绎、推理、类比归纳而形成。

面对经济环境的不断变化,法务会计损失计量工作具有很大的不确定性,法务会计人员难以对经济环境做出正确判断会影响到损失计量的结果。因此,在开展损失计量工作之前,应该就计量损失所处的时间和空间等做出合理的设定。损失计量假设是从事损失计量工作的基本前提,是基于损失计量环境因素的考虑,对损失计量报告的作用进行限定。关于损失计量的假设一般有以下几个方面:市场公开假设、损失可予计量假设、损失可偿假设。

1)市场公开假设

公开的市场具有充分发达与完善的市场条件,是一个自由竞争的市场。在这个市场中,交易双方有着相同的交易目的,就是最大限度地追求价值最大化,市场信息是完全公开透明,交易双方掌握着必要的市场信息,其交易行为都是自愿的,交易条件公开并不受限制,在这样的市场条件下进行交易的商品或服务的价格,是最理想、最合理的价格。但是现实中的市场并非都能达到完全竞争市场的完善程度,存在大量的信息不对称现象,交易双方的交易可能存在非公允性。在这种情况下,损失计量必须做出市场公开假设,才能对计量对象的损失进行准确的确认、计量。

市场公开假设是假定在市场上进行损失计量,或拟在市场上进行损失计量,损失计量各方彼此地位平等,都有获取足够有关损失信息的能力,以便对计量损失的范围、程度、形式、金额等做出理智的判断,避免信息不对称,能实现损失计量的最佳效用。

2)损失可予计量假设

会计基本职能中的核算要求对会计客体做到确认和计量,不能够以货币计量的事项不满足核算要求。货币计量是会计的主要特点,也是区别其他职业的主要特征。进行损失计量工作时,最基本的一个前提就是判定计量对象的损失是否可以计量,只有在可予计量的前提下,才有开展损失计量的必要性;其计量结果须以货币为基本的计量单位呈现出来。法务会计里损失也是可以用价值计量单位——货币来量化的。影响损失计量的因素很多,对于难以货币形式量化、不确定性较大的损失,根据重要性要求可以忽略不计。

3)损失可偿假设

由于致损事由的出现或致损事件的发生,最终导致了损失的产生。尽管损失表现形式多种多样,损失产生的原因有主观意识上不以人的意志为转移、不可抗拒的,也有可控或可避免的,但不论原因和表现形式如何,能够计算出来的损失都是可以补偿和赔偿的,即损失可偿假设。法律不仅对权利进行保护,还在权利受到侵犯时,提供补偿和赔偿。如果损失是无法补偿、赔偿的,损失计量就失去了现实意义。另外,根据经济学的成本效益原则,预期可获得的赔偿额要大于进行损失计量支付的成本,如调查费用,支付给法务会计人员的报酬、诉讼费用等时,进行损失计量才有意义。

如果没有假设,损失计量理论就失去存在的基础,损失计量实践操作就丧失了有效的指导。

5.1.4　损失计量的目标

在会计概念框架中会计目标是整个经济管理活动的重要组成部分,用于指导所有其他会计基本理论的内容。法务会计关于损失计量的目标决定了损失确认的条件和计量的标准,损失计量的目标不同,具体适用的计量方法以及应当遵循的计量标准,甚至计量的程序也有所不同。如果损失计量的目标不明确,不可能构建系统、科学、完善的法务会计理论体系,也不可能会有切实可行的具体实践活动。因此,损失计量的目标是损失计量的基础,决定了损失计量的范围,并在一定程度上制约着损失计量方法与途径的选择。

法务会计损失计量的目标可以分为总目标、一般目标与具体目标。

1)总目标

法务会计损失计量的总目标概括为:为相关人士或组织提供、陈述或解释会计证据信息,满足法律需要,解决法律问题。

(1)为有关人士或组织提供与损失相关的会计信息

法务会计信息的使用者主要是政府、公检法部门、律师、投资者、社会公众等,信息使用者的异质性决定了其对法务会计信息的使用目的和用途不同。法务会计结合专业知识,依据最重要的会计证据——会计凭证和账簿等书面证据进行专业判断和追索,帮助政府加强经济秩序,改善经济环境,增强政府在社会公众中的公信力;协助警察侦破经济管理、企业经营运作案件的处理;完成企业雇用的侦探无法直接通过账簿了解隐含的经济问题,可以充分发挥法务会计特长,配合侦探工作;协助律师了解企业具体作证的全过程,解读公认会计准则,帮助律师分析企业舞弊的手段和方式;为中小投资者保护其合法权益,防范大股东侵犯提供必要的信息服务等。

(2)为涉及经济内容的违法违纪行为提供科学证据和咨询服务

在经济活动中,违法违纪行为不仅会给国家和集体的财产造成损失,甚至还会给人民的利益造成损害,因此,要查明事实真相,依法进行处理。其中,涉及财产的核定、估算等事项就需要法务会计人员利用损失计量的专门方法和知识来解决。

(3)为正确处理经济法律纠纷提供科学依据

经济合同纠纷、经济损害赔偿纠纷等经济案件一般发生在会计主体与其他经营方的往来经济业务中,往往在双方经营主体的会计账簿、会计凭证和会计报表等会计资料中反映整个事项的原貌,通过法务会计人员运用法务会计的专门技术和方法,对有关财务会计资料和其他资料进行审查,正确进行损失计量,揭示事实真相,为正确处理纠纷提供科学依据。

2)一般目标

损失计量的一般目标指的是损失计量所追求的共同目的,即科学、准确地提供被计量对象在特定计量时点上的公允损失额的信息。

损失计量范畴的广泛性和内容的复杂性,决定了损失计量目标呈现出多样性。损失计量目的就是要准确地计算出损失额的大小,并能够以货币衡量得到一个量化的结果,且必须是公允价值的体现。进行损失计量的人员需要遵循相关的法律法规,依据一定的损失计量准则,采用适当的损失计量方法等对损失进行确认和计量,最终计量出各方都能接受和认可的损失量化值。通过损失计量能有效保障受损方的合法利益,使之获得相应的赔偿及在一定程度上的弥补,同时对致损方进行惩戒,维护我国市场经济秩序健康发展。

3)具体目标

损失计量的具体目标就是对涉及损失的具体法律问题的解决提供专业的技术支持,针对具体的损失而进行的确认与计量。损失计量的具体目标主要为以下三个方面:一是谁需要损失计量的量化结果;二是需要什么样的损失计量结果;三是损失计量的量化结果表现形式是什么样的。

(1)损失计量结果的使用者

社会生活的各个方面都会发生损失,从损失计量的社会需求方面来看,主要有:政府部门及相关机构、社会团体组织、检察机关、法院、律师事务所及律师等社会中介机构及中介人员、公司及企业的管理层及决策层、金融机构、社会个人,以及需要损失计量量化结果的其他机构、人员。

(2)需要什么样的损失计量结果

对损失计量结果的信息使用者不同,其对损失计量量化结果的需求也各不相同。政府部门及相关机构站在宏观经济调控、国家安全稳定的基础上,更多关注的是自然灾害、环境污染等所造成的损失计量,以及国有资产流失的损失计量等关系国计民生的社会生活方面的损失计量。检察机关主要是对刑事案件中的经济损失等进行量化,以解决对具体案件定罪量刑的适用问题。法院主要是对案件中涉及损失赔偿的具体情况做出正确的裁判,以维护损失方的合法权益,同时对致损方进行一定的惩戒。律师事务所等社会中介机构及中介人员则需要明确损失计量量化结果以指导中介工作。社会团体主要是对需要公益性救助的损失进行计量以确定救助、援助的方式、资金等。公司及企业的管理层及决策层则对公司或企业在经济生活中所产生的可避免的损失进行有效的预防,以及对不可避免的损失准确计量,调整经营政策、投资决策等弥补、消除损失所带来的负面、不良影响。社会个人则需要对发生的损失有直观的认识,如人身损害、精神损害、证券投资损失等,以便决定、指导求偿的方式与途径。

(3)损失计量结果的表现形式

损失计量人员最终是要以一定的报告形式把损失计量的量化结果呈现出来,即损失计量报告。损失计量报告要求损失计量人员以特定的方法、形式对计量的损失进行描述,并用文字、图形、表格等形式很直观地把损失计量结果解释清楚。损失计量报告会使用众多的专业术语,采用专业的计量方法,但它并不直接对法律问题的裁判做出决定,而是借助较为精准的损失计量值对法律问题的解决进行指导、支持。损失计量报告具有特定的格式,通过阅读损失计量报告能对损失的存在、大小、影响等有一定的认识,明确损失计量的量化结果得出的依据、程序、方法等,能正确反映损失计量的量化结果,保证、体现损失计量报告的客观性、独立性和公正性,满足解决涉损法律问题的需要。

5.1.5 损失计量的原则

损失计量的原则是进行损失计量理论研究、实践操作必须遵循的准绳、标准,决定损失计量工作的准确性和统一性。损失计量原则的确立,为损失计量的本质、损失计量假设、损失计量目标等损失计量概念框架的建立提供了理论依据,保证损失计量目标实现,指导具体的实践操作,规范损失计量人员、机构的计量工作,有助于构建损失计量准则及相关的法律制度。

1) 客观性原则

损失计量的客观性原则是指在进行损失计量时,从实际出发,不得带有任何主观偏见,必须以客观存在的事实为依据,不作任何无事实根据的妄断、臆测,不受任何外在的因素影响和制约,不得因追求特定的经济利益而产生偏向。

客观性原则是对法务会计损失计量工作质量的要求,要求损失计量工作要做到切实地反映实际情况,不得掺杂任何虚假和主观判断,不得因任何利益相关者影响而有所偏向,也不能为追求特定的政治或经济目的使损失计量工作丧失客观公正,更不能预先设定好结果去迎合特定的政治与经济目的。

2) 独立性原则

损失计量的独立性原则是指在进行损失计量时,损失计量主体处于中立地位而不受任何他方的约束,不受任何金钱、关系等外界因素的影响以及任何内在因素的制约,公正无私、独立地完成各项工作。

法务会计在舞弊与诉讼工作中会涉及众多利益相关者的利益问题,难免要受到各方面的干扰。这就要求法务会计师在处理工作中的各种问题时必须保持超然独立的态度,不受任何人和利益集团的干扰,完全以自己的职业判断独立得出结论。

3) 合法性原则

损失计量的合法性原则是指损失计量必须严格以法律为准绳,遵循相关法律制度的规定。法务会计师的损失计量工作要以法律规范为方向和指引,损失计量的程序、方式要符合法律的规定,不仅在实体上合法,在程序上也要合法。在会计核算和审计过程中,基本程序要遵循会计准则和审计准则,在法律中证据的收集,也要依照法定程序。否则,本来有很强证明力的证据因非法收集而无法被采用,进而给当事人带来不利的后果。

4) 可行性原则

损失计量的可行性原则是指进行损失计量时,在不违背标准、原则的前提下,按照规定的程序,依据既定的损失计量目的,结合经济、技术等方面的因素,运用科学的原理、概念,采用适当的、可行的、合理的损失计量方法,能够按照科学、严谨的实施方案进行下去。

5) 基准原则

损失在时间、空间上是时刻变化发展的,不同时点上的损失可能会有差异。损失计量必须选定一定的时点,即计算基准日,该时点的选定直接影响到最终损失计量结果,该时点的选择需根据有关法律的规定,科学、合理、公正地选定。

6) 替代性原则

损失发生所造成的影响,一部分是可以还原的,但大部分是难以还原的。在理论上可能存在还原的可能性,但在实际中很难恢复到完全的初始状态。因此,在损失计量时要尽可能地考虑与之相同或者相似的情况,分析损失的相关特性。在损失无法还原的情况下,尽可能地选定合理的替代参照,以确保损失计量结果的最大公允性。

5.2　损失计量的理论分析

5.2.1　损失计量的经济学分析

损失计量是基于市场经济条件下产生和发展起来的,对损失计量的理论研究离不开经济学的分析,经济学能够清晰、科学地对损失计量有一个合理解释。

1) 效用最大化分析

经济学的"理性经济人"假设认为市场交易人的所有行为都是效用趋向的,而且从最终的结果而言都是理性的,即市场交易人的行为选择是一种效用最大化的行为。在微观经济分析中"理性人"是经济学家对人类经济行为的基本假定,是对在经济社会中从事经济活动的所有人的基本特征给定了一个一般性的抽象定义,即每一个从事经济活动的人都是利己的。每一个从事经济活动的人所采取的经济行为都是力图以自己的最小经济代价去获得自己的最大经济利益。西方经济学家认为,在任何经济活动中,只有这样的人才是"合乎理性的人",否则,就是非理性的人。

从经济学的角度来看,损失计量也是一种市场交易行为,从交易的过程和结果来看,损失计量参与方都是理性的、利己的,本着自身利益最大化原则参与损失计量,要达到损失计量量化结果的理想公允值。因此,损失计量参与人的行为选择是一种效用最大化的行为。"个人的行为天生要使效用最大化,一直受到他们遇到抑制为止,其作用的具体的论点必须放在效用机能上。个人必须要像预计或期望那样,追求增进他们自己的利益"。损失计量参与各方都会追求效用最大化,只是追求的侧重点不同而已。例如,在损失计量过程中,受损方追求的是所得赔偿额的最大化,致损方追求的是免责因素的最大化,国家或政府追求的是社会公平正义的最大化,司法机关则追求的是司法公正的最大化,具体到损失计量人员则追求的是计量结果公允性的最大化。

2) 成本效益分析

经济学中成本效益的理论表明:在市场交易中人们追求的是成本最低化下的收益最大化的实现。当交易成本特别高时,就会严重阻碍交易的进行,不能得到有效的收益,价值目标就难以实现。法律的目的正是要促进市场交换,促成交易成本最低化。用现有法律或者制定新法律制度调节市场交易行为,需要考虑成本收益之间的权衡关系。

(1)损失计量的成本

损失计量的成本主要包括信息成本、学习成本、法律成本等一切可能影响损失计量的成本因素,这些因素综合构成了损失计量的总成本。损失计量成本函数可以表示为:

$$C = C_1 + C_2 + C_3 + \cdots$$

式中 C—损失计量的总成本;

C_1—信息成本(cost of information);

C_2—学习成本(cost of learning);

C_3—法律成本(cost of law)。

①信息成本是指在进行损失计量时必需占有的、大量的、翔实的信息所产生的成本。损失计量依据的信息主要来源于相关各方所提供的信息,这些信息中存在一些由于环境或其他客观条件限制和影响所形成的不确定性和非客观性的失真信息,同时,还会存在一些由于损失计量人员的专业知识水平低、实践经验不足以及无执业操守底线等人为因素和故意行为造成的信息失真。为了保证信息的真实性、有效性,需要构建良好的运行机制,扩大信息来源渠道,保证信息真实可靠,满足损失计量需求。

②学习成本是指损失计量人员为了达到损失计量量化结果的最大公允性所支出的学习专业知识和技能的成本。因损失计量范围的多样化和广泛性,要求损失计量人员具备综合多学科的知识和技术方法,达到知识能力多元化、复合化。因此,损失计量人员在学习综合学科知识时会支出更多的时间成本和资金成本。

③法律成本是指损失计量的法律制度构建与其他相关法律制度协调的成本。目前,我国法务会计正处于发展中,相关的法律制度仍在修订和完善,在损失计量时使用的法律制度与其他法律制度之间会产生不必要的冲突、混淆等,构建损失计量的法律制度会产生一定的法律成本。

(2)损失计量的收益

损失计量的收益包括损失计量人员收益、受损方损失赔偿实现收益、司法机关法治收益、社会收益等,损失计量收益函数可以表示为:

$$R = R_1 + R_2 + R_3 + R_4 + \cdots$$

式中 R—损失计量的总收益;

R_1—损失计量人员收益;

R_2—受损方损失赔偿实现收益;

R_3—司法机关法治收益;

R_4—社会收益。

①损失计量人员收益是指损失计量人员在损失计量工作中能得到的一定经济收益和能实现的职业价值。

②受损方损失赔偿的收益是指受损方通过法律途径,在法务会计师对损失进行确认和计量下,破除司法障碍实现了赔偿损失的真实可能性。

③司法机关法治收益是指在民事赔偿案件中得到损失赔偿额量化的公允值,消除计

算具体损失值大小的技术障碍;在刑事犯罪的定罪量刑中,确定在社会危害性、经济损失大小的定性和定量中提供科学的依据。

④社会收益是指损失计量能提供国家宏观经济政策调整的信息,有助于完善社会救助,消除自然灾害、环境污染等负面影响。

5.2.2　损失计量的法学分析

市场经济有序发展离不开法治建设,法律法规是一个国家经济运行进行宏、微观政策调节的重要手段。只有建立一套完备的市场规则,形成和维护高度规范化的市场秩序,才能保障市场机制的良性运行。我国社会主义市场经济发展对法治建设的需求已经迫在眉睫。损失计量是在市场经济条件下产生和发展,已成为市场经济中不可或缺的一部分,法治的实现需要损失计量,损失计量的规范需要法制来保障。

1)理解委托与受托关系

1973 年,罗斯(Ross.S)最早提出了委托代理关系,即当事人双方,其中代理人一方代表委托人一方的利益行使某些决策权,则这种关系就是委托代理关系。委托代理关系是基于某种契约下,委托人聘用代理人代表他们来履行某些服务,包括把若干决策权托付给代理人,委托人和代理人之间是一种责任、风险分担、收益共享的关系。损失计量也符合委托代理理论,法务会计一般是接受委托或由政府部门、机构等组织指派参与到损失计量过程中,损失计量人员与损失计量相关方的关系就是委托代理的关系,损失计量人员作为受托方接受损失计量相关方的委托,开展损失计量工作,并最终向委托方——损失计量相关方呈报损失计量的量化结果报告。损失计量的委托和受托关系属于一般性的民事法律行为,但是对损失计量并无相关法律制度,委托代理的双方难以形成对等的权利义务。在信息不对称情况下,委托人对损失计量人员的行为不能很好地监控,只能监督损失计量人员大致的工作行为,并得到具体的量化结果,但是损失计量结果又取决于损失计量人员的专业技能、实践经验、职业操守以及其他因素,这种委托和受托关系因法律上对双方权利义务界定不清晰而产生道德风险和逆向选择问题。

2)明确损失计量人员的权利和义务

"没有无义务的权利,也没有无权利的义务",权利与义务互为条件,在享受权利的同时必须履行相应的义务,在履行义务的同时也享有相应的权利。明确损失计量人员的权利和义务有助于划分清晰损失计量人员在计量过程中应尽的职责和有质量地完成任务,并合理争取自身权益。

(1)损失计量人员的权利

为了保证损失计量工作的顺利进行,确保损失计量量化结果的最大公允性,必须明确损失计量人员的权利。损失计量人员的权利主要包括以下 5 个方面:一是根据相关法律制度的规定,有权接受、终止或拒绝相应的委托或指派;二是有权了解涉损法律问题的真实情况,查阅、复制损失计量工作所必需的材料;三是有权根据具体损失计量工作的需要,调取、收集相关的证据;四是有权就有关的事实、情况询问损失计量的相关各方;五是有权就侵犯或限制其权利的行为提起控告、申诉。

(2)损失计量人员的义务

损失计量人员的义务主要是接受委托或指派后,积极展开损失计量活动,量化出损失的公允值,提供专业的技术支持来解决具体的涉损法律问题。损失计量人员的义务主要包括以下几个方面:一是恪守独立、中立、客观、公正等损失计量原则,依法进行损失计量工作,如实客观、科学地对损失进行确认、计量;二是严格保守在损失计量过程中所接触了解、掌握的国家机密、商业机密及个人隐私等,不得泄露;三是不得利用损失计量工作的便利为自己或他人牟取利益。

3)损失计量与诉讼法的关系

法务会计人员在接受当事人委托对经济案件进行损失计量时,通过检查和收集会计资料,为正确计量损失额做准备,以完成诉讼活动服务,保证案件得以正确处理。法务会计损失计量活动不是发生在会计或审计活动中,而是发生在诉讼过程中,必须严格遵守诉讼法的规定,并严格按照诉讼程序进行,符合诉讼法的法律形式和要求。只有这样,才能保证损失计量做出的结论具有法律效力,最终成为法庭认定案件事实的根据。损失计量是为了在诉讼过程中更好地解决损失认定和赔偿等法律问题,保证诉讼结果的公正性、权威性。损失计量服务对象与诉讼参与方有一些共性,即主要有公检法等政府部门、双方当事人、律师事务所及律师等社会中介机构及中介人员等。损失计量按照计量程序,使用特定的计量方法,计量出关于损失法律事项的计量结果,为涉损诉讼法律问题的解决提供支持。

5.2.3 损失计量的会计学分析

1)损失计量与会计学基础

会计作为一种管理活动,通过形成会计资料记录经济信息及运动过程结果,为法务会计损失计量提供物质证据。损失赔偿涉及很多领域,在对损失进行计量时,很多情况下都要借助或参考会计资料。会计资料的基本特征构成了损失计量的科学依据,资金运动的规律性和会计核算方法的专业性为法务会计人员正确认识和分析案件涉及的会计事实提供科学的依据。法务会计人员可以通过检验会计资料查明案件中有关财务会计事实,收集确定与案件事实有关的证据材料,判断会计关系处理的真实性、正确性等。

法务会计人员可以借助会计资料的相对稳定性,利用没有发生变化的财务关系,通过经济活动的当事人查找案件所涉及的会计资料或通过分析会计关系来判明有关财务行为的真实性和正确性。在安然事件中,双方当事人在对安然公司是否存在假账、是否出具了虚假的财务信息、损失以什么时期的会计资料为基础进行计量等问题,各自聘请了法务会计人员参与,双方对于对方有关本案的涉及会计证据的列示,为后面的开庭审理和裁判提供了充分的证据基础。

2)损失计量与法务会计关系

要理解损失计量就必须对法务会计有一个深层次的了解。损失计量是伴随着法务会计兴起而发展起来的,如果没有法务会计的发展,损失计量也不会得到理论的发展。损失计量是法务会计中的重要内容之一,在对损失进行专业性的确认、计量及具体的实务操作中,需要运用财务、会计、审计、评估、调查、证据、法律、犯罪学等多学科专业知识。损失计量与法务会计在学科交叉性、领域广泛性、方法多元性等方面都存在着极大的相似性,所采用的技术手段也较为一致。但法务会计是一门较为综合的学科,而损失计量仅仅是这门新兴学科中的一个发展方向。在"四大"会计师事务所提供具体的法务会计服务中,损失计量占有一定重要的地位。法务会计提供的服务项目包括:经济犯罪调查、经济纠纷的调查、保险索赔的调查、商业或雇员舞弊调查、婚姻纠纷的调查、经济损失赔偿调查、工作失职调查等。法务会计人员凭借自己的专业优势,在损失计量方面具有得天独厚的优势,可以协助律师解决各类经济赔偿与损失量化的难题。从法务会计提供的服务中可以得出,损失计量应是法务会计的一个重要内容及研究方向。

损失计量应当是法务会计领域中的一个方面,属法务会计的一个分支方向,在法务会计中占有重要地位。损失计量在现实中借助专业知识来具体解决涉损法律问题,能够较为全面、系统地反映法务会计的内容。

5.3　损失计量的程序和技术

5.3.1　损失计量的程序

法务会计损失计量所要解决的问题,决定了损失计量的工作程序,也就是任务决定工作程序。在法律实践中,法务会计损失计量往往是通过法务会计技术手段确定合理的损失金额,化解法律与会计针对损失计量问题的冲突,为遭受损失的一方能够获得赔偿提供量化证据的支持,确保受损方的合法权益,快速解决在诉讼中的赔偿问题。法务会计损失计量运用的领域虽然比较广泛,且不同的应用领域里计算方法各有显著差异。但是其工作程序和步骤的变化不大。一般情况下,在进行损失计量时,应当先行了解案件的背景情况,查明涉及损失计量的地方,分析需要解决的问题并制订相应的解决方案,选择具体情况下应适用的计量方法进行损失计量,根据结果出具报告。

1)接受委托或指派,了解和核实涉损法律问题

由于解决涉损法律问题需要损失计量的专业技术支持,法务会计人员在接受客户委托或政府指派后才能参与到实际的法务会计业务中,其依据各种损失计量标准和规范,通过特定的方法和程序,对损失进行确认、计量,分析认定后出具专家鉴定报告。法务会计人员所接受业务涵盖了较广泛的领域,包括:对舞弊发行股票,提供虚假财务报告等经济犯罪的会计事实进行调查分析;对经济纠纷涉及的会计事项进行分析鉴定等。因此,法务会计人员需具有会计从业资格、资产评估资格、税务代理资格或证券评估资格等,才能准确了解、确认问题和澄清不确定性领域。法务会计首先要了解法律案件的背景,通过委托人了解重要事实、当事人及相关情况;其次是核查事实,从各个方面了解法律问题

的具体情况;最后,审核会计证据和会计资料的真实性和合法性等及分析其优劣势或者利弊点,确定需要增加证据、调查和分析的领域,对相关问题和信息进行理解,最初决定如何获得附加信息。

法务会计人员要了解、核实法律问题的情况与事实,收集相关的证据,从各个方面掌握有关涉损法律问题的各类信息、证据,展开必要的调查,为制订详细的计划和确定损失计量具体目标及所要达到的计量标准奠定坚实的基础。

2)制订计划目标和进行调查

法务会计根据与委托人或指派人洽谈的相关涉损法律问题的具体情况,制订损失计量工作要达到的目标。公检法等机关损失计量的目标是对所受理案件从法律的角度进行会计鉴定,准确判定法律责任;社会中介机构损失计量的目标是对受托单位经济交易的合法、合规性做出正确的职业判断;企事业单位的损失计量目标是企业经济行为是否符合或不违反国家的有关法律、法规。

法务会计损失计量主要调查的对象是法律事项所涉及的能够用货币表现的经济活动以及体现这些经济活动的会计资料和其他相关资料,即法律事项所涉及的待证明的会计事实,包括经济信息、财产情况、个人或公司资料、事件发生的证明材料等。各个证据之间要形成一个完整的证据链,能充分证明涉损法律事项中的相关问题,对损失的发生、影响、范围、大小形成严密的证据证明。在通常情况下,法务会计人员需要对涉及某项法律事项的所有会计资料及相关资料进行全面调查。只有在一些特殊的情况下才能采用抽样调查法。例如,对于上市公司会计报表虚假而引起的诉讼案件,只需收集适当的证据证明该上市公司会计报表存在漏报或错报即可,无须进行全面的调查。

3)选择适当的损失计量技术和方法

法务会计要根据已确定的损失计量目标选择完成任务所需采用的技术手段和方法。由于法务会计和会计学、财务学、审计学、统计学等密切相关,法务会计在损失计量过程中可分别采用相应的技术手段,包括财务技术手段、会计技术手段、审计技术手段、统计技术手段、经济分析技术手段、计算机技术手段、调查技术手段、证据技术手段等。如对大量交易进行归纳总结;运用图表分析结果;对会计凭证、会计账簿、财务报表以及经济合同、统计资料、经济业务记录的可靠程度进行复核。

损失计量因涉损法律问题的性质、服务对象、应用范围不同,应根据涉损法律问题中损失的性质、时空特点、相应的法律法规选定合理的损失计量方法,综合考虑各种影响因素,调整修正参数的范围、变动趋势等。损失计量方法对同一事项的运用没有统一的标准,但是不同的损失计量方法对同一案件的损失额的计量结果会有较大的影响。因此,损失计量方法的选择决定了损失计量工作能否顺利开展。选择损失计量方法时首选法律规定的方法,法律没有规定的,应该选择实务界或理论界普遍接受的方法,这样才能使损失计量结果更有说服力。

4)进行损失确认和计量

在对损失有了较为清楚的认识之后,根据选定的损失计量方法以及相应的数据、修正参数,依据相关法律的规定,通过具体的计算得出损失的量化值。其中在量化时,要有必要的说明,例如选取修正参数的原因、依据的法律规范等。

5) 出具损失计量报告

法务会计根据获得的案件证据材料、核实的相关事实以及损失计量的量化结果,呈报作为最后结论的损失计量专家意见报告。该报告的主要内容有:说明委托人和委托事项;陈述聘请法务会计师的目的;介绍背景;说明选择的方法;阐述问题和归纳结论并与报告目的相对应;说明损失赔偿额计算的过程(包括揭露日和基准日的确定、损失计算的范围、计算方法的确定及选择理由等)。

损失计量报告要体现出其要求、特点,要通过阅读损失计量报告对损失的存在、大小、影响等有一定的认识,明确损失计量的量化结果的得出依据、程序、方法等,能正确地反映损失计量的量化结果,满足解决涉损法律问题的需要。法务会计报告并不是法律裁决书,在报告中不能使用法律上的定性词语,只能使用会计术语,以保证报告的客观性。

5.3.2　损失计量的技术手段

法务会计在进行损失计量时要借助多学科交叉的专业知识在具体的实践操作中采用各种专业技术手段解决损失计量中的技术问题。损失计量离不开各种专业技术手段的支持,对规范操作、提高效率、实现公平正义具有极其重要的作用。损失计量采用技术手段主要有以下方面:

1) 财务、会计技术方法

法务会计利用会计专业知识,通过分析相关的会计凭证、会计账簿和财务报表,直观地反映出公司经营管理和财务状况等方面的总体情况,其通过深层次的分析还能判定公司的财务舞弊、商业贿赂、涉税案件等违法、违规行为。一般采用的会计技术方法有资料审核阅读法、资料核对分析法、数据计算分析法、指标对比分析法、资产计价法等;财务分析方法有比率分析法、垂直分析法、平行分析法、敏感分析法、图表分析法等。

2) 数理统计方法

在通常情况下,损失计量人员需要对涉及某项法律事项的所有相关资料进行全面调查,但在一些特殊的情况下也可以采用抽样调查方法,从研究的总体中,按照随机原则抽取一部分单位进行调查,用部分单位(样本)的指标数值推算总体的相应指标数值。回归分析也是一种较常用的统计分析方法,可以通过回归分析法分析多个经济变量之间的相关关系,也可以通过回归分析计算会计数据未来数值,观察数据变化趋势。数理统计方法主要有系统调查分析法、抽样调查分析法、顺序调查分析法、逆序调查分析法、对比分析法、回归分析法、趋势分析法、因素分析法、平衡分析法、综合分析法。

3) 审计技术方法

审计技术方法是注册会计师为了形成关于具体审计目标的审计证据所应用的比较行为的方法和手段。法务会计在损失计量时借用审计技术方法获得会计证据,可以对损失进行准确的确认和计量。审计技术方法主要有:检查记录或文件、检查有形资产、观察、询问、函证、重新计算、重新执行、分析程序。

4）精算技术方法

精算学要运用概率论等数学理论和多种金融工具，主要研究保险事故的出险规律、保险事故损失额的分布规律、保险人承担风险的平均损失及其分布规律等保险具体问题。精算学是现代保险业、金融投资业和社会保障事业发展的理论基础。损失计量中精算技术的三个常用的赔偿额理论有对数正态分布、帕雷托分布、伽马分布，三个常用的赔款次数的理论有泊松分布、二项分布和负二项分布。

5）资产评估技术方法

资产评估是运用科学的方法，对资产的现时价格进行评定和估算，其核心是对资产在某一时点的价格进行估算。损失计量的过程中需要运用资产评估的相关基础理论，结合收益现值法、重置成本法、现行市价法、清算价格法等资产评估方法。资产评估主要是估算具体的资产价值，而法务会计计量的是抽象的损失，因此，一定要结合损失计量自身特点进行实践操作。

6）侦查鉴定技术方法

损失计量人员根据损失计量工作的性质、目的和所涉及问题的实际情况，在取得有关法律机关的配合和批准后，可以采用合法的方式对相关证据展开调查。例如，与相关人员面谈、咨询，采用高科技的侦查方法、技术对痕迹等进行鉴定，利用发现的矛盾寻找突破口。

7）计算机技术方法

随着计算机应用和信息网络的普及和发展，损失计量的数据分析工作需要依靠计算机进行线性分析等量化分析，利用计算机制作图表等。同时，利用计算机实施高科技的犯罪案件越来越多，所造成的损失更加隐秘，其损失计量工作也会更加复杂，这都要求要借助计算机相关技术方法。

5.4 损失计量常用的方法

由于损失的形态、性质各不相同，损失的计量方法也因损失而异，所以采用的计量方法多种多样，有关损失计量方法的系统研究目前还未形成。同一案件，运用不同的方法，就意味着采用的口径不统一，标准不一致，计算出来的结果会有较大差异，所以，选取适当的损失计量方法是进行损失计量活动的一个关键因素。我国理论界或实务界关于损失计算方法有两种观点：一种观点认为赔偿金计算常用方法为损失直接计算法。赔偿金包括直接经济损失、间接经济损失和责任减少额，这种方法局限于对单一损失形态（证券民事赔偿损失）的计量。另一种观点是从损失的形态、性质等方面入手，总结出损失计量的四大基本计量方法，即重置成本法、收益现值法、市场对比法、条文适用法。不同的计量方法，社会公众对它的认可度是不同的，通常说来，社会认同度越高的计量方法，更具有权威性,也更易被法庭所采信。以下就两种观点介绍与之相关的损失计量方法。

5.4.1　基于损失性质的损失计量方法

1)重置成本法

重置成本法是指以生产费用价值理论和恢复原状承担民事责任为依据,以被计量损失未发生为前提,在现行条件下恢复、保持发生损失前的相同或相似状态所必需的成本,以现实条件下被计量损失的重置成本扣减各项附加损失后确定损失计量值的方法,一般用于计量有形财产损失。重置成本法的计算公式为:

$$Q_1 = C_r - L_t - L_f - L_e$$

式中　Q_1—被计量对象的损失计量值;

　　　C_r—被计量对象的重置成本;

　　　L_t—实体性损失;

　　　L_f—功能性损失;

　　　L_e—经济性损失。

重置成本是在现行条件下恢复、保持发生损失前的相同或相似状态所必需的成本。

实体性损失是指由自身的原因、使用的磨损、自然力的影响等而导致的显而易见、不可避免的损失。

功能性损失是指由科学的进步、经济的发展等因素而导致的,由于过时或淘汰而产生的损失。

经济性损失是指由客观环境的变化而造成的损失,客观环境例如政治环境、法治环境、经济环境等。

重置成本法的法理依据考虑的是一种现实条件下可行的恢复、保持发生损失前的相同或相似状态,不能充分考虑远期损失所带来的影响,具有一定的局限性。一般用于计量物品、机器设备、房地产、固定资产等有形资产的损失。

2)收益现值法

收益现值法是指以效用价值理论为依据,以被计量损失未发生且发生损失的现实价值可确定为前提,依据正常情况下未来预期收益折算为现值估算损失的损失计量方法。收益现值法的计算公式为:

$$Q_1 = \sum_{i=1}^{n} Y + L_n$$

式中　Q_1—被计量对象的损失计量值;

　　　Y—未来各期的收益;

　　　L_n—现时的损失值;

　　　n—预先确定的远期期限。

用收益现值法进行损失计量时要注意未来远期期限的确定,这个远期是一个确定、合理的计量期限而不是无限的未来。既要真实反映损失的时点性、影响和大小,也要充分考虑现实条件及技术条件下损失计量的实际性与现实性。期限的计量单位一般按年、月、日等分期。未来各期收益可能相同或者不同。各期收益相同只需考虑某一期的收益值,各期收益不同就要分期对收益值进行估算。

收益现值法一般适用于无形资产、自然资源性资产、长期投资等资产的损失计量。其计量方法不适用没有远期收益的损失计量,并且具有较大主观性。

3) 市场对比法

市场对比法是指以均衡价值理论为依据和被计量损失在公开市场条件下存在多个类似并可参考的参照标准为前提,当损失发生时,通过对多个参照标准的计量、比较、调整和分析,取各个参照标准总和的平均值,最终确定损失值的计量方法。市场对比法的计算公式为:

$$Q_1 = \left(\sum_{i=1}^{n} Q \right) / n$$

式中　Q_1——被计量对象的损失计量值;

　　　Q——参照标准的计量值;

　　　n——预先选定的参照标准个数。

该方法是从多个参照标准入手,在现实条件下找到与计量的损失完全一致的参照标准是不现实的,因此被选定的参照标准必须与计量的损失具有一定的相似性并且是可替换的。选定参照标准要充分考虑时间因素、空间因素、功能因素等,参照标准具有一定的可比性,能较为真实、全面地反映出计量损失的形态、性质等,具有一定的客观性。本方法对于没法选定参照标准的损失难以计量。一般用于对普通物品、货物、房地产等损失计量。

4) 条文适用法

条文适用法就是依据现行法律法规及相关司法解释的规定,对一些损失的计量方法进行了明确,在实际损失计量时按照相应的标准、范围进行计量的方法。

该方法主要被应用于损害赔偿类案件中,例如人身损害赔偿、精神损害赔偿、证券民事赔偿等。以人身损害赔偿为例,一般的人身损害赔偿金,包括医疗费、误工费、护理费、交通费、住宿费、住院伙食补助费、必要的营养费及精神损害抚慰金;致残的损害赔偿金,包括残疾赔偿金、残疾辅助器具费、被扶养人生活费,以及因康复护理、继续治疗实际发生的必要的康复费、护理费、后续治疗费、精神损害抚慰金;死亡的损害赔偿金,包括医疗费、误工费、护理费、交通费、住宿费、住院伙食补助费、必要的营养费、丧葬费、被扶养人生活费、死亡补偿费以及受害人亲属办理丧葬事宜支出的交通费、住宿费和误工损失等其他合理费用、精神损害抚慰金。

条文适用法对相应的损失计量有明确法律规定,具体界定了损失计量的范围、标准、方式等。但是,它的计量模式过于固定,缺乏灵活性。在立法滞后于实践时,易与现实脱节,不利于保护受损方的利益。

5.4.2　基于赔偿金计算的损失计量方法

基于赔偿金计算的常用方法为损失直接计算法,主要适用于证券民事赔偿损失案件。这种方法进行损失计量时,先从横向上分析导致损失的所有情形,确定损失赔偿的属性范围,再从纵向上分析损失造成的若干层次,确定损失的结构范围,最后通过对减除责任部分的分析确定赔偿的结果。

损失赔偿从法律属性上讲,财产的侵害可以归类为侵权损失和违约损失两种。侵权行为主要是指侵害物权(包括财产所有权和其他物权)、知识产权等绝对权利的行为;而违约行为是指合同当事人不履行或不完全履行合同义务的违法行为。损失一般可分为直接损失、间接损失和责任减除额三个方面,因此得出损失赔偿额的总公式:

$$L = L_d + L_i - R_e$$

式中　L—赔偿金;

　　　L_d—直接经济损失;

　　　L_i—间接经济损失;

　　　R_e—责任减少额。

(1)直接经济损失计算

直接损失是指与涉损直接相关的、能用货币直接估价的损失,例如,设备、设施、材料、有价证券价格的下降等损失。在侵权中的损失是指既存利益的丧失或现有财产的减损;在违约中的损失是指因违约使得财产权受到损失而损失的利益。直接经济损失的对象不同,计算时需要具体问题具体分析,没有统一的计算公式。比如:

①固定资产损失

当固定资产完全损失时,损失值为以账面价值为基础的资产净值与残值之差:

$$L_S = V \times (1 - R)^n - V_n$$

式中　L_S—固定资产的损失;

　　　V—固定资产的账面价值;

　　　R—资产折旧;

　　　V_n—发生损失后固定资产的残存价值。

当固定资产可修复时,其损失为修复费用同该资产减损的功效之和:

$$L_S = L_r + \left[V \times (1 - R)^n \right] \times \left(1 - \frac{\eta_0}{\eta} \right)$$

式中　L_S—固定资产的修复费用;

　　　η_0 和 η—固定资产修复后和侵害发生前的生产效率。

②流动资产损失

流动资产可分为两类:一类是以货币及权益等形式存在,包括货币资金、应收账款、短期投资等;另一类是存货,以材料、半成品、商品等形式存在。损失值可以计算为:

$$L_f = V(1 + r) \times T$$

式中　L_f—损失;

　　　r—同期银行利率;

　　　T—损失持续时间。

材料的损失计算为：

$$L_f = M_q \times (M_c - M_n)$$

式中　L_f—材料的价值损失；

　　　M_q—材料的损失数量；

　　　M_c—材料的单位账面价值；

　　　M_n—材料的单位残值。

在可以确认受损资产个别单价的情况下，应通过个别计价法确定受损数和受损额。如果无法分清个别单价，需采用先进先出法计算。

半成品和商品的损失计算为：

$$L_f = P_q \times (- P_n)$$

式中　L_f—半成品、在产品和商品的损失；

　　　P_q—半成品、在产品和商品的损失数量；

　　　P_c—半成品、在产品和商品的单位生产成本；

　　　P_n—半成品、在产品和商品的单位残值。

③无形资产损失

当无形资产以继受方式取得时，其损失的计算公式为：

$$L_n = V - R + I$$

式中　L_n—无形资产损失；

　　　V—资产的账面价值；

　　　R—无形资产作为管理费用的摊销或减值；

　　　I—无形资产合理的转让费、使用费、许可费等收益、报酬，或是在致损期间下降的
　　　　　销售量或减少的利润。

④长期投资损失

$$L_p = V - V_c - R$$

式中　V—长期投资的入账价值；

　　　V_c—长期投资的现值；

　　　R—系统性风险。

⑤必要成本费用

必要成本费用包括损失的挽回与处理费用及事务性开支，以 L_c 表示。

因而，直接经济损失的计算公式为：

$$L_d = L_s + L_f + I_{ii} + L_p + L_o$$

（2）间接经济损失的计算

①增值效益损失

$$L_j = BL_v$$

式中　L_j—增值效益的损失；

B—单位时间净收益；

L_v—工作时间损失。

单位时间净收益的确定通常使用三种方法：一是平均法，即计算出受损人在受损之前一定时间里的单位时间平均收益值；二是对比法，即确定条件相同或基本相同的同类经营者，计算该人在同等条件下的平均收益值，作为受损人损失的单位时间增值效益；三是成本费用法。

②工资损失

根据《劳动法》的规定，受损者还应当支付停工期间的工资费用，该费用的计算为：

$$L_w = \sum S \times T$$

式中　L_w—停工支付的工资总损失；

　　　S—职工的停工工资；

　　　T—损失的工作日。

③预期利润损失

$$L_a = B_e - B_g - E$$

式中　L_a—预期利润损失；

　　　B_e—应得利益额，以受损方与第三方约定的交易价格为准，如果没有交易价格就以市场中一般同类交易的价格为准；

　　　B_g—替代物损失，受损方寻求的替代物价格高于原价格之差；

　　　E—必要支出费用（与致损行为有因果关系的成本费用）。

④信赖利益损失

信赖利益损失是指守约方因为违约方违约行为所致使自己对于履约所做的准备的损失，以 L_t 表示。

⑤成本费用耗用

因受损导致某些实际成本费用的减少，以 E 表示。

因此，间接经济损失的计算公式为：

$$L_i = L_w + L_j + L_a + L_t - E$$

（3）损失赔偿的责任减除

民事责任制度中的过错相抵原则对划定民事责任的范围及其结果的大小有着重要的作用。在致损方依法应承担损害赔偿责任的前提下，如果受损方对损害事实的发生也有过错，则可以减轻致损方的赔偿责任，受损方的过错可以抵减致损方的赔偿金额。需要注意考虑损害赔偿责任是相抵的内容、受损方过错的形态和大小对致损方责任减轻的程度等。

5.5 损失计量方法的应用案例

5.5.1 绿大地民事赔偿案件的损失计量

1) 案例简介

云南绿大地生物科技股份有限公司(以下简称"绿大地")始建于 1996 年,2001 年完成股份制改造,董事长为何学葵,公司主营业务为绿化工程设计及施工,绿化苗木种植及销售。2007 年 12 月 21 日,绿大地公开发行股票并在深圳证券交易所的中小板挂牌上市,股票代码 002200,公开发行 2 100 万股人民币普通股股票,成为国内绿化行业第一家上市公司。然而,在 2010 年 3 月 18 日,绿大地发布《关于收到中国证监会立案调查通知的公告》,公告称绿大地因涉嫌信息披露违规被中国证监会立案调查。2011 年 5 月,云南云审司法鉴定中心接受公安部门委托,对绿大地 2004 年至 2010 年共 6 年多时间的账务进行审查以及询问相关证人等方式,对其所涉及的会计问题进行证据收集和证据固定,最终出具了司法鉴字〔2011〕第 07 号《司法会计鉴定意见书》(下称《鉴定意见》)。《鉴定意见》中指出:绿大地在上市之前利用相关银行账户操控资金流转,采用伪造合同、发票、工商登记资料等手段,少付多列,将款项支付给其控制的公司,虚构交易业务、虚增资产人民币 70 114 000 元、虚增收入人民币 296 102 891.7 元。绿大地在上市之后的 2007 年至 2009 年,采用伪造合同、伪造收款发票等手段虚增公司资产和收入,累积虚增收入2.51亿元。

云南省高级人民法院最终采信了该《鉴定意见》,据此,在 2013 年 4 月 3 日作出〔2013〕云高刑终字第 365 号刑事裁定书。2013 年 5 月 13 日,证监会下发《行政处罚决定书》认定绿大地公司欺诈发行违规披露,并且对相关责任主体进行行政处罚。虚假陈述民事诉讼前置条件终于圆满,法院正式受理投资者提起的民事诉讼。

2) 投资者损失金额计量

本案例主要针对投资者损失与虚假陈述因果关系与投资损失计算两个争议点进行分析。法务会计人员接受委托为案件的受害者刘某状告绿大地公司虚假陈述而使其遭受损失的金额(2014 年 8 月 6 日,经云南省工商行政管理局核准,绿大地公司更名为云南云投生态环境科技股份有限公司)。

绿大地在发行股票阶段作为发行人实施了舞弊欺诈发行,在公司上市之后作为上市公司实施了虚假陈述。在绿大地案前置条件满足之后,众多投资者向法院提起民事诉讼,但是并不是所有投资者的损失都与绿大地虚假陈述行为具有因果关系。因绿大地于2007 年 12 月 6 日公开发布了《首次发行股票招股说明书》,首次明确指出了实施舞弊欺诈发行,并在其后 2007 年年报、2008 年半年报和年报、2009 年半年报和年报中均存在虚假陈述行为。绿大地虚假陈述实施日应该是 2007 年 12 月 6 日。2010 年 3 月 18 日绿大地涉嫌虚假陈述行为,首次在中国证监会指定的信息披露网站及报刊上公开进行揭露,符合《若干规定》中对于虚假陈述揭露日的要求。自2010年3月18日起至2010年4月20日止,绿大地股票的累计成交量达到其可流通部分的100%,其间每个交易日的收盘价的平均价为24.02元。因此,其基准日为2010年4月20日。

根据《最高人民法院关于审理证券市场因虚假陈述引发的民事赔偿案件的若干规定》,投资人刘某在2007年12月6日至2010年3月18日期间买入绿大地公司股票,并在2010年3月18日以后卖出或持续持有而产生亏损,应认定为与绿大地公司虚假陈述行为之间具有因果关系。

在绿大地民事赔偿案件中损失计量的方法采用的是法务会计条文适用法。

刘某买卖股票情况见表5-1所示:

表5-1　刘某买卖股票情况表

时间	项目名称	价格(元)	数量(股)	金额(元)
2007年12月6日（实施日）				
2010年1月13日	买入	27.35	3 000	82 050
2010年2月1日	卖出	21.04	1 000	21 040
2010年2月22日	买入	22.05	500	11 025
2010年4月20日（揭露日）		24.02		
2010年4月23日	卖出		2 500	

刘某在2010年3月18日前买入并仍持有的股票数为2 500股,该部分股票在2010年4月20日前并未卖出。2010年4月20日应为投资差额损失计算的基准日,24.02元为基准价。原告刘某主张因被告绿大地公司虚假陈述而给其造成投资损失的证券其中一部分在2010年3月18日之前买入,并在2010年3月18日以后卖出,因此刘某主张的投资损失部分与绿大地公司的虚假陈述行为之间具有因果关系,绿大地公司应当对其该部分损失承担民事赔偿责任。

①按照先进先出法,刘某的证券买入平均价=(2 000×27.35+500×22.05)÷(2 000+500)=26.29(元)

②被告应承担的损失为5 751.02元,分为以下3个部分:

第一,因为刘某是在基准日之后卖掉股票,所以投资差额损失=(买入均价-平均收盘价)×持股数量=(26.29-24.02)×2 500=5 675(元)

第二,每笔交易所支出的佣金、印花税金额实际产生的比例为3.4‰,按照实际发生比例计算,佣金、印花税应为5 675×3.4‰=19.30(元)

第三,金融机构存款基准利率2010年活期存款利率为0.36%,利息损失天数为101天

（2010 年 1 月 13 日—2010 年 4 月 23 日），利息损失 = （5 675 + 19.30） × 0.36% × 101 ÷ 365 = 56.72（元）

法务会计人员接受委托为绿大地虚假陈述民事赔偿案件的受害人提供损失赔偿的金额，因绿大地公司虚假陈述，刘某遭受损失 5 751.02 元。

在本案件中损失计量的方法存在一定缺陷，对虚假陈述揭露日和平均买入价格没有明确规定，缺乏一定的可操作性；所有类型的虚假陈述行为均采用同一种方法计算投资者损失，方法过于单一，计算结果有失公允；投资者所受损失中法律并未包含通信费、交通费、误工费等损失，不利于保护投资者的合法权益。根据案件情况应采用多种损失计量方法。

5.5.2 大连新港"7·16"溢油事故的损失计量

1）案例概述

大连市位于辽东半岛南端，处于渤海与黄海的交界处。作为一个沿海城市，大连也肩负着港口运输的重要功能，是重要的国际航运中心、物流中心以及金融中心。2010 年 7 月 16 日晚 6 点左右，大连市保税区新港镇输油管道发生爆炸并引起火灾，引发了大规模的原油泄漏。事发当天，新加坡所属太平洋石油公司的 30 万吨油轮在大连中石油储罐区卸油，而中石油燃料委托天津辉盛达石化负责加原油脱硫剂。从 15 日下午开始，两个输油管道同时卸油，然后注入脱硫剂，当全部石油卸完后脱硫剂并未停止操作，这时工作人员便开始清洗管道，因此引发了爆炸。由于是管道连接储油罐，爆炸直接造成储油罐内原油泄漏，该储油罐是新港第 103 号罐，由于储油罐及输油管道连接且靠海非常近，有许多原油直接泄漏进入海洋中。

《科技日报》报道，截至 7 月 29 日，已经回收了泄漏原油 9 584.55 吨，连同海洋局调集的中海油，共回收海上溢油 11 227 吨。大连"7·16"爆炸事件对大连新港附近的居民生活带来了严重的影响。流入海里的原油对海洋造成了严重的污染，导致当地的渔业产量几乎为零，即使能捕捞部分水产品，也没有人敢食用，造成了直接的经济损失。

2）大连新港溢油事故的企业损失计量

一般海湾溢油事故是由腐蚀泄漏、爆炸火灾等原因引起的，一些事故带来的强大破坏力会直接导致财产的损坏甚至报废。在计量过程中，要先对现场及周边进行检查，切实做好损失记录，并获取企业财务、生产方面的资料，为计量提供依据，确定每一个数值，最后计算出损失的数额。根据企业实际情况和相关资料的调查分析，企业损失分为机器设备房屋及构筑物、存货、运输工具、增加新员工费、生产损失、企业商誉损失、现场清理费、事故罚款等方面。企业总损失计算如下：

（1）机器设备

爆炸发生的储油区于 2006 年 12 月 31 日竣工，预计使用年限 30 年，实际仅仅使用了 4 年多。10 万立方米储油罐建设初期投资约为 1 亿元（最低价格）。事后作废品处理所得残存价值不到 20 万元：

$$QL_{CE} = V_R \times \left(1 - \frac{1}{T_D} \times T_U\right) - V_S = 10\,000 \times \left(1 - \frac{1}{30} \times 4\right) - 20 \approx 8\,650(万元)$$

式中　V_R—重置价值;

T_D—折旧年限;

T_U—使用年限;

V_S—残余价值(残存价值是指设备在失去原有价值时通过其他途径所能获得的价值)。

（2）房屋及构筑物

爆炸造成距离储油罐100多米的员工办公楼出现严重的开裂和倾斜现象,总造价在40万元左右,预计使用15年,根据上级要求予以拆除,产生的废旧建材变卖获得3万元。房屋及构筑物损失为:

$$L_{CB} = V_R \times \left(1 - \frac{1}{T_D}T_U\right) - V_S = 40 \times \left(1 - \frac{1}{15} \times 4\right) - 3 \approx 26.36(万元)$$

式中　V_R—重置价值;

T_D—折旧年限;

T_U—使用年限;

V_S—残余价值。

（3）存货损失

原油测漏油量8万吨,2010年7月原油价格为73.52美元/桶,一吨约合7桶,美元对人民币的汇率为6.785 8,故存货损失为:

$$L_{CI} = \sum_{i=1}^{n} P_i Q_i = 8 \times 7 \times 73.52 \times 6.785\,8 \approx 27\,938(万元)$$

式中　L_{CI}—企业存货损失;

P_i—第 i 种存货的市场价格;

Q_i—第 i 种存货的损失量;

i—损失的存货种类。

（4）现场清理费

事故发生后,为了阻止原油的扩散,800条渔船出海捞油,一条船一天的劳务费是1 500元,但效果不大,最后将奖励提升至每桶300元。每个捞油船最多可以捞到140桶的原油,然后将这些原油送到政府的回收点,渔民们10天回收了16 000桶,支出500多万元。专业的清污作业成本更高,但除污效率相对较高,据统计,除污船每清除一吨油污需要花费10 000余元,清污调集了50余艘专业清污船,仅此项所产生的现场清理费用就接近10亿元,故现场清理费为:

$$L_{CC} = \sum_{i=1}^{n} P_i Q_i = 100\,000 + 500 = 100\,500(万元)$$

式中　P_i—清理每单位第 i 种污染物所需要花费的费用(元/kg);

Q_i—第 i 种污染物需要清理的重量(kg)。

（5）事故罚款

中石油和大连市政府达成一致意见：大连新港海湾溢油事故造成的损失，事后的清理污染以及相关的赔付都由大连市政府来承担，而中石油以投资抵赔偿的方式，同意在大连长兴岛建设投资年炼油能力 2 000 万吨，年产 100 万吨乙烯的项目，估计经济效益能达到百亿。中石油方面对于此次事故未做出任何赔偿。

（6）生产损失

事故造成储油罐泄漏，至 27 日大连石化才正式恢复生产，其间除事故发生后 2 天停工整顿，且企业有原油存货，对生产影响不大，10 天之后基本已经恢复了生产，生产能力恢复每天 5 万吨的水平，因此在计量中忽略不计。

综上所述，此次泄漏造成的爆炸溢油事故，企业损失部分的总损失为：

$$L_C = L_{CR} + L_{CB} + L_{CI} + L_{CC} = 8\,650 + 26.36 + 27\,938 + 100\,500 = 137\,114.36（万元）$$

5.5.3　合同纠纷财产的损失计量

1）案例介绍

2019 年 10 月 7 日，善业公司与亚舒服装厂签订服装购销合同，合同约定购买运动衣 10 000 件，合同价格为 120 元/件，合同总价款为 120 万元，交货时间为 2019 年 12 月 31 日。服装厂该类服装极为畅销，且无存货，当季该服装市场销售价格为 240 元/件。当事人双方在购销合同里约定逾期交货或者不交货，违约金为总价款的 5%。

2）合同纠纷财产损失的计量

（1）卖方逾期交货

因亚舒服装厂生产不及时，造成逾期交货 7 000 件，此时正处于该类服装的销售淡季，其市场价格下降为 180 元/件，则：

①亚舒服装厂逾期交货的违约金为：

$$120 × 7\,000 × 5\% = 42\,000（元）$$

②善业公司可得利益的损失为：

$$(240 - 180) × 7\,000 = 420\,000（元）$$

（2）卖方不交货

亚舒服装厂还有 3 000 件服装交不了货。

①亚舒服装厂不交货的违约金为：

$$120 × 3\,000 × 5\% = 18\,000（元）$$

②善业公司可得利益的损失为：

$$(240 - 180) × 3\,000 = 180\,000（元）$$

（3）善业公司总损失额为：

$$420\,000 + 180\,000 = 600\,000（元）$$

依据《合同法》，善业公司可以要求亚舒服装厂赔偿损失额为 60 万元。

本章小结

　　本章立足于我国经济环境和法制环境发展中,针对目前我国经济诉讼案件对法务会计损失计量的需求越来越大和损失计量理论研究匮乏等问题,在借鉴现阶段国内外有关损失计量理论和实践研究基础上,概括总结了损失计量的基础理论,深入研究损失计量的特征及属性概括计量途径与适合我国实务的计量方法,并以案例说明计量方法的运用。

思考题

1.简述损失计量与诉讼支持的关系。

2.简述损失计量在法务会计中的地位和作用。

3.简述损失计量与法务会计的关系。

4.简述损失计量的目标和原则。

5.简述损失计量的技术和方法。

6.简述损失计量的程序。

第6章　企业舞弊调查

学习目标

本章从三个方面探讨法务会计的舞弊调查机制。首先,识别会计舞弊是前提。其次,会计舞弊披露对法务会计师专业技术能力、职业道德、法务会计报告的证明力提出要求。最后,在会计舞弊案件中,法务会计师能通过提供诉讼支持迫使舞弊者承担法律责任,特别是民事赔偿责任,这也是揭示舞弊的最终目的。通过案例资料分析,以有效巩固所学理论,达到了解舞弊动机及常见方式,理解法务会计控制会计舞弊的优势,掌握舞弊识别理论,进一步理解舞弊披露要求,熟练掌握法务会计诉讼支持的阶段性作用等目标。

6.1　会计舞弊概述

我国经济在步入 21 世纪之后发展迅速,市场经济的发展也逐步完善,但信息失真、舞弊造假案件不断发生。国内银广夏、蓝田股份财务造假事件的影响甚大,严重挫伤了市场投资者的信心,也使得会计的生存诚信受到争议。之后,虽然国家财政、审计和证券监管部门不断通过加强内部控制、政府审计和社会审计加以防范,但舞弊案件仍然不断发生,如 2005 年发生的科龙电器舞弊案件、2015 年上海皖江物流案件、2016 年发生的北大荒财务造假案件、2017 年振隆特产案件、2019 年康美药业和康得新舞弊案、2020 年瑞幸咖啡财务造假案。这些舞弊事件的频发暴露出舞弊的肆虐,单靠内部控制和外部审计已经起不到扼制效果了。法务会计作为一门新兴学科,对防控舞弊有独特的作用。

6.1.1　会计舞弊的含义

1980 年,Eliott 和 Willingham 认为会计舞弊是指管理者通过重大误导性财务报告实施的有损股东和债权人等相关者利益的蓄意欺诈行为。这一定义明确了会计舞弊的实施者是公司管理者而非普通员工,实施载体是公司财务报告,经济后果是损害了股东和债权人等利益相关者的利益,其性质是实施者主观上的蓄意欺诈而非无意识的疏漏。

美国反舞弊财务报告委员会(以下简称"Treadway 委员会")在其 1987 年发布的报告中将财务报告舞弊定义为:公司在对外财务报告中,由于故意或轻率的行为,导致出具虚假或重大遗漏的误导性财务报告,对投资者决策产生实质性影响的行为。这一定义强调了会计舞弊对投资者决策的误导性后果,而不是会计舞弊的主观故意性,将公司在对外财务报告过程中由于轻率操作导致的会计差错一并纳入会计舞弊的范畴,扩大了会计舞弊的定义。

相比来讲,美国注册舞弊审核师协会(ACFE)的定义则强调了会计舞弊者的主观故意性,其认为会计舞弊是有意或故意地错报或漏报重要事实,或者提供误导性或与其他信息一并考虑时将导致阅读者改变或调整其既有判断或决策的会计信息的行为。然而,这一定义与 Treadway 委员会 1987 年定义的共同缺陷都在于未能明确指出会计舞弊的违法本质。

美国反虚假财务报告委员会下属的发起人委员会(The Committee of Sponsoring Organizations of the Treadway Commission)(以下简称"COSO 委员会")1999 年报告中有关财务报告舞弊的论述则合并考虑了舞弊的两个本质特点,认为"财务报告舞弊是在财务报表或财务披露中存在的蓄意错报,或从事对财务报表或财务披露有重大直接影响的非法行为"。

与 COSO 委员会一致,美国注册会计师协会(AICPA)在其 2002 年发布的第 99 号《审计准则公告》(SAS No.99)对会计舞弊的定义同样关注了舞弊的主观故意性和违法违规性,其认为"会计舞弊是为了欺骗财务报表使用者而对财务报告列示的数字或披露进行有意识地错报或漏报,这些有意识的错报或漏报导致财务报表在所有重大方面未能与公认会计原则(GAAP)保持一致"。

6.1.2　会计舞弊产生的动机

1)企业内部原因

(1)经济利益驱使

经济利益是最常见的造假动机,造假者通过造假旨在得到直接或间接的、现实或潜在的经济利益,对经济利益的追逐也使造假者铤而走险,不顾后果。如果通过会计舞弊来提供虚假的会计信息可以获得比提供真实会计信息更大的预期净收益,那么作为"理性经济人"的管理当局为追求经济利益最大化,选择会计舞弊行为的可能性会提高。中小股东除了财务报表外,很难获取企业真实信息。在企业经营状况恶化的时候,管理层就会粉饰报表,给广大投资者一个业绩优秀的信号,以此推高股价,再把自己在低价时买入的股票卖出以此获取高额的暴利。

(2)政治利益诱惑

除经济利益外,政府干预也是造成舞弊的重要诱因。一方面,由于我国上市公司中很多是由国有企业脱胎而来,公司高层管理人员由地方政府委派。国有控股上市公司的经营业绩与经营者的政治前途、政治待遇密切相关,公司管理当局会出于追逐政绩荣誉的考虑而粉饰考核业绩。另一方面,国家对地方政府及各行业部门的考核主要是依据该地区、该行业的经济增长情况、国有企业扭亏为盈情况、企业改制进展等来进行的,于是政府各行业部门各地方政府就想尽一切办法抓企业的发展,抓企业改制上市,而在实际情况不尽如人意时也就成为公司会计舞弊的怂恿者或庇护者。

(3) 融资压力

企业为扩大生产经营规模,需要更多的资金;亏损的公司为了营运周转,更需要资金。资金不足,可能导致周转不灵,进而倒闭。企业为了达到借款或增加资本的目的,需要伪装公司实力,可能虚报其财务报表,以便说服资金提供者做出决策。例如在首次发行阶段,上市企业被要求最近三年连续盈利,并可向股东支付股利。而在配股阶段,除了应满足增发股票的一般条件,还应当符合以下条件:最近三个完整会计年度的净资产收益率平均在10%以上,指标计算期内任何一年的净资产收益率不得低于6%。上市企业为了能实现融资计划,就可能铤而走险进行财务包装,这与发行体制有关系。

(4) 偷税漏税

国家通过税收参与企业的利润分配,企业盈利不仅是企业自身的愿望,也是国家希望的。但税收会使得企业的利润减少,国家与企业在利益分配上存在着矛盾。基于偷税、逃税目的,一些企业便会采取会计舞弊手段虚减利润或者虚构避税项目等减少纳税,并将报表进行粉饰。如:为了少计收入或延迟确认收入,收入长时间地挂在"预收账款""其他应付款"科目中;为了少交增值税,企业将视同销售行为涉及的金额不计入应纳税额;为了少交所得税,少计收入、多列支出等。

(5) 会计政策选择的多样性

会计准则是一种一般意义的标准规范,任何会计准则都不可能完美无缺。随着会计环境的变化,财务问题可能面临着新的问题,这些问题在会计准则中没有具体规定,本来会计人员应该按照职业道德和应有的职业谨慎来处理这些问题,当有其他的利益目标存在的时候,会计人员很有可能利用会计政策选择的多样性进行财务舞弊。

2) 企业外部环境原因

(1) 法律制度不健全

一个完善的法律体系所带来的强制惩罚机制将大大增加违法行为成本,从而改变其行为决策。然而,我国当前的法律环境的缺陷主要表现在两个方面:一是会计信息披露方面的法律法规不健全,这给违规者创造了条件。目前我国的会计信息披露规则由证监会制定,而会计准则由财政部制定,两者在会计信息披露规则和准则要求方面并不能很好地协调并达成一致,且这些规范会计信息的准则和披露流程的标准也没有跟上经济发展需要,这就为管理层的"会计数字游戏"留下了可供利用的空间。二是法律责任太轻,执法力度不够。在这种舞弊的预期收益大大高于舞弊预期成本的情况下,上市公司管理当局或会计人员可能会选择舞弊。上述两部分原因造成部分企业法制意识淡薄,有章不循,有法不依,随心所欲地编造虚假会计数字,达到维护其局部利益的目的。

(2) 外部审计独立性难以保证

注册会计师审计面临着一个独立性问题,保持形式独立和实质独立是其基本职能。然而,目前由于我国是由资本经营管理者而不是股东大会来委托聘请注册会计师监督资本经营管理者,其独立性得不到有效保证,导致我国注册会计师审计监控弱化,且实施机制的脆弱是舞弊的又一大诱因。近几年,我国虽然加大了对注会行业会计舞弊的处罚力度,但远未达到使违约成本大于违约收益的程度,监管部门并没有形成自己应有的权威,舞弊行为难以得到有效地遏止。从对会计信息的审计需求角度,我国到目前为止对会计信息的审计需求,主要是由政府创造的,而非市场的内在要求。我国企业的年报审计、验资、年检等审计服务的需求主体主要部门是政府监管机构,而非真正的市场。市场不会用价格差异来区别会计师事务所业务质量的高低,高质量的审计服务反而被低质量的审计所"驱逐",并没有形成拒绝虚假会计信息的有效机制。

(3)道德和文化问题

文化对会计信息质量的影响是基础性的,传统文化中的消极因素在特定条件下会纵容、强化会计舞弊的动机及后果。我国的官本位制度让人人都想当官,人人都怕官,这就使得高管人员能凌驾于内部控制之上,会计人员不敢得罪高管人员,不能形成对管理人员的有力监控。健康股权文化的缺失也是会计舞弊的重要原因。健康股权要求社会能正确看待公司制企业、股市乃至股东在国民经济中的地位和作用,要求公司管理者能够有意识维护股东在公司中的所有者地位,尽职尽责,忠实履行受托责任。正是对这种文化的忽视,才导致对股东利益的忽视与践踏。在伦理道德方面,我国一些地方、单位领导层对会计存在着各种模糊认识,直接干扰会计正确履行职责,导致会计"道德自由空间"的真实规范严重背离伦理规范,会计人员陷于不得不做假账的境地。另外,会计人员自身道德素质低下也是舞弊的重要成因。一些会计人员职业道德意识薄弱,私欲不断膨胀,在物质利益驱使下,铤而走险。

6.1.3　会计舞弊的常见方式

会计舞弊的具体手法可谓是五花八门,但常见手段可谓屡见不鲜。比如收入舞弊通常采取虚构收入和跨期调整收入,费用舞弊包括少计费用、跨期调整费用以及滥用费用资本化,资产舞弊包括现金舞弊、应收项目舞弊、少提减值准备等,负债舞弊一般是少计负债等。

1)利用不当的社会政策和会计估计舞弊

①选用不当的股权投资核算方法,当被投资公司盈利时,不该用权益法的投资也用权益法核算;当被投资公司亏损时,该用权益法核算的又改成成本法核算。

②选用不当的借款费用核算方法,不少上市公司通过滥用借款费用的资本化处理来调节利润。

③选用不当的收入、费用确认方法。上市公司为了利润最大化或平滑利润,通常在尚未满足收入确认条件时确认销售业务和其他资产的转让收入。

④折旧方法也是上市公司最常使用的一种操纵利润的办法。延长折旧年限,由加速法改为直线法,甚至不提折旧等情况在实际操作中屡见不鲜,其目的主要是虚增利润。

2)成本舞弊手法

(1)相互间或在不同时间和项目间转移费用

有的上市公司为了虚增利润,不少费用经常不当期入账或交由母公司承担,或者通过随意变更折旧计提方式、存货的计价方式和其他的一些跨期摊派项目来调节利润。比如当上市公司经营不理想时,其母公司就会调低上市公司应交纳的费用标准,或者承担上市公司的相关费用,从而达到转移费用增加利润的目的。

(2)不同成本费用项目之间的分类变化

虽然企业财务会计制度对成本以及各项费用有较为明确的划分,但有些项目的归类仍有一定的弹性,比如销售折扣,有的将其单列为一个项目,有的将其归为销售费用,作为给分销或零售商的销售佣金。该种归类的变化会导致费用比率的非经常性的波动。

3) 资产重组舞弊

中国上市公司的很多资产重组采用了协议定价的原则,定价的高低取决于公司的需要,使得利润可以在关联方之间转移。这样资产重组就成为一种十分重要和常见的财务舞弊手段。

(1)并购舞弊

并购舞弊是指通过操纵并购日期、交易内容和会计方法的选用,以达到虚增利润的目的。对于并购的会计处理有购买法和权益联营法两种。在购买公司可以合并被购并公司的全年利润。

(2)债务重组舞弊

债务重组舞弊是指管理当局利用债务重组中产生的收益对利润进行调节的一种舞弊行为。由于在债务重组中会产生一定的重组收益,因此一些上市公司就在债务重组上做起了文章。

4) 关联交易舞弊

中国上市公司的很多关联交易都采用了协议定价的原则,定价的高低取决于公司的需要,使得利润可以在关联方之间转移。这样关联方交易就成为一种十分重要和常见的财务舞弊手段,如广电股份、陕长岭、波导股份等。关联方交易舞弊手法如:

①通过向母公司或非控股公司销售作为最终的销售实现,对于上市公司而言,销售收入会因此而增加,同时应收账款和利润亦增加。

②如一些上市公司通过相互间的股权投资或股权转让,既可以甩掉包袱又可以产生投资收益。进行股权投资相当于进行了资本储备,上市公司经营发生亏损,可以将其所持有的母公司或子分司的股权转让给关联方,以减少经营亏损。

③费用分担舞弊。上市公司通过操纵与关联方之间应各自分摊的销售和管理费用,实现调节利润的目的。在上市公司和集团公司之间常常存在着关于费用支付和分摊的协议,这就成为上市公司操纵利润的一种手段。当上市公司利润不佳时,集团公司会调低上市公司费用交纳标准,代替承担上市各项费用,甚至退还以前年度交纳的费用等,"帮助"上市公司提高利润。

5) 虚构业务收入

(1)虚构收入

首先是对开增值税销售发票,虚增收入和利润。主要做法是通过与关联企业或非关联企业对开增值税发票的形式,虚拟购销业务,从而虚增收入和利润。

(2) 虚开发票

如上市公司利用公司按市场价销售给第三方,确认该子公司销售收入后再由另一子公司从第三方手中购回,这种做法避免了集团内部交易必须抵消的约束,确保了在合并报表中确认收入和利润,达到操纵收入的目的。

(3) 虚构资产评估

虚假的资产评估包括未经正确程序立项的资产评估、虚无资产评估和不恰当的评估。

6) 税务舞弊手法

享受税收优惠和免税的企业,在免税年份利用各种手段把销售收入和利润提前,将各种成本费用推后,将销售成本推移到以后纳税年度结转,偷逃所得税。商业企业按批发价与市场售价差额的一定比例,以税后利润形式返回,列作企业投资收益,实际上是价外加价,偷漏了增值税。通过压低产品价格出售给批发、零售企业,偷逃部分增值税。

6.2　会计舞弊与内部控制

目前,由于我国很多企业的内部管理和控制力度不够,内部审计效果不理想,加强企业的会计舞弊治理有利于企业的健康发展。法务会计在一定程度上发挥着审计的功能,通过法务方面的专业基础知识,对企业财务运营进行监督和管理,能够督促企业程序更加合法、合规,积极完善内部控制制度的建设,最大限度地保障企业权益和利益。因此,明确法务会计在会计舞弊治理中的作用应先清楚会计舞弊与内部控制的关系。

6.2.1　会计舞弊与内部控制关系

1) 会计舞弊与内部控制整体层面的关系

会计舞弊和内部控制之间存在天然的联系,会计舞弊和内部控制在研究对象、内容、目的和意义上都有诸多相似之处,二者之间的整体逻辑关系可归纳如下:

(1) 内部控制体系包含反会计舞弊机制

在 COSO 内部控制框架之下,反会计舞弊机制被糅合进内部控制体系建设当中,反会计舞弊机制的目标与内部控制中的财务报告可靠性要求是一致的,在内部控制体系设计中,许多关键环节都必须与反会计舞弊机制结合起来。如资金活动、资产管理、担保采购业务等活动都会结合不相容岗位分离、信息系统权限设置等与会计舞弊防范紧密相关的机制。

(2) 企业内部控制能够有效降低会计舞弊

有效运转的企业内部控制体系很大程度上将有效降低会计舞弊给企业包括上市公司所带来的危害。其防止会计舞弊现象发生的主要途径包括:一是在会计舞弊的萌芽状态,通过定期或不定期检查业务执行效果,内部控制体系将及时发现、纠正会计舞弊现象;二是会计舞弊事件一旦爆发,将迅速启动预先植入的风险处理机制或计划,以降低会计舞弊现象带来的恶劣影响。

(3)会计舞弊推动内部控制体系的完善和升级

会计舞弊事件的发生实质上推动了内部控制体系的进一步完善和升级,暴露出企业内部控制体系设计与执行的漏洞,管理层和员工将更加关注内部控制建设。同时,事后会计舞弊现象发生原因的论证分析将为建设更为有效的内部控制体系提供重要依据。

2)会计舞弊与内部控制要素个体的关系

(1)控制环境与会计舞弊

控制环境作为内部控制的基础和核心,将对内部控制体系的实施效果产生重要影响。控制环境政策措施的关键点包括员工的诚信价值观、员工的岗位胜任程度、公司的治理结构、管理层经营理念倾向、管理层授权等。员工诚信以及价值观对会计舞弊事件的影响主要体现为:

①若公司内部员工具有共同的诚信观念,则将驱使他们自觉遵守维护公司内部控制与财务报告规范,从源头杜绝会计舞弊现象。

②通过树立员工的诚信价值观,建立起对舞弊的正确态度,一旦出现舞弊征兆,相关岗位的工作人员向风控部门或内审机构及时报告,防止会计舞弊现象负面影响的扩张。员工岗位胜任能力更多聚焦在财务流程相关人员是否具备良好的会计知识与操作技能,但具有较强的抗压能力、诚信正直的品质应在企业招聘、选用员工中予以考量。若内部审计人员心理素质不过硬,则无法及时发现、报告公司的会计舞弊现象,影响会计舞弊现象的防范和治理。尤其当上市公司的董事会、审计委员会设置不合规范,无法有效履行监督管理层的职责时,常出现管理层凌驾于内部控制体系之上的情况。因此,必须保证董事会与审计委员会的独立性。经营理念激进型的管理层必然对财务指标预警的重视程度不高,管理方式更多表现为“应急反应”,直接影响到全体员工对风险管理、财务管理、法律法规的重视程度,可能诱发会计舞弊行为。

(2)风险评估与会计舞弊

①风险识别与会计舞弊

企业的风险识别要求系统收集、确认企业经营各个层面风险事件,并归类形成风险事件库,同时收集整理动因、影响的关键指标、概率、趋势等风险事件属性信息,提供风险识别的基础信息。对公司战略规划、制度流程、组织职能等内外部资料进行分析,与相关职能部门管理人员访谈,向各部门发放风险辨识调查问卷,归纳调整公司风险分类框架,并设计相应编码系统。依据《企业内部控制基本规范》中财务报告配套指引的规定,财务报告内外部风险区隔划分与会计舞弊现象有着相当的关联性,如“外部风险”中提到“会计操作、财务报表编制程序违规致使财务报表信息失真”就是一种会计舞弊行为,“内部风险”中的“不相容岗位人员联合舞弊”就是一种不易被发觉的舞弊现象。

②风险分析与会计舞弊

风险分析要求根据风险评估具体目标,以定性与定量结合的方法,对辨识出的各种风险实施重要性和基本属性综合分析。定性分析更多注重整理和分析动因、影响与管理责任,定量分析更多关注风险发生可能性、风险影响程度的属性信息描述,并根据不同特点的企业定义不同的研究变量,初步梳理出潜在的重大风险动因与影响,并将风险事件与具体责任部门相结合,形成相应风险事件——组织的映射表。在收集风险发生可能性、风险影响程度值的调查问卷整理分析后,计算出相应的加权平均数,并投射于评价矩阵中,就能对财务报告中的舞弊风险程度加以分析。

③风险评价与会计舞弊

高、中、低风险水平的排序和重要性判断将集中反映在风险分析报告中。若会计舞弊行为被确定为"高风险",则管理者应当针对出现问题的动因和影响进行评估,重新设计相应的财务报告流程,并辅之以财务职责划分等措施。

(3)控制活动与会计舞弊

有效的控制活动能够抑制会计舞弊行为并降低企业资产流失的风险,主要手段包含审批决策权限、不相容岗位相分离、交易过程文档记录、信息查看权限等,实践中对舞弊现象防范较为有效的手段有职责划分、实物控制、绩效考核等。部门职责设定和不相容岗位分离将在财务条线上防范舞弊风险,企业相关部门在职责划分中添加反舞弊机制将有效避免少数人控制财务报告流程,在制度上实现对舞弊现象的防范。实物控制通过规范出库、入库以及物资调配等流程保证实物安全和防止资产流失,审计机构可通过穿行测试等手段检验企业实物控制机制的有效性。

(4)信息沟通与会计舞弊

信息沟通与会计舞弊的关联环节为:财务报告中财务状况的披露;投资人、债权人、内外部审计机构、监事会等的有效沟通。会计报表中会计信息的披露质量反映度将直接关系到会计舞弊现象的防范。应当说,公司内部运营状况信息透明度越高,其会计信息的质量就高,会计舞弊现象发生可能性就会降低。反之,信息披露出现盲点,将会为会计舞弊人员提供谋取不正当利益的空间。

(5)监控与财务舞弊

内部控制系统的有效性需要企业指定专门人员进行定期、不定期的设计与执行的评估,因此,可以将监控要素看作是内部控制的再控制,如果监测到内部控制体系设计或执行中存在问题,就应及时向管理层进行反馈,由管理层进行及时修正。监控体系分为持续性和独立性两种,持续性监控对内部控制体系实施动态的监控,能够有效防止财务错报行为和低端的"故意"会计舞弊行为,独立性监控更多着眼于独立评估内控体系的有效性,能够客观全面地看待会计舞弊现象。

6.2.2　法务会计控制会计舞弊的优势

法务会计的出现可以弥补审计、内部控制体系不完善的缺陷,为调查经济案件提供法律上的依据,帮助实现民事赔偿、加大处罚力度,有效实现控制和减少舞弊的发生。

1)针对性强

法务会计相比于一般的会计人员,具有法务方面的专业基础知识,能够进行专业化的研究和处理,保证处理结果的准确性、针对性和实用性,能够有效地对企业的经济案件进行提供强有力的依据。当声称存在舞弊或已经发现舞弊发生时,委托人要求法务会计师收集证据或作为专证人出庭作证。因此,舞弊审计是专门为发现和查证会计舞弊而进行的活动。实施舞弊审计时,法务会计师特别注意寻找与具体的违法行为有关的证据,确定舞弊的具体细节,并评估舞弊行为带来的损失和影响。

2)方法独特

法务会计师经常按照行为动机理论进行换位思考,以了解系统控制链的薄弱环节和舞弊者可能采取的行为,从而估计舞弊发生的可能性,明确查证舞弊的重点。法务会计的舞弊审查必须执行对舞弊暴露分析的方法,即"必须比罪犯更聪明"。使用这种方法有助于编制审计计划,关注舞弊的一般线索和征兆,突出那些易受袭击的资产。

3)服务范围广

会计舞弊行为大都属于违法行为,只是由于造成危害程度的轻重和社会影响范围的大小有别,在法律上有些会计舞弊必须起诉,而有些会计舞弊免予起诉。随着舞弊案件的增多和人们维权意识的增强,涉及会计舞弊的经济纠纷、经济案件日益增多。法务会计师接受管理部门、律师或者私人委托,利用自己在法律和会计方面的专业知识调查取证,解释财务信息,提出专家性意见作为法律鉴定或用于法庭作证,从而帮助公司、私人自我维权和帮助律师代表委托人维权。

4)及时查证

从目前证券市场会计舞弊案件的发现始末中,可以看到在造假案件揭露前,实际上已经有相当多的人员和部门对造假公司的业绩都怀有疑问。但是,由于社会缺乏专门调查会计舞弊的机构,也缺乏为利益相关者搜寻可靠证据的服务,舞弊行为通常直到媒体曝光才得以制止。等到舞弊已经造成巨大损失时才来惩治,这对投资者而言是非常不公正的。如果设置了提供会计舞弊查证的法务会计服务,利益相关者质疑公司财务事项时,就可以委托法务会计师调查以确定舞弊是否真的存在,这样可以在一定程度上及早发现舞弊,控制住舞弊所造成的危害。

5)服务导向特殊

法务会计师为支持法律事项而准备、收集和调查会计信息。法务会计师在展开会计舞弊调查时,并不清楚该舞弊的数额和性质以及是否已达到必须起诉的条件,也许经查证并不是舞弊或免予起诉,这时舞弊审查仅起一种专业鉴定的作用。当证实舞弊情节严重时,法务会计师可能就要作为专家证人出庭作证。证据的相关性和可靠性要受当事人质证。质证就是对证人证言进一步提出问题,要求证人作进一步的陈述,以解除疑义,并确认证明作用的诉讼活动。由于法务会计师舞弊审查报告有可能作为证言受到法庭的质证,为了保证其报告不在交互检查时受到怀疑,价值被贬低,法务会计师会自觉提升自己的执业质量。

6.2.3　法务会计在会计舞弊治理中的应用

法务会计积极有效的工作,能够在很大程度上帮助企业的管理者建立公平公正的秩序,进行有效的内部审计,加强企业内部管理和控制力度,在一定程度上防止企业资产被非法侵占、滥用职权等事件的发生,提高企业的规范化水平,减少违法违规行为的发生。

1）事前预防

预防上市公司会计舞弊是维持资本市场稳定的重要方式。若能尽早采取有效的方式预防控制舞弊行为,就能减少后续的不利影响。由于我国的法律机制还不完善,会计舞弊行为很难被依法惩处,因此舞弊行为屡禁不止。而损失利益的投资者并不具备相应的会计和法律知识,难以通过法律维权,获得相应补偿。法务会计同时掌握会计、审计、法学等知识,因此在调查中对证据更为敏感,可以更好地维护中小股东的合法权益。法务会计的专业性和敏感性提高了发现企业会计舞弊的概率,对企业起到一定震慑作用,有利于减少舞弊事件。

2）事中控制

对于部分管理者和投资者而言,舞弊行为被揭发之前,他们已经对舞弊行为有所察觉,但是由于缺乏相应的调查取证知识,不能有效取证,只能在舞弊行为被揭发后通过诉讼等手段获得赔偿。企业财务人员缺乏相关的法律法规知识,在不知情的情况下,一些行为可能已经触犯法律。法务会计可以运用专业知识,在与其沟通、核对过程中提高企业经济活动的合法性,完善企业资料,确保企业支票账户信息完备,保证企业平稳运行。

3）事后调查取证和诉讼支持

舞弊案件的涉案金额通常较大,舞弊手段隐蔽,线索不清晰,需要从庞大的经济业务活动中寻找蛛丝马迹。侦查人员虽然熟悉各种法律法规,但对公司财务报表之间的勾稽关系、会计证据的完整性、数据的合理性了解不深,导致在独立调查取证的过程中力不从心。熟悉法律和财务制度的法务会计能以其专业性让调查人员快速熟悉企业的财务情况,审查企业的财务数据,从复杂的财务业务中找出线索,确定调查方向。舞弊造成的经济损失直接影响后续量刑以及对受害人的赔偿金额,因此应极为慎重。根据我国现行的会计准则,不同的企业适用不同的会计准则,同一会计准则针对一项业务也有不同的计算方法,这导致计量损失工作很难由侦查人员独立完成。不熟悉法律法规的财务人员在计量时,可能会导致得出的数据不合理。法务会计可以在计量损失、确认受害人赔偿金额时与当事人的律师沟通,获取书面证据,在兼顾法律条文的情况下,采用科学合理的计算方法确定损失金额,客观公正地评估损失,快速、有效地处理案件。

在审理案件的过程中,司法机关需要依据财务证据还原案件,各方当事人都会收集对自己有利的证据,因此法务会计整理形成的证据在诉讼支持方面起到了至关重要的作用。法务会计证据是企业的原始凭证、会计记录和财务报告等,法务会计可以根据财务知识找到异常,以此判断企业是否进行财务舞弊以及使用的手段。法务会计对于有疑问的地方,可以直接和企业相关人员沟通,并且通过观察相关人员的反应获取信息,虽然不能直接当作证据,但可以帮助确定调查方向是否正确。根据法律规定,有些资料并不具备法律效应,法务会计应当将收集的资料以证据形式提交给法院,并作为专业技术人员对证据进行解释和陈述。

6.3 法务会计对会计舞弊的识别和披露

法务会计对会计舞弊的揭示机制包括会计舞弊的识别机制、披露机制和惩罚机制三部分内容。而对会计舞弊的识别是整个揭示机制的首要部分,它是指法务会计师采取一定的方式与方法查出会计舞弊。法务会计对会计舞弊的识别采用了一种不同于财务审计的新思路。

6.3.1 舞弊识别的责任

自 1720 年英国人查尔斯·斯奈尔受英国议会委托对南海公司破产案件查账开始,注册会计师就被赋予了查错揭弊的历史使命。但在审计发展的过程中,是否承担查错揭弊责任,如何面对这一责任,审计界对此的态度一直是发展变化的,受到各个历史时期的社会背景的影响,也与审计技术、审计准则的发展密不可分。

1)审计准则与舞弊识别责任的变迁

最初,社会公众包括会计职业界自身均认为查错揭弊是审计师财务报表审计的主要目标。然而在 20 世纪 40 年代,会计职业界的态度发生了明显变化,审计师更倾向于接受查错揭弊只是财务报表审计目的之一,而不是全部责任。由此造成了社会公众与审计职业界的期望差距问题愈发突出,社会对注册会计师的诉讼也越来越多,到 20 世纪六七十年代形成了第一轮诉讼浪潮。在强大的社会压力下,美国注册会计师协会(AICPA)被迫做出反应,成立了公众监督委员会(POB),并于 1977 年发布 SAS No.16 和 SAS No.17"独立审计师检查错误和舞弊的责任",明确指出注册会计师在财务审计中负有搜索舞弊方面的某些责任。尽管如此,该准则并未要求审计师发现舞弊,这在一定程度上表明会计职业界仍未接受或承认其负有发现舞弊的实质责任。

1995 年,美国通过了《私人有价证券诉讼改革法案》,在第三部分明确规定了注册会计师应承担识别和揭露某些舞弊行为的责任。为与之相适应,AICPA 在 1997 年颁布了 SAS No.82"财务报表审计中对舞弊的关注",尽管该准则并未改变 GAAS(Generally Accepted Auditing Standards,公认审计准则)对于审计责任的认定"合理保证财务报表中不存在重大误述",但它更多地阐述了发现舞弊的方法。在 SAS No.82 施行的几年里,仍不断发生一些世界著名公司特大财务欺诈及审计失败案件,如安然事件、世通舞弊案等,使政府与公众极度不满,强烈要求审计行业自我检讨,切实改进审计舞弊的效果。

在此背景下,AICPA 对舞弊审计准则进行了第四次修订,于 2002 年 10 月发布了 SAS No.99,就审计师如何提高发现舞弊的能力、审计师应在多大程度上承担发现舞弊的责任等方面进行了重大修改。具体而言,变化主要包括以下方面:第一,进一步强化了职业怀疑对审计师审计工作的重要性,要求审计师由"合理怀疑"到"怀疑一切"。第二,要求审计小组直面舞弊。从审计计划阶段开始,就应集中审计项目小组的智慧、重点研究客户财务报告可能在哪些方面产生舞弊以及舞弊的情况、性质。在审计实施阶段执行舞弊审计程序。第三,要求审计师实施非常规审计策略。包括对被审计单位不曾预料到的地区、场所、账户进行测试,询问对象既应包括管理层也应包括其他单位或者个人。第四,对管理当局凌驾于控制程序之上的,应明确实施相关审计程序,测试管理当局凌驾控制的程度。总之,SAS No.99体现出的审计思想已经是不折不扣的舞弊审计。

为适应社会经济的发展,促进与国际审计准则的趋同,2006年中国注册会计师协会颁布了48项审计准则,其中就包括反舞弊的审计准则《中国注册会计师审计准则——财务报表审计中对舞弊的考虑》(2006新)。这些准则的颁布要求注册会计师适当履行舞弊审计的职责,反映了注册会计师行业维护社会公众利益的态度。

从上述审计准则的变化可以看出,合理定位和适当履行舞弊审计责任是注册会计师行业持续健康发展的前提和基础,国际舞弊审计准则和各国舞弊审计准则的变迁史实际上就是注册会计师承担舞弊审计责任的演变史。只有审计师能够在查错揭弊方面有所作为时,审计服务的社会价值才得以体现。

2)舞弊识别责任

法务会计和舞弊审计的发展,反映了会计舞弊责任的演变,也是法务会计逐渐顺应社会需求、展示其社会价值的体现。首先,社会已形成普遍共识,承认揭露会计舞弊是审计师义不容辞的责任,回归了最初的审计目标,充分回应了社会公众对审计师的期望,而法务会计是舞弊审计的有益补充;其次,正因为接受了审查舞弊的责任,审计师和法务会计师在内在动力和外在压力的双重作用下,能够有效提高发现舞弊并报告舞弊概率;最后,法务会计和舞弊审计的根本出发点是以高度的职业怀疑,从以往的合理怀疑到怀疑一切,运用包括现有审计技术及其他非审计技术在内的各种手段,证实或排除并报告各种舞弊的可能性,它几乎排除了传统审计对被审计单位可能存在的一切信赖。

因此可以说,舞弊审计、法务会计是审计服务扩展的成果,也是对传统财务报表审计的继承和扬弃。这说明,只有全面接受其本来应当承担的揭露会计舞弊的责任,缩小与社会公众的期望的差距,法务会计和审计职业界才能够继续生存,才具有存在的社会价值。

需要说明的是,注册会计师对经审计的财务报表在所有重大方面不存在舞弊事项仅提供的是合理保证,并非绝对保证。受审计成本、时间、人员以及手段等方面限制,注册会计师由详细审计向抽样审计转变,审计覆盖面减小,抽样审计的固有风险与非抽样风险始终客观存在,使注册会计师即使严格执行独立审计准则的相关要求,保持职业上应有的怀疑与谨慎,实施适当的审计程序和方法,也不可能揭露所有的错误与舞弊事项。但只要其审计过程符合审计准则和会计准则等的规定,没有欺诈意图和行为,对未发现的错弊事项也不必承当审计责任。

6.3.2 会计舞弊行为形成因素的理论

法务会计对会计舞弊的识别是以舞弊理论为基础的。在会计舞弊的识别中,单纯靠会计因素的识别方法不能有效地发现会计舞弊,非会计因素在会计舞弊的识别方面起着非常重要的作用。就法务会计而言,对会计舞弊的识别是从对会计舞弊的特征开始的,是以舞弊理论为支撑的。

1) 舞弊冰山理论(二因素论)

冰山理论把舞弊比喻为海平面上的一座冰山,露在海平面上的只是冰山的一角,更庞大的危险部分隐藏在海平面以下。从结构和行为方面考察舞弊:海平面上的是结构部分,内容实际上是组织内部管理方面的问题,是客观存在且容易鉴别的,称为第一类因素;海平面下的是行为部分,内容包括行为人的态度、感情、价值观、满意度等,更主观化和个性化、且更容易被刻意掩饰起来的,称为第二类因素。冰山理论说明,一个公司是否可能发生会计舞弊,不仅取决于其内部控制制度的健全性和严密性,更重要的是取决于该公司是否存在财务压力,是否有潜在的败德可能性。该理论强调,在舞弊风险因素中,个性化的行为因素更为危险,必须多加注意。提醒法务会计师将重点放在未公开的或不明显的各种事件、会计业务或环境上,而不是已公开的事件、会计业务和环境上。

与舞弊冰山理论相适应,直觉(Intuition)或经验判断在其中扮演了非常重要的角色。在缺乏证据或证据被破坏甚至不存在证据的情况下,法务会计师可以凭直觉进行推理。他们对书面的(非口头上的)线索很敏感,能本能地解决问题,用各种方法对问题进行提炼和重新加工,直到解决问题为止。舞弊行为虽然有可能通过企业的会计信息表现出来,如舞弊行为往往与企业的价值变化相关联,即舞弊行为要么是不合理地改变了企业价值,要么是不合理地掩盖了企业的真实价值,使企业的价值表现脱离其真实价值。所以,可以从企业价值的表现结果"倒推"舞弊行为存在的可能性。

2) 舞弊三角理论(三因素论)

从舞弊的行为出发,法务会计师又将以舞弊三角理论为指导来对舞弊的行为进行分析。美国内部审计之父劳伦斯·B.索耶(Lawrence B. Sawyer)先生,早在20世纪50年代就提出舞弊的产生必须有三个条件:异常需要、机会和合乎情理,为后来舞弊学理论的发展奠定了基础。美国注册舞弊审核师协会创始人Albrecht博士在1995年进一步发展了舞弊学理论,认为舞弊的产生由压力、机会和借口三要素共同作用。该理论认为,舞弊的三要素之间形成了互为依存的关系,缺少了任何一项要素都不可能真正形成舞弊。显然,防范和治理会计舞弊应该从压力、机会和借口三方面同时着手,不仅要通过制度建设消除会计舞弊的机会,还要设法消除会计舞弊的压力和借口来抑制舞弊。

一般而言,舞弊的动机包括为公司利益而进行舞弊,如降低政治成本等,也有不利于公司利益的舞弊,如侵占资产、接受贿赂等行为。动机是会计舞弊发生的诱因,而机会是会计舞弊发生的必备要素。对会计舞弊而言,会计舞弊的发生通常与管理层凌驾于内部控制之上有关,或者内部控制不健全或根本就没有能够逾越内部控制或逃避内部控制的监督,为会计舞弊者提供了机会;同时,外部监督机制的缺乏或无力,为会计舞弊者进行利益权衡提供了机会。当能够逃避惩罚或所受到的惩罚能得到补偿时,会计舞弊就很有可能发生。由此可知,当动机、机会和利益三者具备时,会计舞弊就必定会发生。

3)会计舞弊 GONE 理论(四因素论)

GONE 理论是由 Bologua 等人在 1993 年提出的。该理论认为,舞弊由 G(Greed:贪婪)、O(Opportunity:机会)、N(Need:需要)、E(Exposure:暴露)四因子组成,它们相互作用,密不可分,并共同决定舞弊风险程度。GONE 理论实质上表达了会计舞弊产生的四个条件,其中"贪婪"和"需要"与行为人个体有关,"机会"和"暴露"则更多与组织环境有关,这一点与二因素论有相通之处。与三因素论比较,四因素论把舞弊的动机解释为需要,把其道德价值取向解释为贪婪,并且增加了一个"暴露"因素,认为舞弊行为被发现和揭露的可能性大小以及被发现和揭露后的惩罚强弱将会影响舞弊者是否实施舞弊行为。

4)会计舞弊风险因子理论

该理论是 Bologua 等人在 GONE 理论基础上发展形成的迄今为止最完善的舞弊动因理论,它把舞弊风险因子分为个别风险因子与一般风险因子。个别风险因子是指因人而异,且在组织控制范围之外的因素,包括道德、品质与动机。一般风险因子是指由组织或实体来控制的因素,包括舞弊的机会、舞弊被发现的概率以及舞弊被发现后舞弊者受罚的性质和程度。当一般风险因子与个别风险因子结合在一起,并且被舞弊者认为有利时,舞弊就会发生。可以看出,风险因子理论相比 GONG 理论更加全面化。

6.3.3　舞弊识别的切入点

舞弊的目的不同,舞弊的手段也千差万别,查证舞弊没有公认的技术方法。但是,对会计舞弊的识别,应该寻找一个切入点,这个切入点就是关于会计舞弊的思维形式和指导原则。

1)识别的思维形式

由于审计所固有的局限性,审计人员不可能对会计报表是否存在会计舞弊提供绝对保证,只提供合理保证。因此,法务会计师在调查会计舞弊时,不能采用与财务审计一样的思维模式,应具备一种特殊的思维形式。这种特殊的思维形式就是法务会计师对会计舞弊审查的切入点,它要求法务会计师在工作中应该树立一种思想或意识。这种意识就是:舞弊是可以被侦破的;它需要创新的和创造性的思维以及严密的科学态度;对法务会计师来说,固执、坚持和自信是比高智商更重要的品质。在调查的早期阶段,法务会计师将重点放在发现有关舞弊的蛛丝马迹上,他们的思绪往往是杂乱的,如采用常规的财务审计模式只会限制法务会计师的头脑。因此,在识别会计舞弊时,往往以关于会计舞弊的思维形式作为调查会计舞弊的切入点。

之所以这样,是因为舞弊审查通常并不容易,它常常是毫无结果和使人精疲力竭的工作,法务会计师往往会被数据、文件、报告、分析、观察结果、会谈记录、时间、地点、人物、程序、政策和记忆等所包围。这种审查状况对毫无经验的查证人员来说,在任何一点上可能都是杂乱无章的。更为难的是,法务会计师常常不知道要查什么,甚至不知道为什么一些事情看起来值得怀疑或不合适。因此,当进行会计舞弊审查时,想要过分地把组织工作做好可能是一种障碍。为了把会计舞弊侦破出来,法务会计师必须让自己的思维不受任何约束,不在头脑中先见性地形成对任何事物的看法,才可能不受约束地查证事实。

2) 识别应坚持的指导原则

法务会计是一门新兴的交叉学科,从现代法务会计产生到现在只有短短的 20 多年,而财务审计已有较长的被人们认可的历史,同时法务会计师是从注册会计师脱胎而来的,因此,在调查会计舞弊时,法务会计师应该在利用财务审计的经验的基础上,采用不同于财务审计的理念来指导调查的进行。

①法务会计师在识别会计舞弊时应对舞弊有一定的认识。舞弊是故意谎报财务事实的行为,因此,对舞弊动机的了解将更有助于法务会计师调查会计舞弊。一般认为,从事舞弊有经济的、自我中心的、思想意识的和精神的原因。虽然,会计舞弊动机在支持犯罪方面并不是证据的必要因素,但是动机对法务会计师来说是重要的。特别是在不知道谁是真正的罪犯时,舞弊动机将有助于识别最有可能的犯罪嫌疑人。同时,它还有助于建立一种案例的理论,即谁、什么、何时、何地、如何和为什么犯罪。因此,动机是不可忽视的因素,它可以缩小搜寻罪犯的范围和从实质上帮助改造罪犯。

②法务会计师还要形成一种观念,即要想成为一名法务会计师意味着要学习舞弊者的思维方法,像舞弊者一样地想问题。因此,在调查的早期阶段,法务会计师应该将重点放在例外和非常规的事,不符合组织构思好的事上,因为它们似乎太大、太小,或者看起来像是奇怪的次数、时间、地点或人等。总之,在调查会计舞弊时,法务会计师要寻找不正常而不是正常的事,然后从背后或跨越这些会计事项进行审查,重新搜寻可能导致哪些结果或从哪些事项发展而来的线索。

③法务会计师还要对企业的会计舞弊可能由谁来进行以及其特征有所了解。通常,一个企业的舞弊可能由下层员工和各级管理人员来进行。下层员工所设计的舞弊计谋与各种支出有关(如应付款、工资及补助和费用索赔),而由较高层经理人员设计出的最普遍的舞弊计谋与"利润平稳"有关(如推迟支出、提前将销售收入入账、多报库存等)。这些会计舞弊产生的原因主要是缺乏控制,或者是管理层能够逾越内部控制进行舞弊。另外,在电算化会计环境中的舞弊可以出现在信息处理的任何阶段,即输入、穿过或输出阶段,而输入舞弊(输入虚假的舞弊数据)是最普遍的。

④在调查会计舞弊时,法务会计师还要明白企业具备诚信的文化环境的重要性。诚信的企业环境对防治舞弊有重要作用,它能从思想根源上杜绝舞弊。这种诚信的企业环境包括营造融洽的、积极向上的氛围,雇用、培训和提升合适的员工,要求员工自身明确其责任,针对实际或可能的舞弊采取适当的措施等。其中,管理层的示范作用是很重要的。

总之,法务会计师对舞弊尤其是会计舞弊的审查必须以上述原则为指导,它要求法务会计师采取与注册会计师不同的审计思维模式和换位思考的方式,更要求法务会计师在头脑中形成对舞弊的种种意识。只有这样,法务会计才能够兼顾不同层次的舞弊,优质、高效地揭露会计舞弊。

6.3.4　法务会计与会计舞弊的披露

法务会计师报告会计舞弊的概率主要取决于:第一,能够发现会计舞弊行为的概率;第二,对已发现会计舞弊行为报告的概率。前者取决于法务会计师的专业技术与方法,后者取决于法务会计师独立性程度及期望差距所施加的压力。因此,法务会计对会计舞弊的揭示机制还应该包括将侦破的会计舞弊披露出来,这一方面取决于法务会计师本身的素质,还与法务会计报告的最终用途有关。

1)披露对法务会计师的素质要求

(1)专业技术要求

法务会计师只有具备了会计审计知识、经营知识、法律意识等专业技能,才能够顺利开展调查、分析、报告等阶段工作,并对会计舞弊的财务调查方面提供有力证据。这些专业技能主要包括:

①会计和审计知识

对会计舞弊进行鉴定或对会计舞弊审查的财务信息进行解释就必然要求法务会计师具备会计专业知识,能够从专业角度判别企业的账务处理是否合法合规。此外,法务会计师还是具有丰富审计知识的专家,审计经验能帮助法务会计师知晓企业的有关经营和运作的大部分业务,从而根据不同的行业采取不同的策略。

②辨别会计舞弊的知识

法务会计师不仅要有会计和审计知识,还要具备辨别舞弊的知识。法务会计对会计舞弊的调查结果一般是要为法庭服务的,因此,法务会计对舞弊的了解,不是从其结果而是从其行为来进行的。因此,对舞弊的分析显得很重要。而舞弊分析通常很复杂,每个案例都不同,这就要求法务会计师借助以前的经验和其他的一些重要技术。同时还要对会计中的舞弊领域进行确认,并对调查的关键进行适当的定义。通常在向法庭提供帮助时,问题往往集中在调查方面,因此这是非常关键的一环。

③证据规则和法律知识

证据规则的知识对法务会计师很重要,他必须要明白什么能构成证据,"最好的"和"主要的"证据的意思,各种会计摘要可以用来合并成能被法院认可的财务证据的形式。对会计舞弊的案件提供帮助时,法务会计师必须要明白法官及法庭是如何确认会计舞弊的。

④调查的知识和职业批判的怀疑精神

法务会计师与侦探一样,必须具有调查的知识。当事项已被确认,必不可少地要求有进一步的信息和文件资料,以便获得进一步的证据协助证实或否认某种断言。这不仅是知道相关的财务文件资料存在于何处的问题,还要知道一般公认会计准则、财务报表披露、内部控制制度和公司经营中所涉及的人文因素的意识等错综复杂的关系。法务会计师在调查的过程中,还要具有职业批判的怀疑精神。

⑤沟通的技巧和表达的能力

在法务会计师执行业务时,沟通是获得信息,面谈是必经的一道程序,它能简单而且精确地获得非文件证据。同时,沟通还包括撰写能被人理解的综合报告的能力。因此,在法务会计的整个阶段,从证据的收集、法务会计报告的撰写及将其以一定的方式表达出来,都需要沟通。此外,在会计舞弊被查出后,舞弊的受害者通常会将制造者送上法庭,需要提出会计舞弊结论的法务会计师出庭作证或接受当事人的质疑,因此,能确切地表达出所形成结论的过程对案件的判决至关重要。这就要求法务会计师具有一定的表达能力。

(2)职业道德要求

从上面的分析可以看出,法务会计师业务脱胎于注册会计师业务,因此,对法务会计人员的道德素质基本秉承了注册会计师的职业道德。主要体现在以下几个方面:

①专业胜任能力

法务会计师只有具备一定的专业胜任能力,才能完成所受托的任务。在会计舞弊的揭示中,法务会计师要懂得获取会计舞弊相关的所有知识,以做出具有法律意义的会计舞弊是否存在的确定性结论。因此,具备专业胜任能力是法务会计师应该具备的最基本的职业道德。

②独立、客观、公正

我们知道,独立性是注册会计师审计立足之本,脱胎于注册会计业务,直面会计舞弊的法务会计师也同样要求保持独立性。它是影响法务会计揭示会计舞弊效果的一个非常重要因素。但是,由于法务会计业务所涉及的业务领域不同,对独立性的要求也不一样。如果要保持形式和实质都独立,则只适用于鉴证业务;而咨询服务中如果法务会计师形式上不独立,只要向相关方解释并取得其同意,则可以只要求法务会计师保持实质上的独立。但是,专家作证服务并不代表无原则地赞成客户的立场。客观性和公正性是法务会计师所有业务中必须遵守的品德。它要求法务会计师不会因卷入利益冲突中而影响其做出的结论。

③为客户保密的原则

在揭示会计舞弊时,法务会计师必须注意在调查中获得的信息是否涉及道德和法律问题。对获得的有关商业秘密,如果不影响对已查出的会计舞弊的评价,则应该为客户保密。一般而言,当一个单位涉及会计舞弊而进入司法程序时,为客户信息保密的要求并不强烈。根据委托业务性质不同,对法务会计师上述职业道德素质的要求也不尽一致。

2)披露对会计证据证明力的要求

法务会计证据就是法务会计师在审查过程中获取的各种书证、物证等财务会计资料以及最终出具的法务会计报告。我国的法务会计证据具有两重性:既可以单纯作为诉讼证据的书证等被采用,也可以作为诉讼证据中的鉴定结论被采用。前者主要是法务会计师在查证中获得的与会计舞弊有关的财务会计资料,后者主要是指法务会计师出具的司法鉴定报告,能作为法庭证据的也正是司法鉴定报告。有关会计舞弊的资料应具有一定的证明力,才能使最后以其为依据出具的法务会计报告具有权威性,才能作为鉴定结论或专家证言被法庭采用。为此,法务会计证据应具有以下特征:

①客观性,包含两层含义:第一,证据的客观性是指证据必须以一定的形式客观存在,不是人为臆造和虚假的;第二,证据必须能反映客观存在的事实,这是针对证据内容而言的。对于法务会计而言,不管其描述的内容的真假,只要是客观事实,都是一种客观存在。法务会计证据强调证据所反映的情况真实,这与它为法庭服务的宗旨是相符的。

②关联性,是指证据必须与所要证明的事件所涉及的事实有联系。对于会计舞弊而言,法务会计师所获取的证据必须是与会计舞弊有关的,是能够证明会计舞弊存在与否的证据。与财务审计证据的特征相比,关联性是两者共同的特征,说明所取得的证据都必须与目标相符。

③合法性,是指证据的形式、形成过程及其认定都必须符合法律的规定。也就是说,法务会计证据的获取要符合法定的程序,不得违背法律的规定取得证据,才不影响法务会计报告作为一种诉讼证据在法庭上使用。在这三种特征中,合法性是法务会计证据能被法庭采信的一个起决定性作用的特征。在我国有很多会计师事务所出具的司法鉴定报告不被法庭采信,最重要的原因是其出具的报告不符合法律的要求。

法务会计报告是法务会计师的工作成果,其证明力的强弱必定会对法务会计的披露效果产生影响。因此,法务会计报告的内容要通俗易懂,尽量少使用会计、审计等专业语言,而尽可能详尽地引用法律法规的规定,以使法官能够理解,从而有助于其自由心证的形成。

6.4　法务会计对会计舞弊的诉讼支持

会计舞弊所造成的不仅是财产的损失,而且还造成了社会的诚信危机。因此,会计舞弊往往被认为是一种违法犯罪行为。因此,法务会计对会计舞弊的调查结果最终要为法庭服务的。由于法务会计师所具备的专业知识,在会计舞弊案件进入司法程序时,可以为会计舞弊的受害者提供诉讼支持,使会计舞弊制造者最终受到惩处,从而使法务会计对会计舞弊的揭示达到实际的效果。

6.4.1　法务会计诉讼支持概述

法务会计的诉讼支持这一概念是由国外引进的,从国外对“诉讼支持”的定义中可以看出它包括了诉讼和有可能进入诉讼程序的法律争议,所以对“诉讼”二字应作扩大理解,既包括正在进行的诉讼程序,也包括与诉讼相关的非诉法律程序,如仲裁、调解等。

法务会计的诉讼支持,是指法务会计专业人员采用诉讼或与诉讼相关的非诉法律程序,如仲裁、调解等方式,针对相关诉讼活动中所涉及的会计与财务专业问题,遵循法定诉讼程序与证据规则,在现有会计资料的基础上进行必要的调查、取证、分析、判断,并以专家证人的身份或以司法鉴定人的身份出庭作证,成为当事人以及律师、法官、检察官等法律工作者提供涉及会计专业服务的一项会计衍生服务活动。

诉讼支持是法务会计应用的重要领域。法务会计人常以专家证人或鉴定人、专业顾问等身份活跃于调查取证、庭前准备、审理与上诉等诉讼活动的各个环节,为法律工作者提供诉讼支持服务。

6.4.2　法务会计诉讼支持的内容

根据业务性质不同,法务会计的诉讼支持可以概括为以下六个方面:

1)评估诉讼风险并参与诉讼策略的制定

诉讼耗时费力,成本相对较高,如若败诉将使当事人遭受重大损失。法务会计人员可以帮助客户评估诉讼风险,预计诉讼成本与收益,即可行性分析,以判定提起诉讼在经济上是否可行。如果提起诉讼,法务会计人员可进一步协助律师或当事人从会计事实和证据角度,分析自己的优势和弱点,制定最有效的诉讼策略,争取胜诉机会。

2)审查、鉴定和收集财会事实证据

在会计舞弊的案件中,法官和其他法律工作者都是法律方面的专家,而大多不具备或具有很少的会计专业知识。而法务会计精通会计实务,熟悉诉讼程序和证据规则,以其专业特长可迅速、准确地收集、恢复和固定相关的财会事实证据,出具有说服力的专家意见,以支持委托当事人的诉求或反驳对方当事人的主张。同时,通过对会计资料和相关文件的审查、鉴定,可以帮助公安司法人员、当事人及其律师等及时查清相关的财会事实,为案件或纠纷等法律事项的正确处理奠定坚实的基础。

3)咨询及参与谈判

在案件或纠纷等法律事项处理过程中,公安司法人员、当事人及律师等可能经常遇到有关财会问题,需要法务会计人员随时提供专业的帮助。此时,法务会计人员受聘成为他们的专业顾问,为其提供及时的咨询服务或专项调查。如果当事人之间自行协商解决纠纷,法务会计人员可以作为当事人或其律师的助手参与协商谈判来说明和澄清有关的财会事实。

4)会计与审计准则遵守情况的认定

在舞弊造假等会计违法犯罪案件中,判断会计人员是否应承担法律责任的首要前提有两个:一是对其提供的虚假财务信息的主观过错故意或重大过失的认定;二是会计和审计人员的行为是否遵守了公认会计准则和审计准则。在这类案件的财会事实查证中,法务会计人员掌握丰富的会计审计和相关法律法规,有能力对会计与审计准则的遵守情况进行认定,为法律工作者办案提供有力的专家证据。

5)损失计量

在涉及财产权益的案件或纠纷处理中,关于如何确定损失范围、损失内容和计算方法等问题专业性强、争议性大,双方当事人及其律师常常争执不下。在我国,学术界、司法实务界曾经提出的损失计算方法有多种。选用方法不同,损失计算结果往往也有所不同,甚至差异很大。这就给案件或纠纷的解决带来极大困难,因此将该种难题交给专业人士更为适当和富有效率。在美国,涉案律师可以聘用法务会计人员参与具体诉讼案件的损失计算活动,法务会计师一方面与律师进行充分沟通、帮助检查相关书证,形成对案件的初步评价并进一步确定损失范围、考察计算方法的合理性以及相关法律中的具体规定;另一方面,法务会计师还可以检查对方专家所提出的损失报告,并就对立立场中的优点和弱点进行分析。

6)出庭作证与质证

以专家证人或鉴定人身份出席法庭发表专家意见,进行说明、接受询问或质疑,并就相关财会事实方面的问题与对方当事人或专家对质,以协助法官查清案件事实,这是法务会计最重要的业务。

6.4.3　法务会计诉讼支持的阶段性作用

在会计舞弊案件中,法务会计师的诉讼支持业务涵盖了广泛的领域,包括开庭前的准备工作、在法庭上作为专家证人提供专家证言等。因此,可以看出法务会计师可以在诉讼的各个阶段发挥作用。

1)提起诉讼前

起诉前阶段是指在当事人产生诉讼之意、确定提起诉讼、准备相关资料并提交法院,直到法院正式立案之前。在这个期间,律师以及法务会计人员需要协助当事人考虑诉讼请求的确定、诉讼成本分析、诉讼风险的评估、相关证据的收集四个方面,并预测胜诉后可能从被告处获得多少经济补偿,从而确定提起诉讼的可行性。

2)法庭审理前准备阶段

审理前准备阶段是指法院立案并决定审理案件而正式开庭审理之前,双方当事人交换起诉书、答辩状和双方各自准备的证据的阶段。在此阶段中,法务会计人员主要参与两方面的工作:一是就有关经济利益或财产权利的事项进行评估;二是对对方证据的审查。分析对方所提供的证据时,还应对对方阐述事实进行全面考量,以判断己方是否需要调整诉讼策略,是否需要放弃诉讼以及以何种方式放弃诉讼等。

3)法院开始审理案件后

法务会计师将帮助客户进行初期的评估以确定该案件是否应该继续进行下去。特别在涉及证券集体诉讼时,专家往往能提供证券交易进行的市场是否有效以及诉讼集团内部利益冲突的范围的相关信息。根据案件的具体情况,法务会计师能够分析相关争议点是有利于还是不利于被告方。如果在评估以后,案件仍然要进入诉讼程序时,法务会计师将进一步对责任的认定提出意见,并对在调解、和解协议或最终判决中可能得到或付出的赔偿,进行更详细的分析。

4)发现程序中

当事人往往需要进行大量书证的收集,并且所有将要进入诉讼程序的证据都必须向对方强制列示,诉讼双方可以获知和理解对方证据的事实和推理,并在此基础上逐步达成共识。而法务会计师此时主要工作包括就对方当事人的专家报告和分析进行反驳,指出其强势点和弱势点、方法选择错误或使用不当,从而协助辩护律师提出对该证据排除异议。如在安然案件中,双方当事人在对安然公司是否存在假账,是否出具了虚假的财务信息以及安达信是否在兼做安然公司的内外审计和咨询中存在舞弊行为等,都各自聘请了大量的专家证人,其中重要的专家证人就是法务会计师。正是在法务会计师的积极参与下,双方对于对方有关本案的涉及会计证据的列示,为后面的开庭审理和裁判提供了充分的证据基础。此外,原告律师在听取法务会计师的意见之后,向法庭申请了中间禁令,以防止安达信进一步销毁证据资料,法官在听证之后签发了"临时禁令及听证会"(Temporary Restraining Order And Order of Settling Hearing for Temporary Injunction),使原告在接下去的诉讼中具有比较充分的证据和说服力。

5)法庭上

法务会计师拥有丰富的胜任专家证人的知识,可以协助辩护人完成有关经济方面的直接询问或交叉询问,以及对相关证据的质证,为客户的胜诉提供有力的保障。在安然的诉讼中,双方包括法务会计在内的专家证人,围绕什么是假账和虚假信息,以及是否有做假账的行为和披露虚假信息行为等展开了激烈的争论,对安然公司在2000年第3季度公布的收入和每股收益是否存在作弊行为也是针锋相对,而这些事实如何认定,在什么意义上给予认定,对该案的成败和双方当事人的利益具有重要的影响。

综上所述,法务会计师在会计舞弊的诉讼支持业务中,既可以为律师和会计舞弊的受害者提供会计技术上的支持,又可以在法庭直接作为专家证人而提供证言。他不仅在法庭中发挥其积极的作用,还可使其作用延伸到法庭之外,因此,从某种意义上说,法务会计师在涉及会计专业知识的诉讼中具有不可估量的影响。

6.4.4 完善我国法务会计诉讼支持制度

我国的法务会计专业人员参与诉讼支持活动是我国诉讼制度改革的必然要求。如何建立与完善我国现行的"司法会计鉴定人+会计专家辅助人"制度,构建法务会计人员参与诉讼活动的相关法规制度,进一步拓展法务会计诉讼支持的业务范围可以从以下几方面来考虑:

1)确立法务会计主体地位

这是在我国发展法务会计专家的诉讼支持制度之前必须首先明确的问题。在最高法院发布的《关于民事诉讼证据制度的若干规定》中,明确了法务会计人员可以以鉴定人、专家辅助人的身份提供诉讼支持,但是对法务会计专家的主体地位没有明确。同时,我国还没有关于刑事诉讼领域的法务会计专家制度的有关规定。对会计舞弊来讲,如果造成的影响小,不涉及追究当事人刑事责任,会计舞弊的受害者只追究当事人的民事责任作为补偿。但是,如果造成的会计舞弊影响较大,违反了我国刑法的有关规定,那么由谁对会计舞弊进行确认呢? 因此,不管是追究民事还是刑事责任,都需要明确法务会计专家的主体地位。

2)建立统一的法务会计鉴定技术标准

鉴定技术标准的统一有助于提高司法的权威,也有利于法务会计专家的工作。因此,克服目前鉴定技术标准不统一的情况,建立统一的技术标准是完全必要的。对于会计舞弊诉讼案件而言,该标准应要包括以下几个内容:一是规定法务会计鉴定证据的确认标准,如什么是会计舞弊,如何确认会计舞弊等;二是规定法务会计鉴定证据的定量、计量标准,如对会计舞弊金额的具体定量标准,损失的计量标准等;三是综合判断标准,即对于上述确认标准和定量、计量标准未作具体规定的其他财务会计事项和相应的财务结果,如何比照相近或相似的财务会计事项和财务结果作出判断的标准,或比照相应的会计原理和会计原则作出判断的标准;四是鉴定结论用语标准,鉴定人依据鉴定证据,比照确认标准和定量、计量标准,综合判断得出所鉴定的会计事项或会计行为是否属于会计舞弊,应承担什么样的责任等。鉴定结论必须是明确的,不能含糊其词。

3)制定专门的法务会计准则

任何职业的工作结果要想获得外界人士的信任,必须要有一套完整、科学和权威性的标准。如果没有这样的标准,其工作人员执行业务就没有统一的业务规范,就没有统一的执业水平和业务质量衡量标准。法务会计也不例外。它需要制定相关准则以明确其任务和职责,指导其工作,规范从业者的行为,保证其工作质量。现代法务会计发展较早的美国等国家,都制定了注册舞弊审核师执业准则和职业道德规范。目前,我国还缺乏开展法务会计业务的相关规范。由于法务会计业务可能产生重大的法律后果,因此,对法务会计师的专业胜任能力、客观性、舞弊调查以及为客户保密等几方面的内容应予严格规范。这有赖于我国会计界、审计界和法律界的专家、学者们一起在借鉴国际法务会计经验的基础上,结合我国的行业特点及司法实践,制定出适合我国国情的专门的法务会计准则。

4)建立我国的法务会计专家制度

目前我国的法务会计实践中,法务会计师一般是作为鉴定人出现的。对事项进行鉴定需要向法庭提出申请,自己一般不能委托鉴定人;即使自行委托鉴定获得的证据也不能作为诉讼证据被法庭采信。因此,法务会计的应用受到很大限制。另一方面,由于鉴定结论被作为一种单独的诉讼证据,能够作为法官断案的参考。一个案件只有一个鉴定结论,当事人虽然有权对鉴定结论提出质疑,但由于具有会计知识和相关的法律知识,无法对鉴定结论的准确与否做出判断。法官虽然是法律方面的专家,但是也不比其他当事人具有判断鉴定结论准确与否的优势。因此,我们有必要借鉴国外经验,在涉及会计专业知识的诉讼中引进法务会计专家制度。

5)明确鉴定人的法律责任

法务会计师也是"理性的经济人"。如果对其没有法律约束,势必会造成这个行业的混乱,最终不利于法务会计行业的发展。因此,也应该对法务会计师用法律进行约束。但是我国现行法律对鉴定人的法律责任没有明确规定,这是造成许多情况下司法鉴定结论质量不高的重要原因,也是我国鉴定人制度中的一大缺陷。全国人大常委会于2005年2月28日颁布的《关于司法鉴定管理问题的决定》第一条规定:"司法鉴定实行鉴定人负责制度。鉴定人应当独立进行鉴定,对鉴定意见负责并在鉴定书上签名或者盖章。多人参加的鉴定,对鉴定意见有不同意见的,应当注明。"因此,今后我国的会计鉴定业务将以司法会计或法务会计师为责任主体,逐步与国际惯例接轨。

综上所述,由于我国正处于经济转型时期,各种利益调整加剧,企业会计舞弊动机普遍而强烈,因此,为防治会计舞弊,保护会计舞弊受害者的权利,法务会计师在识别会计舞弊后,应该在法庭上将其披露出来。法务会计师可以作为专家证人或鉴定人在其中发挥作用。但是目前由于我国法务会计专家制度并不完善,因此要采取措施对其进行改进。

6.5 案例分析——从安然事件看
美国法务会计的诉讼支持

6.5.1 案情概述

安然事件(the Enron Incident)是指 2001 年发生在美国的安然(Enron)公司破产案。安然公司曾经是世界上最大的能源、商品和服务公司之一,名列《财富》杂志"美国 500强"的第七名,然而,2001 年 12 月 2 日,安然公司突然向纽约破产法院申请破产保护,该案成为美国历史上企业第二大破产案。

1)公司发展历程

1985 年,安然公司成立。肯尼斯·莱一手促成了天然气公司与另一家小石油输送公司合并,成立了一家州际性输送天然气的管道公司,命名为"安然"。当时,他在休斯顿发现了一名有超强进取心的金融奇才杰夫·斯基林,二人志趣相投,不谋而合。两人很快发现利用政府对输送油气的管道公司解除管制来做买进和卖出的生意有暴利可图。

1989 年,安然从管道公司蜕变为一间交易公司。肯尼斯·莱和杰夫·斯基林相信自由市场制度,其信条是"解除管制,再解除"。几年间,安然一跃成为美国最大的电力商。

20 世纪 90 年代中后期,它的触角又从经营煤气和电力伸向水、煤、光纤生产、气象产品和新闻纸生产以及经营房地产买卖。

2000 年 3 月,安然被评为世界第六大能源公司,它也迅速上升为美国《财富》500 强中的第七名。也正是在这一年,安然股价达到每股 90 美元的巅峰。

2001 年 10 月 16 日,安然公布第三季亏损 6.38 亿美元,拉开了安然事件的序幕。

2001 年 8 月,公司 CEO 斯基林辞职。

2001 年 10 月,美国证券交易委员会对安然展开调查,安然股价迅速下跌。

2001 年 11 月下旬,在强大的舆论压力下,安然公司承认自 1997 年以来通过非法手段虚报利润达 5.86 亿美元,在与关联公司的内部交易中不断隐藏巨额债务和损失,管理层从中非法获益。事实上,在 20 世纪 90 年代晚期,安然已经债台高筑,但公司高层却通过在资产负债表上做手脚而将这一事实掩盖起来。

2001 年 11 月 28 日,债券评级机构突然将安然债券评级连降六级,归入垃圾债券级。

准备收购安然的德能电力公司宣布终止收购。安然股价当天狂跌 85%,收于 0.61 美元,创下纽约证交所单只股票跌幅的历史纪录。股价跌破风险线后引发资金链断裂和信用崩溃。

2001 年 12 月 2 日,安然申请破产。破产清单所列资产达 498 亿美元,成为当时美国历史上最大的破产企业。

2002 年 1 月 10 日,安达信会计师事务所公开承认销毁了与安然审计有关的档案,安然公司丑闻转化为审计丑闻。

2002 年 1 月 15 日,纽约证券交易所正式宣布,将安然公司股票从道·琼斯工业平均指数成分股中除名,并停止安然股票的相关交易。

2002 年 10 月 16 日,休斯顿联邦地区法院对安达信妨碍司法调查作出判决,罚款 50 万美元,并禁止它在 5 年内从事业务。

2004 年,肯尼斯·莱和斯基林被起诉,前财务总监法斯托认罪,判刑 10 年。

2006 年 1 月,安然官司审讯展开。

2006 年 5 月,安然官司审讯完结,肯尼斯·莱和斯基林被控 25 项罪名成立。

2006 年 7 月 5 日,肯尼斯·莱因心脏病去世。

2)安然事件成因分析

(1)安然公司财务造假

1997 年,安然公司报表上第一次出现利润下滑,他们开始四处奔走来保住华尔街对其的预期。他们认为不能把事实的真相公布出来。因此他们开始掩盖事实,建立了第一个大规模的表外关联企业 Chewco,它将报表亏损转化成利润,通过转移资产负债表上的资产,并将这些资产计入收入来实现。他们主要采用下列舞弊手段:①利用"特别目的实体"高估利润、低估负债;②通过空挂应收票据,高估资产和股东权益;③通过有限合伙企业,操纵利润;④利用合伙企业网络组织,自我交易,涉嫌隐瞒巨额损失。

(2)安达信公司在安然事件中丧失独立性,没有切实履行审计监督职责

安然事件曝光后,媒体和公众将讨伐的目光对准负责对安然公司提供审计和咨询服务的安达信公司,纷纷指责其没有尽到应有的职责,并对其独立性表示怀疑。调查结果也证实了这一点,安达信在安然事件中至少存在以下严重问题:

①安达信出具了严重失实的审计报告和内部控制评价报告。安然公司长时间虚构盈利(从 1997 到 2001 年间,共虚构利润 5.86 亿美元),以及隐藏数亿美元的债务,安达信明知其财务作假的情况而没有予以披露。

②安达信没有秉持形式上及实质上的独立性。

A.安达信公司与安然公司存在利益冲突。安达信不仅为安然公司提供审计鉴证服务,而且提供收入不菲的咨询业务。安然公司是安达信的第二大客户,2000 年,安达信向安然公司收取了高达 5 200 万美元的费用,其中 2 500 万美元是审计费用,2 700 万美元是顾问费用,一半以上为咨询服务收入。因此,一方面,安达信为安然提供咨询服务,甚至包括代理记账和内部审计,并全面负责安然的咨询工作;另一方面,安达信又承担安然的审计工作,这种做法被指存在利益冲突。

B.安然公司高层管理人员与安达信存在利害关系。安然公司的首席财务主管、首席会计主管和公司发展部副总经理等高层管理人员都是从安达信招聘过来的,他们之间的密切关系至少有损安达信形式上的独立性。至于从安达信辞职、到安然公司担任较低级别管理人员的更是不胜枚举。

在安然事件中,最让会计职业界意想不到的是安达信居然销毁数以千计的审计档案。2002年10月16日,休斯顿联邦地区法院对安达信妨碍司法调查作出判决,罚款50万美元,并禁止它在5年内从事业务。世界"五大"会计师事务所之一的安达信惨遭闭户。

总而言之,安达信公司作为安然公司多年的审计师,在为安然公司提供审计服务的同时,还为其提供了大量非审计服务,非审计服务的收费也高于审计服务收费。正因为如此,当安然公司进行财务舞弊的时候,安达信没有足够勇气揭露其舞弊行为。

3)安然事件法律后果——《萨班斯法案》的出台

美国相继爆出的造假事件,严重挫伤了美国经济恢复的元气,重创了投资者和社会公众的信心,引起美国政府和国会的高度重视。美国社会各界强烈呼吁美国政府拿出强有力的措施,严厉打击公司造假行为。萨班斯-奥克斯利法案(Sarbanes-Oxley),即《萨班斯法案》就是在这样的背景下出台的。《萨班斯法案》禁止会计师事务所向客户同时提供审计和非审计业务,但并不强制禁止会计师事务所从事非审计业务。此外,法案有两处最为引人注目:一是强化公司管理层责任(如对公司内部控制进行评估责任),加大对公司管理层及白领犯罪的刑事责任;二是强化审计师的独立性及监督。

6.5.2　法务会计诉讼支持业务在安然事件中的作用

1)法务会计人员在安然案件诉讼支持中提供的主要服务

法务会计人员诉讼支持业务涵盖了广泛的领域,包括开庭前的准备工作,法庭上作为专家证人提供专家证言等,根据其在诉讼中所提供服务的不同性质,可以将其概括为以下四大种类:

(1)参与诉讼策略的制定

一个定位准确的诉讼策略往往是决定该当事人是否能最终在诉讼中取胜的第一步;而在涉及会计事项的诉讼策略制定中,法务会计人员常常起着不可替代的作用。

安然公司破产后,立刻导致银行追债、股东索赔以及安然员工中持股人的赔偿诉讼,其中牵涉诸多责任方,既有公司的管理层和独立董事,又有安达信会计师事务所,安然公司雇员还将包括花旗银行在内的九家银行追加为被告。而在这千头万绪、异常复杂的诉讼过程中,我们可以观察到:为了在诉讼中切实有效地保护自身利益,不同的诉讼当事人不约而同聘请了法务会计人员来协助其制定诉讼策略。法务会计人员可以协助律师从会计角度,分析当事人在利用会计信息过程中所存在的自身弱点、评估有利事实,在会计问题上制定出最有效的诉讼策略,争取胜诉机会。

(2)收集商业事实证据

在商业案件中,诉讼当事人需要有相关证据来支持他们的诉讼请求,而这些证据中有相当一部分来自相关会计记录。法务会计人员熟悉会计记录的具体产生过程,通过取得必要的凭证包括其他市场或者行业信息,以支持自己的主张或反驳对方当事人的主张;也可以协助律师获取、鉴别、组织和解释这些会计信息。

在安然公司破产案受理后,美国证券交易委员会(SEC)及 12 个特别委员会旋即对其展开调查。面对包括约 1 万件电脑备份、2 000 万卷纸质文档、400 台电脑在内的各类堆积如山的证据,法务会计小组接受美国证券交易委员会委托,通过跟踪电子文档和纸质文件线索、保存和恢复数据、收集当事人背景资料、调查审计工作底稿等方式在很短的时间内完成了绝大多数证据收集工作,保证了整个诉讼过程的顺利展开。这充分显示了法务会计在收集有关商业证据方面无可替代的作用和对诉讼的支持。

(3)损失计算

损失范围怎样界定、具体包括哪些内容、计算方法如何确定等在国内外都是十分棘手的问题。在我国,一段时期以来学术界、司法界和律师界提出的计算方法至少有 7 种,损失的计算问题已经成为我国证券民事赔偿诉讼程序运行的阻力之一。"大庆联谊虚假陈述案"中原告律师曾表示:原告股票损失计算十分困难,尤其是利息损失的计算更为困难,因此多次想放弃这个诉讼。而就美国的实践来看,涉案律师可以聘用法务会计人员参与诉讼案件的损失计算活动,一方面与律师进行充分沟通、检查相关书证,形成对案件的初步评价并进一步确定损失范围、考察计算方法合理性以及相关法律的具体规定;另一方面,检查对方专家所提出的损失报告,并对对方立场中的强势点和弱势点进行分析。可见,在诉讼中利用法务会计人员在损失计算上的专业特长,不失为解决这一难题的有效途径之一。

(4)对虚假财务报告的认定

在虚假财务报告诉讼案件中对公认会计准则(GAAP)以及公认审计准则(GAAS)的遵守情况的认定。

在对虚假财务信息提起诉讼过程中,当事人对上市公司、会计师事务所提起诉讼时,首先遇到的就是"什么是虚假财务信息"的认定问题。由于会计信息的重大遗漏与虚假陈述的界定涉及相当多的会计专业问题,因此,在审理上市公司虚假会计信息案件时,非常有必要引入法务会计人员的诉讼支持服务。

综上所述,法务会计人员的上述诉讼支持业务,将有助于诉讼各方当事人对案件争议的准确把握,并合理地制定相应的诉讼策略,这既有利于节约当事人的资源,也为当事人诉讼程序的展开和争端的最终解决奠定了坚实的基础。

2)法务会计人员在各诉讼阶段的具体支持作用

①在提起诉讼前,法务会计人员可以帮助客户进行风险评估并预测胜诉后可能从被告处获得多少经济补偿。如在针对安然公司的一起集体诉讼案中,起诉之前,相关法务会计人员就为弗莱明联合律师事务所(Fleming & Associates)代理原告的起诉,做了很好的评估和预测,包括起诉中如何收集有关安然公司做假账和隐瞒真实财务信息等证据,对方可能提出的抗辩证据,以及这些证据对胜诉的影响和对策、要求被告赔偿的具体损失数额等,为该案的起诉和受理奠定了良好基础。

②在法院开始审理案件之后,法务会计人员将帮助客户进行初期的评估以确定该案件是否应该继续进行下去。特别在涉及证券集体诉讼时,专家往往能提供证券交易进行的市场是否有效、诉讼集团内部利益冲突的范围的相关信息。根据案件的具体情况,法务会计人员能够分析相关争议点是有利于还是不利于被告方。如果在评估以后,案件仍然要进入诉讼程序时,法务会计人员将进一步对责任的认定提出意见,并对在调解、和解协议或最终判决中可能得到或付出的赔偿进行更详细的分析。

③在发现程序中,当事人往往需要进行大量书证的收集,并且所有将要进入诉讼程序的证据都必须向对方强制列示,诉讼双方可以获知和理解对方证据的事实和推理,并在此基础上逐步达到共识。故此,美国有90%以上的案件并没进入审判程序,而在发现程序阶段就宣告结案。而法务会计人员此时主要工作包括对方当事人的专家报告和分析进行反驳,指出其强势点和弱势点、方法选择错误或使用不当,从而协助辩护律师提出对该证据排除动议。

在安然案中,双方当事人在对安然公司是否存在假账、是否出具了虚假的财务信息以及安达信是否在兼做安然公司的内外审计和咨询中存在舞弊行为等,都各自聘请了大量的专家证人,其中重要的专家证人就是法务会计人员。正是在法务会计的有效参与下,双方对于对方有关本案的涉及会计证据的列示,为后面的开庭审理和裁判提供了充分的证据基础。此外,在原告律师听取法务会计的意见之后,向法庭申请了中间禁令,以防止安达信进一步销毁证据资料,法官在听证之后签发了"临时禁令及听证会"(Temporary Restraining Order And Order of Settling Hearing for Temporary Injunction),使原告在接下去的诉讼中,具有比较充分的证据和说服力。

④在法庭上,法务会计人员拥有丰富的胜任专家证人的知识,其宣誓作证和庭审中的证据可以经受住对方严格的交叉询问,为客户的胜诉提供有力的保障。在安然的诉讼中,双方包括法务会计在内的专家证人,围绕什么是假账和虚假信息以及是否有做假账的行为和披露虚假信息行为等,展开了激烈的争论,对于安然公司在2000年第3季度公布的收入和每股收益是否存在作弊行为也是针锋相对的,而这些事实如何认定、在什么意义上给予认定,对于该案的成败和双方当事人的利益具有重要的影响,可见,法务会计在整个诉讼支持中起到的作用是我们难以忽视的。

综上所述,法务会计人员在诉讼支持业务中,既可以为律师提供会计技术上的支持,又可以在法庭直接作为专家证人提供证言;他不仅在法庭中发挥其积极的作用,还可使其作用延伸到法庭之外,因此,从某种意义上说,法务会计人员在涉及会计专业知识的诉讼中,具有不可估量的影响。

本章小结

法务会计可以分为两大分支:诉讼支持和调查会计。其中,调查会计业务主要涉及调查犯罪行为证据、要求获得或拒绝给予赔偿两个重点领域。本章阐述了会计舞弊的动

机与常见手段、会计舞弊与内部控制的关系、法务会计控制会计舞弊的优势,提出法务会
计在企业会计舞弊治理中的应用,同时分析了会计舞弊行为形成因素、法务会计对会计
舞弊的识别方法以及披露要求,最后总结了法务会计对会计舞弊的诉讼支持作用等。

思考题

1.简述企业会计舞弊的动机。

2.简述企业会计舞弊的常见方式或手段。

3.简述会计舞弊与内部控制之间的关系。

4.简述法务会计控制会计舞弊的优势。

5.法务会计在企业会计舞弊中如何发挥治理作用?

6.简述企业舞弊识别的指导理论。

7.法务会计的诉讼支持体现在哪些方面?

8.简述法务会计诉讼支持的阶段性作用。

第7章 经济案件侦查中的法务会计应用

学习目标

本章介绍了法务会计在挪用公款案件、贪污案件、商业贿赂案件、洗钱案件等各类经济犯罪案件侦查中的应用。通过本章的学习，了解挪用公款罪、贪污罪、行贿罪与受贿罪、洗钱罪的特征、界限与主要手段；掌握挪用公款罪、贪污罪、行贿罪与受贿罪、洗钱罪的法务会计检查方法。

7.1 法务会计在经济案件侦查中的作用

经济案件的侦查过程中，办案人员遇到的最普遍的难题就是对涉及会计、审计问题的犯罪线索和犯罪证据的正确收集和查证问题，司法工作人员因不具备会计、审计的专业知识背景，往往用单一法律知识去说明其中涉及的会计、审计问题，这将导致对经济案件的错误定性和处理。因此，借助法务会计方法来侦查经济案件，运用会计、审计等专业知识对犯罪线索和犯罪证据进行收集、发现、勘验、检查、分析和判断，就会为经济犯罪的定性和处理提供客观、科学的依据，极大地丰富经济案件侦查的手段和方法。目前经济犯罪的类型、方法、手段也愈加复杂和隐蔽，发生在经济活动领域的犯罪率达到一个历史的新高度。经济活动的规律性决定了突破法律和规律的经济犯罪活动也自有其规律可循，经济犯罪活动的最主要载体即为财务会计资料，舞弊、失真、非法的财务会计资料是经济案件侦办的起点。

融入了法务会计方法的经济案件侦查，会极大地震慑自恃专业技术高而抗拒侦查的犯罪嫌疑人，使得办案过程同获法律和技术的全面支持，提高案件办理的水平和层次，避免冤假错案的发生，切实、有效地打击经济犯罪。法务会计在经济案件侦查过程中的独特作用可以归纳为以下几点：

7.1.1 辨别、查证犯罪线索，以确定是否符合刑事立案条件

侦查机关面对各种渠道递交举报的经济案件犯罪线索，要做的第一件工作就是进行

初步调查判断,确定是否符合立案条件,从而决定是否启动侦查程序。仅仅对举报材料做书面分析是无法给经济案件初步定性的,运用法务会计技术可以从检查财务会计资料入手,对涉案的财务会计事实、难点疑点、财务会计资料的证明效力进行查证、分析,以便对案件做出初步准确的定性。

司法实务中表明,尽管犯罪嫌疑人作案手段日益智能化、隐蔽化,但大部分都会在涉案单位或相关往来单位的财务会计资料中留下作案痕迹。由于经侦人员财务会计知识有限,介入检查活动后,面对庞杂繁复的财务会计资料,无从下手。法务会计人员参与到检查活动中,可以通过运用财务活动基本原理、会计科目间勾稽关系,对财务活动轨迹进行追踪,检验会计凭证、账簿及财务报表,对财务会计资料进行检查。在检查过程中若发现异常账项,或者在进行财务分析比对时,发现超出正常趋势的比率或金额,可以将其作为查证重点,为侦查提供线索。同时,在进行查账的过程中,法务会计人员在深入调查时可能发现其他犯罪线索,扩大侦查成果。

7.1.2　为收集有罪证据和无罪证据提供技术分析手段

财务会计资料作为经济犯罪活动的最主要证据载体,蕴涵着大量的犯罪证据信息,办案人员要恰当运用法务会计技术对各个证据信息做出甄别和分析,以此为基础做有罪证据和无罪证据的区分和归类,以达到证实犯罪存在和犯罪不存在的目的。

在法务会计检查过程中,检查人员更清楚采用哪些合法程序、合法手段对证据进行收集,保证证据的合法性、完整性。在经济犯罪案件中,单一的证据往往不能证明嫌疑人的犯罪事实,完整的证据链要求证据之间能够互相印证、互相补充。法务会计检查人员会对收集的财务会计资料证据效力进行审查,若证据效力不强,或者关键性证据不足,则可以对证据资料再次进行补充,或重新进行检查工作,寻找关键证据资料。若存在复杂财务会计问题需要提请鉴定,侦查人员因不清楚收集哪些资料,易导致检材不足或检材存在瑕疵导致会计鉴定人无法进行鉴定工作,而有法务会计检查人员的协助,会避免上述问题的发生。

7.1.3　深度鉴别、分析、固定犯罪证据,为诉讼支持提供科学的鉴定结论

在现代经济的发展过程中,常常会伴随着经济舞弊、财务造假等违法行为,具体表现在:修改原始凭证数据、编制虚假业务入账、多计收入少计费用、跨年计提折旧、不计提损失准备、隐瞒关联方交易等。这些虚假的信息一经企业披露,便会对很多投资者、债权人、股东和社会公众产生错误的引导,会扰乱社会的经济秩序。但是,随着经济的不断发展,市场竞争也越来越激烈,很多企业为了不被退市或有资格增发股票等原因,常常冒着风险进行财务舞弊、会计报表造假,使错综复杂的经济环境更加错综复杂。由于所在的立场不同,注册会计师在对企业的报表进行审计时,主要是看其报表是否公允,所披露的信息是否符合会计准则的要求,而对于企业是否侵害股东、债权人的利益等方面并不是审计的重点方向,这就需要法务会计服务人员的调查了。

7.1.4 有效补充证据审查的司法手段,保证案件的公正处理

经济案件侦查过程中的证据审查,最为普遍遇到的就是对会计报告、审计报告、评估报告、验资报告、经济合同、票据等的审查判断,运用法务会计技术进行审查,可以有效补充证据审查的传统司法手段,增加证据审查的科学性、客观性和公正性。

人民法院在审理经济犯罪案件时,通常会遇到涉及财务会计方面的各种专业知识。法官一般都是只通晓法律专业的知识,不具备或很少具备财务会计方面的专业知识技能,不能熟练解决涉及财务会计方面的诸多审查问题。当涉及复杂的财务会计专业问题时,法务会计人员运用鉴定技术,可以解答涉案财务会计问题,对嫌疑人作案手段、作案过程、涉案数额等关键性问题作出认定,还原案件事实;法务会计人员在进行会计鉴定时,形成鉴定意见,可以与其他证据结合,证明犯罪事实;会计鉴定意见经法官审查确认后,可以作为证据使用。同时,法务会计人员在进行鉴定时,可以针对检材不足情况要求侦查人员再次补充检材,有利于完整证据链的形成,是对法务会计检查工作的一个补充,为案件公正审理提供保障。

7.1.5 依法追缴赃款、赃物,保证经济案件刑事处罚目的完整实现

能否对经济罪犯有效打击,体现在刑事自由处罚和刑事经济处罚的双效目标能否完整实现上,换言之,如果司法机关的判决只是剥夺了经济罪犯的人身自由,而无法有效追缴赃款、赃物,就会导致刑事处罚目的的部分落空。司法实践证明,缺乏法务会计技术的支持,仅凭一般的刑事侦查手段和技术去追踪、追缴涉案赃款、赃物的线索,会使侦查工作困难重重,对记账单位的财务会计资料中的会计记账信息无法作出正确的认识和判断,甚至会错识错判。

7.1.6 为新型、疑难经济案件的侦查提供高科技侦破手段

网络经济的繁荣、计算机技术在商业领域的普及运用,使得经济犯罪也呈现出高科技、高智能的疑难特征,综合了会计、审计、计算机、刑事侦查等专业技术的法务会计技术成为新型、疑难经济案件侦办的最为有效的方法和手段。

7.2 挪用公款案件的法务会计检查

7.2.1 挪用公款罪的法律认定

1)挪用公款罪的概念

根据《中华人民共和国刑法》(以下简称《刑法》)第三百八十四条之规定,国家工作人员利用职务上的便利,挪用公款归个人使用,进行非法活动的,或者挪用公款数额较大、进行营利活动的,或者挪用公款数额较大、超过三个月未还的,是挪用公款罪。

2) 挪用公款罪的特征

①本罪的客体是复杂客体,即既侵犯国家工作人员的职务廉洁性,也侵犯公共财产的占有使用收益权。挪用公款罪作为贪污贿赂罪的一种,必有侵犯国家廉政建设制度的一面,因而挪用公款罪的直接客体应当包括国家工作人员的职务廉洁性。财产的所有权包括四项权能:占有权、使用权、收益权、处分权。挪用公款罪的"挪用"是指改变公款用途,侵犯的并非所有权的全部权能,而是包括占有权、使用权、收益权在内的所有权部分权能。

②本罪的犯罪对象是公款,即公共财产中呈现货币或者有价证券形态的部分。根据《刑法》第三百八十四条第二款的规定,挪用用于救灾、抢险、防汛、优抚、扶贫、移民、救济款物归个人使用的,从重处罚。依此规定,挪用公款罪的犯罪对象并不限于公款,还包括特定物。但除上述特定物外的一般公物,不属于挪用公款罪的犯罪对象。

③本罪的客观方面表现为行为人利用职务上的便利,挪用公款归个人使用,进行非法活动,或者挪用公款数额较大、进行营利活动,或者挪用公款数额较大、超过 3 个月未还的行为。所谓利用职务上的便利,是指行为人利用主管、经手、管理公款的便利条件。既包括行为人直接经手、管理公款的便利条件,也包括行为人因其职务关系而具有的调拨、支配、使用公款的便利条件。

④挪用公款归个人使用是本罪的基本特征。挪用公款归个人使用,包括挪用公款归本人使用或者给他人使用。现实中案件复杂多样,对挪用公款归个人使用的理解,刑法理论界存在诸多争议,司法实践中也不统一。对行为人以个人名义为私利将挪用的公款归私有企业、公司使用,构成挪用公款罪不存在争议。对于行为人将公款挪用给其他非私有的单位如何定性,以及行为人以单位的名义而非个人名义挪用公款的行为又如何定性理论界争议不小。这些问题最终由有权机关通过的解释加以解决。根据 2002 年 4 月28 日全国人民代表大会常委会通过了《关于〈中华人民共和国刑法〉第三百八十四条第一款的解释》的规定,有下列情形之一的,属于挪用公款"归个人使用":第一,将公款供本人、亲友或者其他自然人使用的;第二,以个人名义将公款供其他单位使用的;第三,个人决定以单位名义将公款供其他单位使用,谋取个人利益的。

⑤挪用公款行为的具体表现形式包括:

a.挪用公款归个人使用,进行营利活动且数额较大。营利活动是指国家法律所允许的牟利活动,例如,挪用公款存入银行、用于集资、购买股票等。这种挪用公款行为构成犯罪,要求挪用数额较大,但不受挪用时间和是否归还的限制。

b.挪用公款进行非法活动。非法活动是指国家法律、法规所禁止的活动,包括犯罪活动和一般违法活动。例如,挪用公款走私、贩毒、洗钱、骗汇、赌博等。这些挪用公款行为构成犯罪,无挪用数额与挪用时间的限制。尽管这种情形下未规定数额较大的标准,但不可认为没有数额的限制。

c.挪用公款数额较大且超过 3 个月未还。这种挪用公款行为是指挪用公款数额较大,用于非法活动、营利活动以外的事情,挪用公款如还债、购置家具、修建私人住宅等。"超过 3 个月未还"是指案发前(被司法机关、主管部门或者有关单位发现前)未予归还。

各高级人民法院可以在此幅度内自行确定本地区执行的具体数额标准,并报最高人民法院备案。

⑥挪用公款罪的主体是特殊主体,即只由国家工作人员构成。根据《刑法》第九十三条之规定,"国家工作人员"的范围包括国有公司、企业、事业单位、人民团体中从事公务的人员,国家机关、国有公司、企业、事业单位委派到非国有公司、企业、事业单位、社会团体从事公务的人员,以及其他依照法律从事公务的人员。

⑦本罪的主观方面是直接故意,即明知是公款而有意违反有关规定予以挪用,其目的是非法取得公款的使用权。

3)挪用类型案件的区分

(1)本罪与非罪的界定

司法实践中,本罪与合法借贷行为、一般挪用公款行为难以区分。关于挪用公款罪与合法借贷行为的界限问题,必须根据本罪的三种类型即非法活动型、营利活动型、超期未还型具体分析,区别对待。在非法活动型、营利活动型中,不存在与合法借贷行为的明确界限。即使行为人办理了借贷审批手续,实质上也并非合法借贷。在超期未还型中,由于行为人挪用公款是正当需要,只要经过了单位领导审批,且办理了借贷手续,便不宜按本罪处理。对本罪与一般挪用公款行为的界限,应当从挪用数额、挪用用途、挪用时间、挪用对象、使用主体、主观因素等多方面进行分析,予以综合认定。

(2)本罪与贪污罪的区分

两罪的客体都是复杂客体,即既侵犯国家公职人员职务的廉洁性,也侵犯公共财产所有权。客观方面的要件都包含利用职务上的便利的内容。主观方面的罪过形式都是直接故意。两者的区别在于:

①次要客体存在一定区别

挪用公款罪次要客体限于公共财产的占有使用收益权,贪污罪次要客体是公共财产所有权。

②客观方面的行为方式不同

挪用公款罪表现为利用职务上的便利,挪用公款归个人使用,进行非法活动的,或者挪用公款数额较大、进行营利活动的,或者挪用公款数额较大、超过三个月未还的行为;贪污罪的客观方面表现为利用职务上的便利,以侵吞、窃取、骗取或者以其他手段非法占有公共财物的行为。实施本罪的行为人不存在做假账、虚报账目等行为,而实施贪污罪的行为人往往有做假账、虚报账目等行为。

③主体范围不同

挪用公款罪主体限于国家工作人员;贪污罪的主体除了国家工作人员外,还包括受国有单位委托管理、经营国有财产的人员。

④主观目的不同

本罪以非法取得公款使用权为目的,而贪污罪则以非法占有公共财物为目的。

(3)本罪与挪用资金罪的区分

本罪与挪用资金罪在主、客观方面都有相同之处。主观方面的罪过形式都是故意,并且都以使用单位资金为目的。客观方面都表现为行为人利用职务上的便利,挪用单位资金的行为,行为的表现形式也是一样的。两者的区别主要表现在:

①犯罪客体与对象不同

挪用公款罪的客体是复杂客体,即既侵犯公共财产的所有权,也侵犯国家工作人员的职务廉洁性,犯罪对象是公款;而挪用资金罪的客体是简单客体,即只侵犯单位资金的所有权,犯罪对象是非国有单位的资金。

②犯罪主体不同

挪用公款罪的主体是国家工作人员,而挪用资金罪的主体则是非国有公司、企业的人员。

(4) 本罪与挪用特定款物罪的区分

本罪与挪用特定款物罪在行为方式上均表现为挪用,在犯罪对象与主观要件上也有诸多相似之处。当挪用对象同为救灾、抢险、防汛、优抚等特定款物时,两罪主要区别在于:

①犯罪客体不同

侵犯客体都是复杂客体,都有侵犯公共财产的一面,但本罪同时还侵犯国家工作人员的职务廉洁性,挪用特定款物罪则同时还侵犯国家的财经管理制度。

②犯罪主体不同

本罪的主体是国家工作人员,而挪用特定款物罪的主体则是管理、支配、经手特定款物的直接责任人员。

③挪用用途不同

本罪一般是挪用公款归个人或他人使用,实质上是"公款私用";挪用特定款物罪是将特定款物挪归单位其他事项使用,未能专款专用,实质上具有"公款公用,但挪作他用"的性质。

7.2.2　挪用公款的主要手段

挪用公款一般从会计舞弊入手,在保持借贷平衡的账务表面掩盖下实施舞弊,其主要的手段有:

1) 提前报付

提前报付是指嫌疑人经手本单位应结算的款项时,先挪用公款一段时间后再将收回的款项支付给结算单位的行为。

其嫌疑账项有:付款的发票或收据日期大大晚于实际支付款项的日期;结算单位收到款项的时间晚于作案人所在单位的实际付款日期,或结算单位收到的款项不是由作案人所在单位支付的。

2) 延期报账或延期记账

延期报账是指作案人对其经手收取公款的账项暂不报账,截留挪用,待还款时再报账,或待收到其他款项时,顶替被挪用款项报账。

采用这种舞弊手段的嫌疑账项主要是无正当理由而迟报的账项,如开出发票或收据的时间比实际收取款项的时间大为提前的账项;转账收款的实际付款单位与发票或收据所列的付款单位不一致的账项;作案人经手的应收账款长期挂账。

3)错报账项

当所收款项系转账结算而无法采用延期报账手段错报账项时,嫌疑人收到本单位的收入款项后故意将之错报为外借或暂存款等应付款账项,隐瞒收款的真正原因,然后再以归还应付款和暂存单位的名义将款项挪出。例如,某单位通过银行转账收回应收账款10 000元,正确的记账方法应为核销应收账款,但作案人故意错报为应付账款,然后以归还应付款为名,将款项挪用。

其嫌疑账项主要表现为由作案人经手的应收某单位款项的账项尚未结算的情况下,账面上又出现应付该单位款项的账项;本应是转账结算,但由作案人代办或大量提取现金。

4)冒领款项

常见的主要有冒领备用金和冒领预付款:冒领备用金,嫌疑人以出差等名义,骗取高额备用金后挪作他用并长期不结账或领取后以转账结算方式交回备用金。所以,对长期不结账的高额备用金尤其要重点审查,以验证是否为挪用。冒领预付款是指嫌疑人编造虚假的购货合同、交易文件、虚假的预付款账项骗取公款的行为。

5)盗用现金、虚记现金日记账、虚列应收款、不记账

盗用现金,是指出纳、收款员等保管现金的人员,盗用所保管的现金归个人使用。盗用现金后归还,通常不需要办理财务手续,因而也就极少留下证据和线索,造成查证困难。为掩盖盗用现金的事实,作案人往往会采取延期记账、虚记现金日记账、虚列应收款、错记应付款、不记账等舞弊手段予以掩盖,待还款后冲销。

7.2.3 挪用公款案件的法务会计检查

挪用公款案件中常见的作案手段主要有提前报付、延期报账、错报账项、冒领款项、盗用现金等,应根据不同的舞弊手段及其嫌疑账项呈现出的不同特点,采取相应的检查方法和对策。

1)提前报付的检查

①检查支付款项的日期是否过早于收款单位开具发票或收据的日期。实践中,支付款项的时间应与收款凭证开具的时间大致相同。可以通过核查案发单位签发支票或其他付款票据、记录来确定支付款项的日期并与收款凭证日期进行比对。

②检查收款单位实际收到款项的时间是否过晚于案发单位的实际付款日期。这种情况下,款项没有被直接支付到收款单位,而是被收款单位经手人或付款单位经手人挪用了,可以通过追查银行付款票据的去向和时间等方法来判断挪用事实。

2)延期报账、延期记账的检查

①检查收款凭证开具时间比实际收取款项的时间大为提前的账项。延期报账、延期

记账导致案发单位实际收到款项的时间会大大迟于出具收款票据的时间,可以通过检查比对收款凭证所列日期和付款单位签发银行转账票据的时间来确定收款人的收款时间或根据收款单位的记账时间、银行收款票据记录的时间确定实际收到款项时间。

②检查转账收款的实际付款单位与发票或收据所列付款单位不一致的账项。通过检查案发单位的进账单、银行收账通知等存款凭证,发现实际付款单位与发票或收据所列的付款单位是否一致。除非有特殊情况,案发单位收取其他单位的款项应当出具发票或收据并且发票或收据所列接收单位应当是实际付款单位。

③检查应收账款长期挂账的账项。应收账款是指其销售后尚未结算收回款项的账项。长期挂账是指由于应当收回的经营收入长期没有收回而导致应收账款账簿所记载的账户余额长期未发生变化。如果作案人直接挪用了已经收回却没有报账的应收账款,应收账款则被长期挂账。

④检查收入未报的账项。检查核对案发单位已经使用的发票、收据等收款凭证时发现收款凭证的记账联被单独存放,涉案当事人收取的收入款项未向单位报账,单位对收入也没有进行往来账项处理。

3) 错报账项的检查

①检查涉案当事人经管的往来业务,在案发单位的应收某单位款项的账项尚未结算的情况下,核查账面上是否又出现应付该单位款项的账项。核查案发单位的账簿是否既有对某一单位的应收账款、预付账款、其他应收款等明细账户,又有对该单位的其他应付款明细账户。

②检查以转账方式收取应付款项时,出具的收据中是否没有记载明确的收款原因,但支付均由涉案当事人代办或大量提支现金。

③检查作案人掌握本单位的银行预留印鉴直接背书转让挪用的情况,作案人直接隐匿挪用付款单位签发的没有填写收款人的转账支票款项的情况。

4) 冒领款项的检查

①检查领取高额的备用金后长期不结算的账项。发现案发单位的其他应收款明细账簿中长期大量领取备用金,应结合备用金的实际用途判断是否属于挪用性质。

②检查大额备用金领取后却以转账结算方式交回的账项。发现案发单位的其他应付款明细账簿中有大额还款业务并且转账结算时,应当结合检查会计凭证并继续查明付款单位的付款原因,据此判断是否属于挪用公款的账项。

③检查长期不结算的预付款账项。通过检查涉案当事人经手的预付账款的明细账簿,核查采购合同标的为货物或劳务的已付预付账款,其结算是否通过收取货物或接受劳务执行。如果假借预付账款的名义领取挪用公款,则无法通过货物或劳务进行结算。

④检查预付款账项是否均以货币资金结算收回。除非合同对方无法提供货物或劳务,用于采购货物或劳务的预付账款,不会以现金、银行存款等货币资金结算收回。对于以货币资金结算收回的预付款账项,应确定为嫌疑账项并进一步核查预付账款明细账簿和会计凭证。

⑤检查预付账款已经支付的各类合同的真实性。通过讯问、询问、查账等途径和方法重点检查长期没有履行的合同、合同对方根本不具备履约能力的合同、预付款项的实际用途与合同履行无任何关系的合同,据此判断其是否有假订约、真挪用的目的。

5)盗用现金的检查

(1)延期记账的检查

核对原始凭证日期与记账凭证日期时,如果发现现金收款数额较大而原始凭证的日期过早于记账日期的账项,或通过核对银行存款对账单发现记账日期过晚于银行对账单所记日期的收款业务,均可视为嫌疑账项。

(2)虚记现金日记账的检查

核对银行存款,检查是否存在日记账所列向银行交存现金业务而银行对账单中无记载的账项。核对现金付款记账凭证,检查是否存在只贷记现金日记账而不登记借方对应账簿的账项。核对现金付款记账凭证,检查是否存在无原始凭证依据而贷记库存现金科目的账项。检查是否存在无因冲销的贷记现金科目业务的账项。

(3)虚列应收款的检查

检查支取备用金审批手续是否完整。检查应收款项的事由是否充分合理,是否均有原始凭证依据。

(4)错记应付款的检查

检查是否存在应记货币资金账户却错记非货币资金账户而事后又更正的账项。检查是否存在应登记现金日记账而实际登记银行存款日记账、事后结算凭证显示为转账结算收款而实际是现金结算收款的账项。

(5)不记账的检查

重点检查现金日记账长期保持较高余额的情形。

7.3 贪污案件的法务会计检查

7.3.1 贪污罪的法律认定

1)贪污罪的概念

根据《刑法》第三百八十二条之规定,国家工作人员利用职务上的便利,侵吞、窃取、骗取或者以其他手段非法占有公共财物的,是贪污罪。受国家机关、国有公司、企业、事业单位、人民团体委托管理、经营国有财产的人员,利用职务上的便利,侵吞、窃取、骗取或者以其他手段非法占有国有财物的,以贪污论。

2)贪污罪的特征

①本罪的客体是复杂客体,即本罪既侵犯国家工作人员的职务廉洁性,也侵犯公共财产的所有权。其中,国家工作人员的职务廉洁性是本罪的主要客体。本罪的犯罪对象

是公共财物。根据《刑法》第九十一条的规定,公共财产的范围包括:国有财产;劳动群众集体所有的财产;用于扶贫和其他公益事业的社会捐助或者专项基金的财产。在国家机关、国有公司、企业、集体企业和人民团体管理、使用或者运输中的私人财产,以公共财产论。至于在多种所有制形式混合的经济类型特别是股份制企业中的财产性质如何认定,刑法理论界和司法实务界意见不一。

②本罪的客观方面,表现为行为人利用职务上的便利,侵吞、窃取、骗取或者以其他手段非法占有公共财物的行为。在这里,利用职务上的便利和非法占有公共财物两者缺一不可。

a.利用职务上的便利,是指利用本人职务范围内的权力和地位所形成的主管、经手管理财物的便利条件,而不是指利用因工作关系熟悉作案环境、凭工作人员身份便于进出某些单位,较易接近作案目标或对象等与职权无关的方便条件。例如,会计利用管账这一职务上的便利,做假账骗取公共财物,出纳利用管钱所形成的便利条件非法占有公款等,均属于贪污行为。如果会计利用与出纳一起工作的便利条件,趁机配制了出纳所掌管的保险柜的钥匙而盗走现金,这就不属于利用会计的职务上的便利贪污公款的行为,而是属于盗窃行为。

b.以侵吞、窃取、骗取或以其他手段非法占有公共财物。侵吞,是指行为人利用职务上的便利,将自己主管、经手、管理的公共财物,非法占为己有。例如,将自己合法管理或使用的公共财物加以扣留,应交而隐匿不交,应支付而不支付,应入账而不入账,从而占为己有。窃取,是指行为人利用职务上的便利,采取秘密方式将自己合法管理的公共财物占为己有。例如,保管员将自己合法管理的公共财物秘密拿回家予以占有。骗取,是指行为人利用职务上的便利,采用虚构事实或者隐瞒真相的方法非法占有公共财物。例如,采购人员谎报出差费或者多报出差费骗取公款。至于其他手段,是指行为人利用职务上的便利,采用侵吞、窃取、骗取以外的方法,非法占有公共财物。例如,利用职权,巧立名目,在几个领导人中私分大量公款、公物等。

根据《刑法》第一百八十三条的规定,国有保险公司工作人员和国有保险公司委派到非国有保险公司从事公务的人员,利用职务上的便利,故意编造未曾发生的保险事故进行虚假理赔,骗取保险金归自己所有的,以贪污罪论处;根据《刑法》第三百九十四条的规定,国家工作人员在国内公务活动或者对外交往中接受礼物,依照国家规定应当交公而不交公,数额较大的,以贪污罪论处。

③本罪的主体是特殊主体。具体包括两类人员:一类是国家工作人员。根据《刑法》第九十三条的规定,国家工作人员包括国家机关中从事公务的人员,国有公司、企业、事业单位、人民团体中从事公务的人员和国家机关、国有公司、企业、事业单位委派到非国有公司、企业、事业单位、社会团体从事公务的人员,以及其他依照法律从事公务的人员,以国家工作人员论。另一类是受国家机关,国有公司、企业、事业单位,人民团体委托管理、经营国有财产的人员。这类人员不属于国家工作人员,而是受国家机关,国有公司、企业、事业单位,人民团体委托,以承包、租赁等方式管理、经营国有财产的人员。

④本罪的主观方面是直接故意,并且以非法占有为目的,即行为人明知自己的行为

侵犯了职务行为的廉洁性,会发生侵害公共财产的结果,并且希望这种结果发生的心理态度。

3)本罪与非罪、此罪与彼罪的界限

(1)本罪与非罪的界限

①本罪与错款、错账行为的界限。司法实践中,多发生因业务不精或工作疏忽而导致的错款、错账现象。错款、错账行为,因行为人主观上不具有贪污故意,也不具备非法占有公共财物的目的,故不应认定为贪污罪。

②本罪与一般贪污行为的界限。贪污罪作为一般贪污行为的特殊形式,除具有一般贪污违法行为的共性外,还具有自身的特性。构成贪污罪的贪污行为,还具有贪污数额和情节上的要求。因此,认定贪污罪与一般贪污违法行为时,应把握以下方面:

对犯贪污罪的,根据情节轻重,分别依照下列规定处罚:a.贪污数额较大或者有其他较重情节的,处三年以下有期徒刑或者拘役,并处罚金。b.贪污数额巨大或者有其他严重情节的,处三年以上十年以下有期徒刑,并处罚金或者没收财产。c.贪污数额特别巨大或者有其他特别严重情节的,处十年以上有期徒刑或者无期徒刑,并处罚金或者没收财产;数额特别巨大,并使国家和人民利益遭受特别重大损失的,处无期徒刑或者死刑,并处没收财产。对多次贪污未经处理的,按照累计贪污数额处罚。

值得注意的是,《刑法》(2017)删除了1997年刑法所规定的确定数额,并不损害贪贿犯罪法律的明确性。将确定的数额改为概括数额可以长期适应社会变化,也利于司法实践的运用,更加有利于法律的稳定。

(2)本罪与盗窃罪、诈骗罪、侵占罪的界限

贪污罪客观方面包括窃取、骗取、侵占的行为。贪污罪与盗窃罪、诈骗罪、侵占罪的区别主要表现在:

①犯罪客体和犯罪对象不同。本罪的客体是复杂客体,即国家公职人员的职务廉洁性和公共财产所有权,对象是公共财物。盗窃、诈骗罪、侵占罪的客体是简单客体,即公私财产所有权。盗窃罪、诈骗罪的对象是公私财物,侵占罪的对象是保管物、遗失物和埋藏物。

②客观方面不尽相同。本罪的窃取、骗取、侵占,是利用职务上的便利进行的;而盗窃罪、诈骗罪及侵占罪的窃取、骗取、侵占则不存在利用职务上的便利问题。

③犯罪主体不同。本罪的主体为特殊主体,即国家工作人员和受国家机关、国有企业、事业单位、人民团体委托管理、经营国有财产的人员;而盗窃罪、诈骗罪、侵占罪的主体为一般主体。

(3)本罪与职务侵占罪的界限

根据《刑法》第二百七十一条的规定,职务侵占罪,是指公司、企业或者其他单位的人员,利用职务上的便利,将本单位财物非法占为己有,数额较大的行为。保险公司的工作人员利用职务上的便利,故意编造未曾发生的保险事故进行虚假理赔,骗取保险金归自己所有的,依照本法第二百七十一条的规定定罪处罚。从我国《刑法》职务侵占罪的立法沿革来看,它和贪污罪有着密切的联系,职务侵占罪可以说就是从贪污罪中分化出来的

一种新罪,由于司法解释改变了职务侵占罪中侵占的本意,出现了同为侵占财产犯罪,但侵占罪之侵占与职务侵占罪之侵占的含义并不相同。与其说职务侵占罪与侵占罪相近,不如说与贪污罪更相近。从贪污罪和职务侵占罪的构成要件来看,两罪在主观方面都表现为故意,两罪的客观方面都为"利用职务上的便利"非法占有财物。在占有财物的方式上刑法对贪污罪作了列举,即"侵吞、窃取、骗取或者其他手段",而对职务侵占罪使用了"非法占为己有"的字样,但是我们仍可以认定两罪中的"利用职务上的便利",除了职务性质因为身份不同而有所区别外,在行为方式的内涵上是相同的。不过应该说明,两罪中职务的含义并不相同,职务侵占罪所利用的职务上的便利不仅包括利用从事公务的便利,也包括从事劳务的便利;而贪污罪的利用职务上的便利,仅指利用公务的便利。总之,贪污罪和职务侵占罪的构成要件中,主观方面和客观方面是相同的,两罪的客体虽然有复杂客体和简单客体之别,但客体对于在司法实务中区分两罪的界限并无太大的意义。因此要准确区分两罪的界限,只能从犯罪主体和犯罪对象上入手。

贪污罪和职务侵占罪的界限主要在于两罪的犯罪主体的不同。贪污罪的主体包括国家工作人员以及受国有单位委托管理经营国有资产的人员。职务侵占罪的主体可以是任何单位(包括国有单位和非国有单位)中没有从事公务的非国家工作人员。

7.3.2　贪污案件的法务会计检查

1) 贪污案件法务会计检查的目的

贪污案件的法务会计检查的目的是通过对涉案的财务会计资料及相关财物的检查,寻找、发现、收集和固定有关财务会计资料方面的证据,以查明嫌疑人贪污财物的性质、作案手段、作案过程等事实。

(1) 查明嫌疑人非法占有财物的属性

贪污案件中涉及的犯罪对象一般是指公共财物,通常是指属于国家工作人员所在单位拥有或控制的财物,通过收集、查证财务会计资料证据来证明涉案财物法律属性,同时结合涉案财物的财务属性,判断嫌疑人获取财物的合法性,最终查明嫌疑人非法占有的财物是否是公共财物。

(2) 查明嫌疑人贪污的手段

贪污的手段是指嫌疑人将公共财物占为己有的方法,包括非法占有公共财产的作案手段和掩盖贪污事实的账务处理手段,具体可分为侵吞、骗取、窃取或其他手段。

(3) 查明嫌疑人实施贪污的过程

实施贪污的整个过程均涉及财务会计业务,因而嫌疑人在每个环节都有可能留有财务会计资料证据,通过法务会计检查,可以查明嫌疑人贪污的时间、次数、数额、获取的途径等关键事实。

(4) 查明嫌疑人占有公共财物的去向及用途

一旦确认嫌疑人有非法占有公共财物的事实,通过检查财务会计资料来追查赃款赃物下落,以证明贪污事实、追缴犯罪。如果嫌疑人非法占有公共财物的行为尚未得到确认,可以通过检查财务会计资料追查其相关款项的去向和用途,以寻找证明其是否将公共财物据为己有的证据。

2）贪污的主要手段

（1）利用职务之便侵吞公共财物

所谓侵吞是指行为人利用职务上的便利，将暂时由自己合法管理、使用的公共财物，公开或秘密地非法占为己有的行为。从司法实践看，侵吞的表现形式通常有以下四种：

①将自己合法管理、使用的公共财物隐匿不交，占为己有。

②将自己管理的财物账目进行涂改伪造，应支付的不支付，应入账的不入账，从而侵吞钱财。

③将依法追缴的赃款赃物、罚没款物或者赢利多出物款（如营业员盘底多出的物款），非法私自占有。

④将自己合法管理、使用的公共财物，擅自赠送他人或者非法转卖。贪污侵吞的特点在于，被侵吞的公共财物是行为人以合法的形式管理、使用的，而不是窃取或骗取得来的，而这种对原所有财物的持有是依据其职务或职权的。这有别于一般公民的侵占他人财物的行为。

（2）利用职务之便窃取公共财物

利用职务之便窃取公共财物即行为人利用职务上的便利，用窃取的方法，将自己与他人共同合法管理、使用的公共财物，窃为己有的行为。例如仓库保管员窃取自己与他人共同保管的财物，单位的出纳员窃取与其他出纳员共管的金库的现金，以及利用职务之便利用电脑秘密窃取他人保管的公款等。

值得指出的是，利用职务之便窃取公共财物，只限于窃取行为人与他人共同管理的公共财物，而不能包括行为人单独管理的财物。因为自己单独管理的财物，无论是自己公开拿走或窃走，都只能叫侵吞，不能叫盗窃。

（3）利用职务之便骗取公共财物

所谓骗取，指行为人利用职务上的便利，涂改单据，虚构事实，欺骗主管领导或有关财务工作人员，虚报冒领公共财物的行为。例如，采购员涂改单据，以少报多，骗取公款；出差人员伪造单据、涂改数字，冒领差旅费；工地负责人或劳资人员多报出勤人员或考勤时数，虚报冒领工资、劳保用品等。

贪污手段中的骗取公共财物具有下列三个特征：

①骗取公共财物必须是行为人利用职务之便，如果与职务无关则不能定为贪污。

②骗取的必须是行为人本单位的财物，如果是外单位的财物，则不能定为贪污。

③骗取的公共财物既可以是本人主管或经手的公共财物，也可以是他人主管或经手的公共财物，例如，本单位的采购员涂改单据，从财会人员手中冒领货款；车间的领料员向发料员虚报损耗，从而多领工具、材料并据为己有。

（4）贪污公共财物的其他手段

所谓其他手段，是指除上述侵吞、窃取、骗取方法以外的其他利用职务之便贪污公共财物的方法。例如利用职权私发工资占为己有，冒名借出公款存入银行取息据为己有，在购销活动中有意抬高或降低价格，再以回扣的形式占为己有等。

3）嫌疑人贪污的法务会计检查

（1）侵吞公共财物的法务会计检查

①对采用私账公报手段的，首先，检查嫌疑人向单位报账所利用的财务凭证等收集其已经报账的证据；其次，向这些财务凭证的出具单位调查收集能够证明财务凭证内容确是嫌疑人个人费用支出的财务会计资料证据。

②对采用公物归己手段的，应通过搜查、现场勘验确认公共财物的存在，再检查犯罪嫌疑人所在单位财务会计资料，收集证明该财物公共属性的财务会计资料证据。

③对采用秘密截留收入手段的，首先，要检查收入产生单位的相关支出账项，以收集证据证明犯罪嫌疑人经手的本单位收入已实际发生；其次，要检查犯罪嫌疑人所在单位的财务会计资料以确认该单位没有该笔收入。

（2）窃取公共财产的法务会计检查

窃取公共财物的特点是不需要办理相关财务手续，所以收集相关财务会计资料证据存在一定难度，可以通过勘验、检查来确认是否存在因监守自盗导致的账实不符的情况以及嫌疑人是否采取了收入不记账、制作虚假凭证并登记虚假支出账项的掩盖手段。

（3）骗取公共财物的法务会计检查

①检查犯罪嫌疑人单位成本费用账户的财务会计资料，收集该单位已经核销虚报账项的财务凭证和会计资料证据。

②检查出具虚假凭证单位的收入资料，收集证明其出具的财务凭证的内容为虚假的财务会计资料证据。

③对虚假账项涉及的财务凭证真假混杂的情形，需要反复查证比对相关单位的账项。

4）贪污案件中常见犯罪主体的法务会计检查

（1）针对出纳人员贪污案件的法务会计检查的重点包括：

①检查库存现金的实际结存、银行存款账户的发生额及余额。检查现金交接记录、现金盘库记录掌握其库存现金的实际结存情况，防止其转移、添加库存现金。查询银行或审计等部门检查该单位现金库存的记录。核对所有账户发生额与入账金额，向银行查询各账户余额。

②检查发票、收款收据和支票。对嫌疑人经管开具发票、收款收据和签发支票业务的，应当检查由其保存的已用和未用的票据存根及空白票据。检查发票、收款收据与存根是否相符，与入账金额是否相符。检查现金支票存根与实际支出是否相符，实际支出与实物是否相符。

③检查会计凭证、现金日记账、其他账簿。检查嫌疑人兼管核算工作所涉及的账簿与会计凭证。

（2）保管人员贪污案件的法务会计检查

保管人员通常采用收多记少、以次充好、假借损耗变质等手段直接侵吞公共财物。因此，检查的重点主要包括：

①检查库存物品

检查由嫌疑人负责保管的库存物品,重点检查涉案物品的实际结存数量,如遇粮仓等不便采用适当方法检查的对象,可采用测算法等较简便的方法检查。

②检查出入库凭证

可将出入库凭证与已列账凭证或出门证进行核对,重点检查有关出入库凭证有无业务经办人签名盖章;有无伪造、涂改、挖贴、自己填制的出入库凭证,有无发生重大物品损益事件所涉及物品的出入库凭证。

③检查盘库记录

重点检查与涉案物品的盘盈、盘亏记录,同时通过检查存货、待处理财产损益等账户,查明各次盘盈、盘亏的账务处理情况。

(3)单位负责人贪污案件的法务会计检查

嫌疑人利用其职务影响力,易于单独或者与他人合伙作案,应进行下列检查:

①检查现金库存。对嫌疑人侵吞、骗取现金,为掩盖罪行由出纳人员、收款人员等代为处理账项,无嫌疑人签字凭证的情况,应检查库存现金,查明单位库存现金的实际状况。

②检查往来账户资料。重点检查嫌疑人直接经手的往来账项所涉及的往来账户资料。

③检查账外账资料。嫌疑人分管小金库的,应检查账外账资料。

④检查对外投资项目资料。重点检查由犯罪嫌疑人直接参与的投资项目资料,包括投资文件和投资、债权、债务涉及的账户资料。

⑤检查已发现线索涉及的财务会计资料。

7.4　商业贿赂案件的法务会计检查

7.4.1　商业贿赂的法律认定

1)商业贿赂的概念

商业贿赂的概念有狭义和广义之分。狭义的商业贿赂的概念,或者称为商业行贿,是根据《关于禁止商业贿赂行为的暂行规定》第二条所规定,即经营者为销售或者购买商品而采用财物或其他手段贿赂对方单位或者个人的行为。这里所称的"财物",具体包括经营者为销售或者购买商品,假借促销费、宣传费、赞助费、科研费、劳务费、咨询费、佣金等名义,或者以报销各种费用等方式,给付对方单位或者个人的现金或实物。所谓"其他手段",是指提供旅游、度假、物的使用权、免费考察等给付财物以外的其他利益的手段。"采用财物或其他手段贿赂",概括地说,就是给予不正当的利益,既包括给予财物,也包括给予其他财产性利益。应当指出的是,这里所说的"销售或者购买商品",既包括通常意义的销售或购买有着物质特征的商品,同时也包括提供或接受营利性服务。这里所谓的"营利性服务",是指以有偿提供劳务、技术、设施、信息、资金、产权及其他利益或条件等为主要特征的经营活动。

广义的商业贿赂的概念,是指根据《中华人民共和国反不正当竞争法》(以下简称《反不正当竞争法》)第七条规定的所禁止行为的统称。该条规定:"经营者不得采用财物或者其他手段贿赂下列单位或者个人,以谋取交易机会或者竞争优势:(一)交易相对方的工作人员;(二)受交易相对方委托办理相关事务的单位或者个人;(三)利用职权或者影响力影响交易的单位或者个人。经营者在交易活动中,可以以明示方式向交易相对方支付折扣,或者向中间人支付佣金。经营者向交易相对方支付折扣、向中间人支付佣金的,应当如实入账。接受折扣、佣金的经营者也应当如实入账。经营者的工作人员进行贿赂的,应当认定为经营者的行为;但是,经营者有证据证明该工作人员的行为与为经营者谋取交易机会或者竞争优势无关的除外。"显而易见,这里所禁止的行为除了包括狭义上的商业贿赂行为以外,还包括商业贿赂的相对方接受商业贿赂的行为,即在商业活动中,为帮助经营者销售或购买商品,接受或索取经营者财物或其他不正当好处的行为,或者称为商业受贿。

在一般情况下,对商业贿赂主要从狭义的概念上来理解,即单纯指商业行贿行为。但应当注意的是:从治理商业贿赂的角度而言,有时也须从广义的概念上来理解,即包括商业行贿和商业受贿两方面的行为。本书中所使用的商业贿赂概念,根据不同的语境,有时仅指商业行贿行为;有时则既包括商业行贿行为,也包括商业受贿行为。

2)商业贿赂的特征

(1)商业贿赂的主体

从广义上来说,商业贿赂包括行贿和受贿,商业贿赂的主体相应地也包括商业行贿主体和商业受贿主体。

①商业行贿主体的认定

《反不正当竞争法》规定行贿主体是"经营者",即从事商品经营或者营利性服务的法人、其他经济组织和个人,未在工商行政管理机关登记注册、非经营者不能成为商业贿赂的主体。经营者的职工采用商业贿赂手段为经营者销售或者购买商品的行为,属于履行职务的行为,应当认定为经营者的行为。商业行贿主体资格的限定,有利于准确打击商业购销中的行贿行为。实践中,行贿者多是卖方,即商业供应方,但也不排除买方行贿的情况。

②商业受贿主体的认定

商业受贿的主体问题比较复杂。在普通受贿中,其主体为特殊主体,必须是国家工作人员或者其他依法从事公务的人员。而商业受贿与普通受贿是不同的,前者破坏的是商品的流通秩序,后者侵害的是国家机关正常的管理活动。所以,不能照搬普通受贿罪关于主体的规定。《反不正当竞争法》规定商业受贿者是指接受行贿者的财物或其他利益的"对方单位或个人",除此之外,没有进一步做出规定。从这个意义上来说,商业受贿主体就是商业行贿主体的相对方,至于具体身份则可能多种多样,既可以包括普通受贿的主体,即国家工作人员或者其他依法从事公务的人员,也可以包括其他主体。但根据商业贿赂本身的特点,即这种行为必须是发生于商品购销领域,则"对方单位或个人"必然是商品交易的对方单位或个人。换句话说,只要可能是商业贿赂标的物的接受者,就可以成为商业受贿的主体。

(2)商业贿赂的主观方面

商业贿赂行为,无论是就行贿的主体而言还是就受贿的主体而言,在主观方面,都只能由故意构成。这里的故意,是指行为人实施商业贿赂行为的一种主观心理态度,具体说就是明知自己实施的行为会发生危害社会的结果并且希望或者放任这种危害结果发生的心理态度。具体到商业贿赂行为中,商业行贿者的主观方面则表现为明知自己为了争取本不应当或不可能或不一定得到的交易机会和交易条件而给付财物或者其他利益的行为损害正常的竞争秩序而希望这种结果发生的心理态度;商业受贿者的主观方面表现为明知自己利用职务上的便利,索取他人财物或者非法接受他人财物而为他人提供交易机会和交易条件的行为会带来危害社会的结果而希望这种结果发生的心理态度。从两者主观上的根本目的来看,都是为了追求非法利益。

(3)商业贿赂的客体

从商业行贿行为来看,其侵犯的客体主要是正常的竞争秩序。商业行贿行为所侵犯的具体社会关系,即市场经济中的竞争交易。从经营者的行为来看,经营者进行商业行贿一般是为了争取交易机会,推销其在竞争中不一定能占优势地位的商品或者为了抢购到在竞争中本不能买到的紧俏商品或原材料,或者获得交易上的便利和优惠条件。从经营者行为造成的结果来看,经营者上述行为都会干扰正常的市场经济规则,扰乱市场交易自愿、平等、有偿的基本原则。从商业受贿行为来看,其侵犯的客体除了正常的竞争秩序以外,还包括其他客体。例如,如果受贿的主体属于国家工作人员或者其他依法从事公务的人员,还侵犯了其职务上的不可收买性,并可能破坏国家机关的正常活动。

(4)商业贿赂的客观方面

商业行贿行为在客观方面表现为采用财物或者其他手段对对方单位或个人进行收买。其手段是给付现金、实物以及其他好处的方式。客观上采用了以秘密给付财物或其他手段贿赂对方单位或个人的行为。行贿交付或提供贿赂的时间,不论是在受贿人为行为人谋取交易机会和条件之前或之后,都不影响行贿的成立。而且只要向交易相对人行贿,不论行贿的目的是否达到都是行贿行为。从商业受贿的客观方面来看,受贿人只要接受行贿人的给付,受贿就成立,至于收受时间是在为行贿人谋取交易机会和条件之前还是之后,是否实现了为行贿人牟取利益的目标,对受贿的认定没有影响。

3) 商业贿赂行为与其他贿赂行为的区别

商业贿赂是贿赂的表现形式之一,因而具有贿赂的一般特性。例如,无论是政治贿赂、商业贿赂或是日常生活中其他形式的贿赂,行为人主观上都是出自故意,过失行为或被勒索的不得已的行为均不构成贿赂。这是各种贿赂形式的共性,是贿赂的特点。但是,商业贿赂也有以下三点不同于其他贿赂。

(1)目的不同

商业贿赂以排挤竞争对手、获取经济利益为目的。是否以营利为目的,是商业行贿与其他行贿区别的一个主要标志,也是界定经营者的行为是不是商业行贿的界限。在现实经济生活中,经营者的主要目的就是追逐利润,可以说,经营者的一切行为,不管是合法行为还是非法行为,都是围绕获取经济利益这个中心展开的。表面上,进行商业贿赂,经营者得无偿从自己的所得中支付给对方单位或个人一笔财物,是对经济利益的一种损害;实质上,经营者在进行贿赂时已经对贿赂行为的成本与收益(预期利益或要达到的目的)有一个明确的预期。只有收益大于成本,经营者才会进行商业贿赂。日常生活中其他形式贿赂的目的比较复杂,既有追求个人利益的(如加薪水),也有谋求政治权利的(如提干、晋级),还有其他目的(如谋求升学、出国、调动工作、迁移户口)等。

(2)行为主体不同

商业贿赂的行为主体是经营者。经营者是指从事商品经营或者营利性服务的法人、其他经济组织或个人,从事商品销售活动或提供劳务活动的个人也是经营者。经营者的职工为经营者的利益在本职工作范围内实施的贿赂行为也是经营者的行为。实践中有消费者(居民个人)为了买到紧俏商品而向销售商提供财物或其他利益的情况,这种行为以满足个人日常生活需要为目的,而不以商业竞争为目的。因此,消费者不属于商业贿赂行为的主体,但可以成为其他贿赂行为的主体。政治贿赂行为的主体则具有多样性,既可以是个人,也可以是政治组织、经济组织或其他社会组织。

(3)对象不同

商业贿赂的对象一般是交易相对人或是交易人之外对交易项目成效有决定性影响的对方当事人,如买卖合同的买方或卖方、工程承包合同的发包方或承包方等。交易人之外对项目成效有决定性影响的单位或个人指独立于交易双方并与交易项目无利害关系的第三人。一般可分三种情况:与交易双方没有任何关系的单位或个人(如经纪人);与交易一方或双方有某种经济联系的单位(如控股公司);能决定交易一方或双方发展前途,或能决定交易一方或双方主要负责人的前途的单位或个人(如政府官员)。一般而言,经营者与贿赂对象往往是平等的,彼此并不存在法律意义上的权利和义务关系。因此,在商业贿赂中,经营者可以自由选择商业贿赂的对象,贿赂对象往往是不特定的。但是,在其他贿赂中,行贿者与贿赂对象的地位通常是不平等的,彼此之间存在某种法律关系,如管理与被管理的关系。因此,行贿者不能自由选择贿赂对象,即贿赂对象往往是特定的。

4)商业贿赂的主要手段

从现实中发生的商业贿赂来看,现实生活中的回扣是商业贿赂的主要手段,其具体表现形态主要是现金价款,其他一般手段可以概括为以下几种。

(1)赠送货币现金

赠送货币现金包括人民币、外币等,是最主要也是最常见的贿赂物。具体以宣传费、赞助费、信息费、科研费、劳务费、咨询费、佣金等各种名义的费用出现。

(2)给予有价证券

给予有价证券包括债券、股票、股票认购券、现金支票、代金券等,有时也表现为各种各样的证、卡、提货单等,如护照、信用卡、高级娱乐场所会员卡、折扣券、打折卡等。

（3）赠送礼品、物品

赠送礼品、物品包括各种高档生活用品、奢侈消费品、工艺品、收藏品等,有时也表现为房屋、车辆等大宗商品。

（4）提供其他利益

提供其他利益包括减免债务、提供担保、免费娱乐、旅游、考察等财产性利益以及就业就学、荣誉、特殊待遇等非财产性利益两大类。

7.4.2　商业贿赂案件的法务会计检查

商业贿赂案件的法务会计检查,主要是查明受贿人为行贿人牟取的利益,行贿人给予受贿人的财物,以及因贿赂而造成的经济损失的数额等案件事实。

1）商业贿赂嫌疑账项的发现与核查

从受贿人所在单位发现贿赂嫌疑账项时,可以根据账项到可能核销行贿费用的单位,重点检查该单位有无核销行贿费用的嫌疑账项;从行贿单位发现嫌疑账项时,根据账项到收取费用的单位,查明该单位是否收到费用,进而查出行贿单位支付行贿费用的账项;从行贿单位发现购入低值易耗品、固定资产等物品可能是行贿所用物品的账项时,应检查实物,进而发现物品已被用于贿赂的案件事实。

在进行法务会计检查时,应结合分析有关经济事实产生原因、处理情况及经管人员的素质等情况,才能准确地推断嫌疑账项:

①在货币资金结算过程中主要检查下列嫌疑账项:长期出借银行账户的;利用本单位银行账户,长期为其他经营单位、个人结转大量结算资金或套取现金的;无偿出借固定资产给其他经营单位的;收回货款或收到违约金、罚款等对其进行减免等。

②在商品物资供应过程中主要检查下列嫌疑账项:购入材料或商品的价格明显偏高的;大量购买滞销、劣质、假冒商品物资的;在价格相同的情况下,弃优择劣购入材料或商品的。查证主要方法为分析、核对、实物盘存等。

③对核销行贿费用的情况,主要检查下列嫌疑账项:以现金支付的高额回扣、手续费;实物账册中,无记录的家用电器、高档家具购买;应转账支付却以现金支付;现金收入未入账的账项等。

2）商业贿赂案件法务会计检查的对象

"市场经济条件下的商业活动最终大多都会通过合同书、税务报表、会计账簿、电子传真等书面形式得到体现,所以在商业贿赂犯罪的侦查和审判程序中,与商业贿赂有关的上述书面证据和物证就成为认定案件事实的重要证据形式和证据来源。"这些书证和物证也就是商业贿赂案件的法务会计调查对象。

对商业贿赂进行法务会计调查主要围绕会计账簿、凭证和报告会计资料来进行,主要包括:

①现金、银行存款日记账及总账;

②存货、在建工程、固定资产明细账及总账;

③收入与成本明细账及总账；

④生产成本、期间费用、坏账准备、待处理财产损溢、营业外支出明细账及总账；

⑤借款与长期应付款明细账；金融单位的贷款账户、保险机构的追偿款收入账户、民政部门的经费支出账户，财政部门的支出账户、税务机关的提退税金账户；

⑥应交税费明细账、资本公积账户、投资收益明细账；

⑦购货凭证、运输凭证、工资发放单、人员花名册、生产记录。同时，还应与合同等其他文书、涉及财产实物进行对照检查。

3）商业贿赂案件的法务会计检查

商业贿赂行为通常掩盖在正常名目之下，但是操作必会留下一些可以定案的核心书证和物证。因此，商业贿赂案件的调查关键是透过合同、业务资料、会计账册各种各样表面上正常的名目，收集证据来证明贿赂的过程和贿赂资金的流转过程。

法务会计调查的一般方法有全查法、抽查法、重算法、顺查法、逆查法、直查法、抽样法、审阅法、核对法、复核法、分析法（比较分析法、科目分析法、账户分析法、制度分析法）、盘点法、调节法、计算机核查法、查询法（面询、函询）、讯问法（陈述法、教育感化法、问答法）、搜查法、鉴定法、判断推理法等。商业贿赂形式多种多样，极为隐蔽，需根据案件具体情况，综合应用多种手法来进行调查。如：

①审查书面资料时应采用审阅、核对、计算、分析等方法，审查实物时则采用盘点法、鉴定法等。

②对于规模较小、凭证较少或者会计工作较混乱的企业可以采用顺查法，即从检查原始凭证入手，逐项与账簿、报表核对；在掌握了一定线索的情况下可以采用逆查法，从审阅和分析会计报表入手，发现问题重点核查相关分类账户和凭证。

③在调查商业贿赂案件过程中，初查时应避免打草惊蛇，在掌握一定证据后应及时扣押相关的书证、物证，尽快固定证据。获取的所有证据应经过审核，使其在合法性、客观性、关联性方面达到法律的要求。间接证据应形成证据链，才能充分和有效地证明案件事实的存在。

7.5　洗钱案件的法务会计检查

7.5.1　洗钱罪的概念

根据《刑法》第一百九十一条之规定，洗钱罪是指明知是毒品犯罪、黑社会性质的组织犯罪、恐怖活动犯罪、走私犯罪、贪污贿赂犯罪、破坏金融管理秩序犯罪、金融诈骗犯罪的所得及其产生的收益，为掩饰、隐瞒其来源和性质的行为。

7.5.2 洗钱罪的特征

1)主体

本罪的主体为一般主体,既可以是自然人,也可以是单位。就自然人主体而言,凡年满16周岁、具有刑事责任能力的自然人,都可以成为本罪主体。对于单位而言,任何单位都可以成为本罪主体。但要注意,洗钱罪的主体不包括毒品犯罪、黑社会性质的组织犯罪、走私犯罪、恐怖活动犯罪、贪污贿赂犯罪、破坏金融管理秩序犯罪、金融诈骗犯罪(以下简称"上游犯罪")者自身。就是说,上游犯罪的犯罪分子对自己的所得及产生的收益进行清洗,不独立构成洗钱罪,其洗钱行为为上游犯罪吸收。

2)主观方面

本罪的主观方面,只能是故意,即行为人明知是毒品犯罪、黑社会性质的组织犯罪、走私犯罪、恐怖活动犯罪、贪污贿赂犯罪、破坏金融管理秩序犯罪、金融诈骗犯罪的所得及其产生的收益,而以非法手段使其成为合法收入。这里"产生的收益"是指将上述七种犯罪的所得用于储蓄所产生的利息和用于投资、经营获得的利润等。其目的是掩饰、隐瞒其来源和性质。这里的"明知"即明白知道,包括确知和感知。因此,"确知"或"感知"到"是毒品犯罪、黑社会性质的组织犯罪、走私犯罪、恐怖活动犯罪、贪污贿赂犯罪、破坏金融管理秩序犯罪、金融诈骗犯罪的所得及其产生的收益"是构成本罪的"明知"。如果行为人确实不"明知",则不构成本罪。

3)客观方面

本罪的客观方面表现为掩饰、隐瞒毒品犯罪、黑社会性质的组织犯罪、恐怖活动犯罪、走私犯罪、贪污贿赂犯罪、破坏金融管理秩序犯罪、金融诈骗犯罪的所得及其产生的收益的行为。主要从以下几个问题中把握本罪的客观特征:

①洗钱罪与"上游犯罪"的关系。洗钱罪作为一种"下游犯罪"总是发生在某一具有经济目的的主罪即"上游犯罪"之后,其目的是要掩饰、隐瞒"上游犯罪"所得的非法性质,为上游犯罪披上合法的外衣。我国现行《刑法》中将洗钱罪的上游犯罪界定为毒品犯罪、黑社会性质的组织犯罪、恐怖活动犯罪、走私犯罪、贪污贿赂犯罪、破坏金融管理秩序犯罪、金融诈骗犯罪七种特定的犯罪。行为人的洗钱行为并不一定都构成洗钱罪,如果洗钱行为人与上游犯罪的犯罪分子事先有通谋,则构成上游犯罪的共犯。只有行为人事先没有与上游犯罪的犯罪分子通谋,事后才明知是上游犯罪分子的犯罪所得,而为其掩饰、隐瞒的,才构成洗钱罪。

②掩饰、隐瞒的具体表现方式。"掩饰"是指行为人采用弄虚作假的方法掩盖事实真相。"隐瞒"是指不让他人知道事实真相。掩饰与隐瞒的本质都是掩盖事实真相,两者的区别在于:"掩饰"是作假来掩盖,是作为;"隐瞒"则不作假,是不作为。目前我国洗钱罪的行为对象仅限于七类犯罪"所得及其产生的收益",不包括其他犯罪的"所得及其产生的收益"。如果涉及的是其他犯罪,如盗窃、敲诈勒索等其他犯罪的所得及其产生的收益,则不构成本罪。

根据我国《刑法》第一百九十一条的规定,这里的掩饰、隐瞒行为(即洗钱行为)具体有五种:a.提供资金账户的;b.协助将财产转换为现金、金融票据、有价证券的;c.通过转账或者其他结算方式协助资金转移的;d.协助将资金汇往境外的;e.以其他方法掩饰、隐瞒犯罪所得及其收益的来源和性质的。

③犯罪所得及其产生的收益,可以是任何形式的财产,包括现金、外汇、证券、贵金属、珠宝玉器、债权、各种动产与不动产等。

4)客体

本罪侵犯的客体是国家的金融管理制度和司法机关的正常活动。正常的金融管理秩序是国家经济秩序的重要组成部分,而加强金融管理,形成稳定、良好的金融秩序是政府的重要任务。中国人民银行对于吸收存款设立账户作出了专门的规定。然而由于种种原因,如金融机构自身管理、工作人员素质等方面的原因,使得有关账户设立、吸收存款等金融管理制度没能得到有效地执行,致使犯罪分子洗钱行为有机可乘。上游犯罪的犯罪分子为了掩饰、隐瞒其不法行为,逃避法律制裁,同时为了将其通过犯罪行为所获得赃款"合法化",达到能公开使用的目的,必然需要采取洗钱的行为。洗钱罪的行为人为上游犯罪掩饰、隐瞒所得的非法性质,为上游犯罪披上"合法的外衣",逃避司法机关对上游犯罪的打击。因此,本罪一方面侵犯了国家的金融管理制度,而另一方面则妨碍了司法机关的调查取证工作,从而影响侦查和审判工作的进行。

7.5.3　洗钱的主要手段和过程

1)洗钱的主要手段

(1)现金走私

通过现金走私,可以实现非法收入合法化,掩盖资金的真实来源和逃避监管当局的追查。现金走私的途径主要包括通过身体、行李隐藏少量现金,将现金包装或伪装成普通物品,通过运输工具大量走私,利用专业的现金走私组织转移现金等。

(2)现金散存

在建立了严格的现金交易报告制度的国家,银行必须向反洗钱情报部门报告超过限额的现金交易。行为人为逃避监管往往将大额现金拆分成低于报告标准的金额分散存入银行。

(3)利用现金密集行业洗钱

行为人利用现金密集行业做掩护,通过虚假交易将犯罪所得转化为形式上合法的经营收入。歌厅、餐饮业、娱乐洗浴中心等作为大众休闲娱乐场所,多通过现金方式结账,为犯罪分子提供了可供洗钱的便利条件。在一些赌博合法化的国家或特定地区,利用赌场进行洗钱已比较常见,通过赌场洗钱有两种基本的形式:一是利用赌场支票洗钱,另一种是通过赌场的正常经营活动洗钱。投资影视作品是一种正常的经营活动,但风险极大,因为影视作品的票房收益与亏损具有不确定性。商业演出作为一项经营活动,其运作过程具有不透明的特征,完全通过中介人或中介机构在一个相对封闭的圈子里策划完成,因此也很容易成为犯罪分子洗钱的渠道。足球运动的全球化和足球俱乐部资金来源的隐蔽性,使得这项运动成为洗钱和逃税的途径之一。

(4)投资不动产

洗钱分子利用房地产开发行业的资金密集性和对资金的强烈需求性,将非法所得投资房地产公司,以股东分红形式进行洗钱。除参股其他房地产公司外,洗钱分子也经常以自身注册成立房地产投资公司为掩护,利用房地产开发项目资金密集、资金往来频繁、金额巨大的特点,将非法来源资金以注册资金或营运资金的名义存入公司账户,通过一系列正常活动进行分解和净化后,最后以销售房款收入的名义回收投入资金,达到将非法资金清洗干净的目的。这种洗钱方式不但可以将巨额资金清洗干净,在房地产市场上涨的时候,还可以享受额外的投资收益。大多数国家没有建立全国联网的房地产登记系统,信息透明度低。洗钱分子可以轻而易举地通过不同渠道、不同的身份投资房地产开展洗钱活动,资金在不同的国家流转中改变了原来的性质而变得难以辨别。

(5)投资黄金珠宝

通过黄金珠宝行业进行洗钱是一种常用的洗钱渠道,即使现代黄金珠宝交易已经实现了高度专业化,但在某些情况下,交易依然可以采用传统和非正规的方式进行。目前,黄金珠宝行业通常被利用来洗钱的主要途径有:犯罪分子利用各国、各地区之间的贸易差价,以购买黄金珠宝的方式,把现金换成黄金珠宝走私到海外,再变卖为现金存入银行。通过逃避海关监管、偷逃应纳税款、逃避国家有关进出境的禁止性或限制性管理来进行黄金珠宝的走私。或者是洗钱分子通过黄金买卖及专业理财公司洗钱,在大规模的合法贸易中隐藏并注入犯罪资金,通过层层交易进行离析,以达到洗钱而不被察觉的目的。也有利用黄金加工公司作掩护进行洗钱等非法活动。尤其是在对黄金珠宝交易监管不严密的国家中,主要的经销商之间及他们在全球仓库和交货点之间进行转让和交易货款,也可以被洗钱分子利用,以合法贸易的伪装下在国际商务环境下转移巨额资产。

(6)利用证券业和保险业洗钱

经济全球化、金融创新和投资工具的快速发展共同推动了证券市场的繁荣,证券业务占金融活动的比重越来越大,其多元化的市场体系、灵活的经营模式、不断创新的交易方式和日益扩大的参与者队伍,都给大量资金的流动带来了便利,引起洗钱犯罪分子的关注。证券业有交易资金量巨大、金融工具和交易品种繁多、国际化等特点,洗钱犯罪分子利用这些行业特点,通过包括股票、债券、期货在内的证券交易形式进行洗钱。此外,洗钱犯罪分子在保险市场购买高额保险然后通过退费、退保等合法形式进行洗钱,通过伪造资料、投保年金保险骗取保险年金进行洗钱,通过与保险中介合谋实施保险欺诈进行洗钱。

(7)利用离岸金融中心、对个人资产采取过度保密措施的国家和地区洗钱

在某些国家和地区,政策宽松,注册成本极低,允许成立匿名公司,税负轻微,或者对个人资产采取过度的保密措施,使得犯罪分子非常愿意进入这些国家和地区进行洗钱活动。

(8)通过网上交易洗钱

随着科技的发展,犯罪分子常利用在线支付系统的匿名性和便利性等特点进行洗钱

活动,方法和技术也越来越隐蔽。例如,利用电子钱包转移诈骗收入,其支付功能无须通过银行账户即可实现。通过支付账户和手机服务完成交易的过程中,运营商无法对客户身份进行重新识别,利用手机支付转移贩毒收入。利用数字贵金属支付系统允许匿名账户、没有余额限制、资金注入的方式多样化、可在全球范围内提供服务的特点,使用数字贵金属清洗互联网诈骗收入。

(9)虚拟或异常交易

开展不符合正常合同目的的进出口贸易,或者注册皮包公司、伪造经营业绩,把犯罪收入变成合法的经营收入,实现洗钱目的。

2)洗钱的过程

洗钱的过程是掩饰、隐藏犯罪线索和消灭犯罪证据的过程,其目的就是实现犯罪收入的合法化及安全使用。洗钱一般经过以下三个阶段。

(1)处置阶段

处置阶段是指把犯罪所得的赃款进行初步处理。为隐藏大量资金的非法来源,必须将赃款分解为不引人注意的小金额,使其与其他合法款项混同在一起,或者转作金融存款,或者将其用于购买金融凭证。

(2)多层化或离析阶段

多层化或离析阶段是指通过复杂的金融操作,掩盖犯罪资金的来龙去脉和真实所有权关系,模糊其非法特征,其中以电子资金转移为最重要的离析方法,其优点是速度快、距离远、留下线索少、隐匿性高。

(3)归并或整合阶段

归并或整合阶段是指将经过离析的犯罪资金,转移到经济体系中,完全披上合法的外衣。

在三个阶段中,前两个阶段的国际化趋势明显。因为犯罪利益来源的不同和洗钱的具体情况各异,各国对洗钱立法及政策不同,使得具体的洗钱过程表现出更加复杂的样态和类型。

7.5.4　洗钱犯罪的法务会计检查

1)金融机构洗钱犯罪的法务会计检查

为打击通过银行等金融机构进行的洗钱犯罪,近几年央行制定、公布了有关账户管理和存款实名制等一系列管理办法,颁布了《金融机构反洗钱规定》《人民币大额和可疑支付交易报告管理办法》和《金融机构大额和可疑外汇资金交易报告管理办法》。通过银行等金融机构进行洗钱具有"成本低、效率高"的特点,虽然央行制定了一系列的规定并采取了一系列的措施,但还无法从根本上遏制通过银行等金融机构进行洗钱的势头,犯罪分子针对各项反洗钱措施不断调整更新自己的犯罪手段,以更加隐蔽的方式进行洗钱,所以,应从以下几个方面开展法务会计检查。

(1)检查被查证单位的反洗钱机构建设情况

作为反洗钱的法定监管部门,人民银行做好反洗钱监管工作,可以督促银行业建立

行之有效的预防体系和控制机制,使反洗钱工作落到实处。具体操作方法:

①通过查阅被查机构有关的会议记录、会议决议等资料,验证核实反洗钱机构实际活动的真实性;

②向有关部门和业务岗位的临柜人员询问,以便了解其对反洗钱职责的理解程度,评估反洗钱系统传导机制的有效性和反洗钱机构职能作用的发挥情况;

③根据与相关人员的谈话记录了解反洗钱专职人员的意见和人力资源的配备充足性;

④得出评估结论,包括合规、基本合规和不合规三类,法务会计师依据被查证单位提供的情况,得出评估结果并说明理由。

(2)评价被查证单位的内控制度状况

①查阅被查证单位的反洗钱工作机制、业务部门责任分工等相关制度文件。反洗钱的内控制度必须覆盖金融机构的各个相关业务种类和业务部,并贯穿于有关的业务流程之中,避免存在漏洞和盲区。

②与被查证单位的分管领导和业务人员谈话,了解其各自的职责履行情况、内部控制的执行有效性、工作程序和报告程序的遵守情况等,调阅有关资料进行验证核查。反洗钱内控制度必须实施问责制,并且落到实处,层层监督,同时建立反洗钱业绩考核和奖惩制度,奖罚分明,既可防止相关制度形同虚设或流于形式,又能调动全体员工的反洗钱工作积极性;

③金融机构要认真贯彻实施客户身份识别制度,审慎识别和上报可疑交易报告。最终需要得出评估结论包括合规、基本合规和不合规三类,法务会计师依据被查单位提供的情况,得出评估结果并说明理由。

(3)建立反洗钱行政主管部门与公安等执法机关、反洗钱义务主体之间的现代化信息系统

国家反洗钱行政主管部门的优势在于与银行联系紧密,拥有庞大的交易数据库,便于查询账户信息及资金流向。但在查询公安刑事记录、海关进出境记录方面则缺乏便利途径,信息交流渠道不畅。而公安机关在办案过程中同样面临难以查询银行账户信息的问题。因此,要提高洗钱案件的侦破率,加强监管部门与公安等执法机关的沟通是重要的一环。要建立监管部门与反洗钱义务主体之间的功能完备、方便快捷的可疑交易报告分析平台,与公安等执法机关构筑案件信息互换共享系统和案件会商机制,从而提高可疑交易判断分析水平和案件侦破力度。

(4)检查被查证机构客户尽职调查和账户资料及交易记录的保管情况

具体通过抽查一段时期内的被查证机构各类账户开立的原始凭证和账户登记与交易记录,审查客户登记的信息等。对于已经报告的可疑交易或大额交易中涉及的客户,重点检查被查证单位是否已进行了充分的客户尽职调查。最后的结论包括合规、基本合规和不合规三类,法务会计师依据被查证单位提供的情况,得出评估结果并说明理由。

(5)提升金融机构从业人员的反洗钱能力

通过反洗钱培训可以不断提升金融机构反洗钱预防和识别侦破的能力。培训方式

具体来说主要包括:对新员工的培训,可以采用案例介绍的形式向其阐明履行反洗钱义务的必要性,尤其应使其意识到举报洗钱线索是其法律义务;对与客户打交道的业务人员的培训,培训的主要内容应包括识别及举报可疑交易的程序,保存客户资料及交易记录,关注大额现金交易等;对管理人员、业务骨干人员的培训,要帮助其熟悉反洗钱法律法规,提高对各种可疑案例的分析识别能力以及与反洗钱部门和司法部门的协调能力。

反洗钱培训不是一劳永逸的,而是需要根据新的反洗钱法规、新的洗钱方式不断更新培训内容,而且对于不同的银行,即使相同的部门面对的洗钱风险也可能不同,因此培训形式应多种多样。

2)非金融机构洗钱犯罪的法务会计检查

非金融机构的范围比较广,不仅包括带有金融性质的财务公司、投资公司、典当行、租赁公司,还包括黄金珠宝文物商店、汽车市场、房地产市场、大型娱乐餐饮场所、洗浴中心、高档会所、地下赌场及地下钱庄等。这类机构或组织的监管力度不够,容易成为洗钱犯罪的理想领域。非金融机构的法务会计检查应从以下几个方面开展。

(1)完善对非金融各行业的立法指引

各行业的经营方式各不相同,如果对其履行反洗钱义务的内容、方法规定相同,势必因"一刀切"而带来操作上的难度;如果规定不相同,又会带来立法本身的困难。建议有关部门尽快根据各行业特点,制定有针对性的反洗钱法规和政策,加强对各行业的立法指引,明确各相关监管部门、各生产交易主体反洗钱的权利、义务,规范各行业生产、交易市场秩序。

(2)报告可疑交易,主动发现犯罪线索

经销商应根据国内法律中的规定向主管部门报告可疑交易或行为。经销商应该支持企业内部途径的可疑交易报告,这类报告标准较低,大部分可以很快得到解释和解决。采取低标准的内部报告,可以防止真正严重的行为不会因为员工认为不重要而不报告。报告报到主管机关后,应由主管机关最终判断可能涉及的犯罪活动,雇员或经销商对此不再承担责任。承担报告义务的经销商身份必须保密。向主管部门报告可疑交易的授权必须严格限制在判断力良好、谨慎和保密的被授权人手中。应定期评估经销商报告可疑交易所涉及工作程序的有效性。

(3)加强风险控制,完善反洗钱程序

经销商需指定反洗钱合规人员。合规人员应该正直,能作出合理的判断,能获得授权独立于商业利益开展反洗钱工作。高级管理人员和指定的合规人员应安排有效的反洗钱程序和定期运行的内部评估。独立评估不一定由经销商企业外的人员来承担,但应由没有介入反洗钱程序制定、实施的独立人员来实施。有效的反洗钱程序应该包括下列程序:确保达到保存记录和报告可疑交易的监管要求,及时纳入变更的监管要求;执行以风险为导向的交易对手尽职调查程序,对于较高风险的交易对手、交易和产品采取充分的控制措施,及时确认可报告的交易;准确上报应报交易,进行充分的监控;对员工进行充分监督;提供合适的培训。

（4）建立沟通交流机制，与主管部门进行信息共享

主管部门与私营部门就相关信息进行共享，以协助私营部门更好地执行反洗钱程序和进行风险评估。经销商应该对这样的信息和协助予以充分关注。主管部门可能对钻石、宝石和贵金属的业务不熟悉，因此需要经销商向主管部门提供信息。这些共享的业务信息对于协助主管部门了解业务，并在政府层面作出适当的风险评估和监管决定非常重要。在缺乏认识和了解的情况下，经销商应该将工作中的问题及时通报主管当局，这样可以有助于规章修改或者解释性指引的发布。主管当局和行业协会的持续对话是建立沟通交流机制的最佳途径。

（5）把握调查的广度和深度

在收集洗钱犯罪的线索、证据的过程中，阵地控制、刑嫌调控、情报工作这三项调查基础业务工作都可展示出巨大的实战威力。犯罪分子洗钱往往会留下账本、票据等可供调查的书证，调查工作应在"确保质量、隐蔽保密、严格管理"的原则下进行，尤其要注意在有关专业人员、知名人士和境外人员中获取深层次、专业性的洗钱犯罪情报，同时密切关注在这些机构中发生的洗钱犯罪的征兆。

3）贪污贿赂案件中洗钱行为的法务会计检查

贪污贿赂案件中，洗钱发生在案发前并严重影响到侦查活动的顺利开展。因此，应从以下几方面着手检查工作。

（1）率先查证洗钱

涉及洗钱问题的贪污贿赂案件的侦查中，率先查证洗钱非常重要，在查账中发现下列财务会计记录时应立即对是否存在洗钱问题作出判断：犯罪数额巨大，资金流向复杂；大额现金交易在资金流向中多次出现；资金流入的银行存款等金融账户所对应的相关单位找不到核算该银行账户资金业务的账证资料，资金流入的银行存款等金融账户属于个人存款账户；涉案相关单位的交易合同以及金融票据中记载了虚假财务事实且在未实际参与交易的情况下有单位或个人获利。

（2）完整、及时地调取金融凭证，适时增加查账力度

检查中一旦发现巨额赃款被存入无相关单位核算资料控制的银行存款账户，应暂时搁置枝节问题，首先向金融机构要求调取达一定金额以上的所有发生额凭证，开展赃款流向分析。有些案件会涉及大量单位的财务会计资料，因而需要较多的专业人员分头查账。为避免延误案情查证，应当及时增加查账力度，必要时可以指派法务会计师或邀请有关单位与案件无利害关系的财务会计人员支持配合。

（3）及时组织法务会计鉴定

洗钱往往混淆资金关系、单位及个人之间的财务关系，所以需要法务会计鉴定来理清相关的资金关系、财务关系以及洗钱参与者的所得等事实，而由于洗钱关系可能十分复杂，法务会计鉴定耗时较长，为保证办案进度，应及时组织法务会计鉴定以解决洗钱涉及的财务会计问题。

（4）查明协助洗钱人获取的非法所得额

对协助洗钱人获取的非法所得额，应根据参与洗钱的单位、个人接触涉案资金的过

程、角色和作用,认真分析相关资金流转的轨迹及其合理性,进而查明协助洗钱人可能获取的非法所得。

7.6　案例分析——某公司高管人员贪污法务会计鉴定案

7.6.1　案情概述

2006年,云南省玉溪市红塔区检察院接到玉溪市某公司群众举报,强烈要求对原公司经理高某某依法查处。案件是十几年前的旧案,公司改制后,职工曾多次向主管单位、纪委、监察等部门举报高某某贪污,但相关部门先后查了几次,均因高某某拒不承认犯罪事实,且其作案手段隐蔽,企业改制后账务资料缺失,几次查办都没能获取高某某贪污的证据,案件几次"搁浅"。

玉溪市检察院受案后,高某某仍然一直辩称"我没有贪污,之前有几个执法部门都已经查过几次了,人家都说我没有问题,我经营得很好,将木材公司几十万的旧账都还清了"。考虑到案件的复杂性,又涉及职工切身利益,红塔区检察院在办理该案时,指派本院司法会计师协助侦查,司法会计师对该公司改制前1995年至1998年的会计账簿进行全面审阅。

在初步查证中,司法会计师和侦查人员除了觉得会计核算不很规范外,其余账务处理基本没有问题。但是在进一步检查中,司法会计师和侦查人员又经过反复查账,发现高某某经常把自己的钱借给经营部使用,同时收取利息。根据此信息,司法会计师和侦查人员发现,1998年10月23日,高某某私人借款10万元给经营部使用,同年11月6日经营部还款10万元,高某某写了收条,但没拿现金,而是将款汇到马某某处。

针对这一情况,司法会计师和侦查人员整理了思路,通过查证高某某从什么地方"借钱"的线索,查出了高某某的四个私人账户,这四个私人账户进出资金数额巨大,高达成百上千万元。围绕这四个私人账户,通过对各账户的收款情况确认销售对象,然后又通过购入单位确认销售数量和付款情况,以此来最终确认销售收入。

7.6.2　法务会计鉴定

1)鉴定材料

①该公司的营业执照、公司章程、验资证明、出资证明书等接受投资的证据资料,涉及实收资本内容的财务凭证、会计凭证账簿、财务会计报告等核算资料,股东会决议、股权转让相关协议等。

②该公司的全部银行账户、主要资金往来记录以及银行转账凭证。

③大笔资金往来的相关协议,如购货协议、销售协议、借款协议等。

2)查证事实

1995年至1998年,高某某在该公司经营部采伐、收购、经营木材业务中,其作为经理指使会计设置多套账务,搞账外经营,隐匿公司销售收入,以其本人、妻子及他人名字开设多个账户,在多个账户中将资金进行流转,故意制造假象。

法务会计师在查账中首先排除在多个账户中相互转账情况,筛选出实际收支金额,查实此期间销售收入共计 3 910 143.83 元,交回公司经营部共计 2 305 508.32 元,交回公司共计 296 987 元,未交回 1 307 648.51 元。最终法院在扣除高某某提出的合理支出后,认定其贪污公款人民币 480 042.76 元。

7.6.3 案例分析

从以上案例可以看出,法务会计检查在贪污、贿赂犯罪案件侦查中的作用主要有以下几个方面。

1) 审查线索,为立案和查明犯罪提供证据支持

我国刑事诉讼法对立案作出了明确规定,立案的前提是有犯罪事实发生,且有追究刑事责任的必要。与公安机关侦查的普通刑事犯罪案件不同,贪污、贿赂犯罪案件没有直接可供侦查的犯罪现场,要证明案件发生的事实,一般要对相关人员进行询问,同时对案件材料进行审查,立案前的审查时间紧、任务重,可供审查的资料大多经历数年,时间跨度大,证据收集难。然而,财务会计资料与其他文书资料相比具有相对稳定性和连续性,因为按照相关规定,任何单位都必须建立财务制度,按照统一的会计核算方法,建立单位的会计账簿、会计报表等,对单位的经济运行状况进行连续记录和反映,所以任何单位的经济运行情况必然会在财务会计资料中进行反映。此时,若灵活运用司法会计检查,对案件涉及的财务会计资料初步进行检查、验证,就会通过发现财务会计资料的异常情况,进而发现犯罪,证明犯罪事实,为立案提供证据支持。

2) 指导侦查,为突破案件和查明其他犯罪指明方向

法务会计检查通过对涉案单位的财务会计资料进行检查、验证,发现财务会计资料的异常情况,对这些异常情况进行审查,就会发现犯罪嫌疑人的作案手段、作案时间、涉案金额,以及其他犯罪信息,通过对这些信息进行分析,进一步明确侦查方向,找到案件的突破口,从而查明案情,揭露犯罪。在这一过程中,对某一案件或某个犯罪嫌疑人涉及的财务会计资料进行检查时,往往又会发现其他犯罪线索,根据此线索再实施侦查,又会查获其他犯罪,这在贪污、贿赂犯罪案件侦查中是一个循环往复的过程。例如,云南省个旧市检察院在办理个旧市某公司经理刘某某贪污案时,对该公司整个会计账簿进行检查中发现,该公司除财务人员管理资金外,基建科还保管着部分资金。侦查人员于是找到基建科管理资金的李某某了解情况并查阅相关会计资料,又发现李某某挪用公款 6 万元的犯罪事实。

3) 收集证据,为起诉和审判打好基础

侦查阶段证据收集是否充分、完备,将直接影响案件的起诉和审判,侦查活动的主要目的就是收集证据,查明案情。如前文分析,贪污、贿赂犯罪的证据中,书证和言词证据的作用较大,且书证、言词证据,以及其他证据之间要互相印证、环环相扣,形成一个完整

的证据链才能有效证明犯罪。而贪污、贿赂犯罪因多涉及经济利益,其证据大多隐藏在财务会计资料中,财务会计资料证据作为书证的一种对证明贪污、贿赂犯罪的手段、时间、涉案金额等具有无法替代的作用,因此,对财务会计资料证据的审查至关重要。法务会计检查就是对涉案财务会计资料证据进行审查,对其中存在的异常现象进行分析、查证,确定犯罪手段、涉案金额,全面收集能够证明案件事实的财务会计资料证据,为下一步的起诉做足准备,为法院审理案件提供确实充分的证据。

从法务会计的产生来看,司法会计是为了适应打击职务犯罪、打击破坏社会主义市场经济秩序犯罪的需要而产生和发展起来的,从这些年的检察实践来看,司法会计在查办贪污、贿赂犯罪案件和渎职犯罪案件中发挥了其他技术方法无法替代的作用。贪污、贿赂犯罪大多属于智能型犯罪,犯罪行为人有一定的反侦查思维,作案后会利用虚假财务会计资料或更改财务会计资料掩盖犯罪事实,给侦查此类案件造成一定困难。此时,灵活运用司法会计检查技术,对侦破案件将会起到至关重要的作用。

本章小结

随着经济犯罪的日益频发,我国法务会计得到逐步发展,在打击经济犯罪方面发挥着至关重要的作用。法务会计为侦破经济犯罪案件提供了强有力的会计资料证据和司法会计鉴定意见,为侦查机关和审判机关在侦查和审判过程中提供了有力的证据支持,有效遏制了经济犯罪发展势头。本章阐述了挪用公款罪、贪污罪、行贿罪、受贿罪、洗钱罪的特征与界限,重点阐述了挪用公款罪、贪污罪、行贿罪、受贿罪、洗钱罪的主要检查手段。通过本章学习,应具备对挪用公款案件、贪污案件、商业贿赂案件、洗钱案件的法务会计检查能力。

思考题

1.试分析法务会计在经济案件侦查中的作用。

2.挪用公款的主要手段有哪些? 如何进行法务会计检查?

3.简述挪用公款罪与贪污罪的区别。

4.如何开展对贪污案件的法务会计检查?

5.对贿赂案件如何进行法务会计检查?

6.简述洗钱的主要手段、过程及其法务会计检查方法。

参考文献

［1］American Institute of Certified Public Accountants（AICPA）. The Statement on Responsibilities for Litigation Services No.l. New York：AICPA，2002.

［2］Institute of Charted Accountants In Australia（ICAA）. Statement of Forensic Accounting Standards-ASPI1，Victoria：ICAA，2002.

［3］S. Levine，H. J. Mori，A. Cury，R. sobel，D. Goilgoff，A. Mulrine，and J. M. Pethokukis. "Careers to court on".U.S. News and World Report，2002.

［4］北京注册会计师协会.司法会计鉴定实务操作指南［M］.北京:经济科学出版社,2012.

［5］白岱恩.法务会计基础理论与应用研究［M］.北京:知识产权出版社,2008.

［6］毕克如.法务会计舞弊调查方法的总结与案例分析［J］.商业会计,2013(1):41-43.

［7］边晓锋.法务会计概念与功能探讨［J］.科教文汇:中旬刊,2009(3):106-107.

［8］陈丹.基于 Android 平台的手机取证技术［J］.信息与电脑:理论版,2019(5):186-188.

［9］陈福莉,谭兴烈.信息安全管理平台及其应用［J］.信息安全与通信保密,2006(12):151-153,156.

［10］陈建,姜学鹏.计算机网络信息安全管理策略研究［J］.科技创新导报,2020,17(9):157-158.

［11］陈矜.法务会计研究［M］.合肥:合肥工业大学出版社,2006.

［12］陈绍娥. 司法会计在上市公司财务舞弊案件中的功能研究［D］.昆明:云南财经大学,2016.

［13］陈亚平,王常鑫.论法务会计的本质与在企业的应用前景［J］.现代商业,2015(32):133-134.

［14］程燎原,王人博.权利及其救济［M］.济南:山东人民出版社,1998.

［15］迟旭升,刘彬.法务会计问题研究［J］.东北财经大学学报,2008(5):60-65.

［16］褚楠.法务会计基础理论与应用探析［D］.北京:中国政法大学,2006.

［17］戴江秀.法务会计在财务舞弊治理中的应用［J］.合作经济与科技,2016(6):170-172.

［18］董仁周.论法务会计的本质与目标［J］.学术论坛,2012,35(1):116-119.

［19］多加.对我国法务会计的现状探究［J］.中国乡镇企业会计,2017(2):132-133.

［20］杜江,褚帅.智能手机取证研究［J］.电脑知识与技术,2011,7(9):2120-2121.

［21］丰慧.证券虚假陈述损害赔偿系列案件评析［D］.长沙:湖南大学,2018.

［22］冯萌,李若山,蒋卫平,等.从安然事件看美国法务会计的诉讼支持［J］.会计研究, 2003(1):15-20.

［23］盖地,张敬峰.法务会计研究评述［J］.会计研究,2003(5):27-31.

［24］甘群.上市公司会计舞弊的手法与治理［J］.财会研究,2006(12):51-52.

［25］高山晟.经济学中的分析方法［M］.刘振亚,译.北京:中国人民大学出版社,2001.

［26］谷大君,毕克如.法务会计基础与实务［M］.大连:大连出版社,2011.

［27］郭佳奇.论市场经济条件下建立法务会计的必要性［J］.现代商业,2009(12):237.

［28］郭志勇.浅议法务会计经济损失计量方法［J］.科技风,2013(4):200-201.

［29］韩素英.我国法务会计理论体系的构建［D］.太原:山西财经大学,2016.

［30］郝慧俊.法务会计诉讼支持［J］.财会学习,2018(16):126.

［31］贺建军.我国科技评估制度的经济学分析［D］.福州:福州大学,2006.

［32］贺雅蓉.大数据时代企业信息安全管理体系研究［J］.通讯世界,2020,27(7): 105-106.

［33］金彧昉.论我国法务会计理论框架的构建及在诉讼支持中的运用［D］.上海:复旦大学,2005.

［34］金彧昉,李若山.法务会计专家在虚假陈述证券民事诉讼中的作用:国际经验及启示［J］.会计研究,2007(4):19-26,95.

［35］克里斯·布鲁克斯.金融计量经济学导论［M］.邹宏元,译.成都:西南财经大学出版社,2005.

［36］黎仁华.法务会计概论［M］.北京:中国财政经济出版社,2005.

［37］李昊著.纯经济上损失赔偿制度研究［M］.北京:北京大学出版社,2004.

［38］李恒琦.非寿险精算［M］.成都:西南财经大学出版社,2004.

［39］李唤儿.法务会计对舞弊的预防研究［J］.财会学习,2018(9):133.

［40］李进.计算机数据库技术在信息管理中的应用［J］.通讯世界,2020,27(7):1-2,5.

［41］李丽莉.法务会计理论体系研究［D］.哈尔滨:东北林业大学,2007.

［42］李瑞霞.法务会计在证券虚假陈述案件中的应用研究［D］.呼和浩特:内蒙古财经大学,2019.

［43］李若山,谭菊芳,叶奕明,等.论国际法务会计的需求与供给——兼论法务会计与新《会计法》的关系［J］.会计研究,2000(11):2-10.

［44］李杨.我国法务会计的发展现状分析［J］.时代金融,2018(18):149.

［45］李玉函.法务会计损失计量研究［D］.成都:西南财经大学,2010.

［46］理查德·A.波斯纳.法律的经济分析［M］.蒋兆康,译.北京:中国大百科全书出版社,1997.

［47］刘爱龙.论法务会计证据学的研究对象及方法［J］.审计与经济研究,2011,26(6): 74-80.

［48］刘顿.新环境下法务会计面临的机遇和挑战［J］.中小企业管理与科技:上旬刊,2019

(10):71-72.

[49] 刘桂良,唐松莲.审计学[M].长沙:湖南人民出版社,2010.

[50] 刘海龙.法务会计的内涵及其诉讼支持作用的研究[D].兰州:兰州大学,2007.

[51] 刘金友.证据法学[M].北京:中国政法大学出版社,2001.

[52] 刘俊文,于洪.浅谈中国法务会计的发展[J].广西质量监督导报,2019(7):16.

[53] 刘鹏,孟祥东,王岩.论法务会计新技术方法的构建[J].黑龙江社会科学,2007(1):84-86.

[54] 刘雪晶.我国法务会计基本理论框架研究[J].财会通讯:学术版,2007(12):67-69.

[55] 罗伯带·D.考特,托马新·S.尤伦.法和经济学[M].施少年,姜健强,等,译.上海:上海财经大学出版社,2002.

[56] 吕先锫,等.CPA鉴证[M].成都:西南财经大学出版社,2004.

[57] 孟祥东.法务会计专业技术方法之探究[J].中国乡镇企业会计,2007(3):80-81.

[58] 宁波.上市公司财务舞弊案件中会计司法鉴定应用研究[D].上海:华东政法大学,2013.

[59] 齐兴利,王艳丽.法务会计学[M].北京:中国财政经济出版社,2011.

[60] 钱钦虎.计算机网络信息安全及防护策略研究[J].电子世界,2020(13):173-174.

[61] 秦怀博.法务会计研究[D].西安:西北大学,2006.

[62] 任明.司法会计在证券交易中的应用研究[D].上海:华东政法大学,2013.

[63] 任皖辉.司法会计技术在经济犯罪侦查中的应用探析[D].合肥:安徽大学,2013.

[64] 邵蔚.法务会计在财务舞弊治理中的作用[J].山西农经,2020(10):118,120.

[65] 史倩倩.国际法务会计应用现状研究[J].商业会计,2016(15):107-109.

[66] 史倩倩.法务会计服务在我国经济纠纷中的应用研究[D].昆明:云南财经大学,2017.

[67] 史煜娟.法务会计假设研究[J].财会研究,2012(2):24-26.

[68] 宋小明.大数据背景下计算机网络信息安全防护分析[J].数字技术与应用,2020,38(6):182-183.

[69] 宋晓琳.法务会计在中国发展的现状及问题研究[J].经济研究导刊,2014(29):231-232.

[70] 孙博.计算机取证的信息收集与数据还原[J].电脑编程技巧与维护,2020(6):95-97.

[71] 谭立.法务会计专家制度的构建与改进[J].社会科学战线,2005(3):287-291.

[72] 谭立.论法务会计与财务会计的区别——走出法务会计的理论认识误区[J].当代财经,2005(8):125-128.

[73] 田雨华.我国法务会计的法律治理功能[D].济南:山东大学,2013.

[74] 王津.海湾溢油事故损失计量研究[D].北京:北京化工大学,2012.

[75] 王菁菁,杨子露,高英峻,等.浅谈我国法务会计的现状与发展[J].纳税,2020,14(7):60-61.

[76] 王晓天.基于本源视角的法务会计理论定位及职能界定[J].会计师,2013(15):12-13.

[77] 王馨.转型时期中国法务会计发展的市场分析与研究[J].法制博览,2018(33):292.

[78] 王艳丽.司法会计在贪污贿赂犯罪案件侦查中的应用研究[D].重庆:西南政法大学,2015.

[79] 王玉兰.法务会计的前世今生——兼论法务会计职业前景[J].会计之友,2019(5):24-27.

[80] 巫卫.浅谈法务会计[J].财会通讯,2002(10):31-32.

[81] 吴悌魁.法务会计若干问题探讨[J].纳税,2019,13(35):102,105.

[82] 伍丹,陈芳.会计舞弊研究文献综述及分析[J].财会通讯,2013(3):17-20.

[83] 肖欢.智能手机的在线取证研究[D].郑州:战略支援部队信息工程大学,2018.

[84] 肖睿.我国法务会计诉讼支持问题探讨[D].南昌:江西财经大学,2012.

[85] 谢玉爽.国际法务会计研究[D].北京:首都经济贸易大学,2003.

[86] 徐杰.证券法理论与实务[M].北京:首都经济贸易大学出版社,2000.

[87] 徐政旦,谢荣,朱思荣.审计研究前沿[M].上海:上海财经大学出版社,2002.

[88] 许东霞,郭芮希.浅析法务会计技术方法在企业中的应用[J].商业经济,2013(7):126-128.

[89] 许东霞,周鑫.浅谈法务会计在我国的发展前景[J].商业经济,2016(1):129-130,139.

[90] 许汉友.信息化环境下法务会计师如何发现会计舞弊[J].会计之友,2014(15):42-46.

[91] 许为安.会计证据调查[J].会计之友,2011(30):47-54.

[92] 杨平.法务会计诉讼支持探析[J].现代商业,2009(8):217.

[93] 杨爽.法务会计诉讼支持研究[D].北京:首都经济贸易大学,2013.

[94] 叶雪芳.舞弊审计[M].北京:经济科学出版社,2008.

[95] 尹丽娟.法务会计人才培养必要性探究[J].财会学习,2017(4):107.

[96] 应华俊.论法务会计的应用[D].武汉:华中科技大学,2014.

[97] 余文华,游园.对法务会计定义的探讨[J].全国商情:经济理论研究,2009(9):69,76.

[98] 于朝.司法会计学[M].北京:中国检察出版社,2004.

[99] 曾英.计算机数据库技术在信息管理中的应用[J].计算机产品与流通,2020(6):9,15.

[100] 翟存柱."法务会计学"浅识——会计系学科建设刍议[J].山东农业工程学院学报,2015,32(1):72-74.

[101] 詹姆斯·M.布坎南.自由、市场和国家[M].吴良健,桑伍,曾获,译.北京:北京经济学院出版社,1988.

[102] 张海燕.关于法务会计的探讨[J].经济问题,2006(4):74-75.

[103] 张秦灵.诉讼支持视角下的法务会计研究[D].北京:首都经济贸易大学,2015.

[104] 张蕊.舞弊甄别与诉讼会计[M].北京:经济管理出版社,2001.

[105] 张苏彤.法务会计高级教程[M].北京:中国政法大学出版社,2007.

[106] 张苏彤.法务会计研究[M].北京:中国时代经济出版社,2009.

[107] 张苏彤.法务会计的诉讼支持研究[M].北京:中国政法大学出版社,2012.

[108] 张苏彤.论法务会计的目标、假设与对象[J].会计之友:下旬刊,2006(1):21-22.

[109] 张苏彤.我国法务会计的发展回顾、应用实践及未来展望研究[J].商业会计,2019
(19):4-8.

[110] 张卫平.外国民事证据制度研究[M].北京:清华大学出版社,2003.

[111] 张馨蕊,刘雪晶.法务会计在经济纠纷中的应用研究[J].现代经济信息,2016(6):
310-311.

[112] 张信国.会计证据在合同纠纷案中的运用——以煤炭买卖合同为例[J].纳税,
2019,13(7):181-182.

[113] 赵越.基于计算机网络技术的计算机网络信息安全及其防护[J].电子世界,2020
(13):53-54.

[114] 法律出版社法规中心.新编中华人民共和国法律法规全书[M].12版.北京:法律出
版社,2019.

[115] 周迪民.大数据背景下的计算机网络信息安全及防护措施初探[J].办公自动化,
2020,25(14):29-31.

[116] 周珺.法务会计在证券虚假陈述民事赔偿案件中的应用研究[D].昆明:云南财经
大学,2016.

[117] 朱昌延,于果呈.循序渐进 拓宽领域 更加广泛地应用抽样调查方法[J].统计与咨
询,1994(1):34-36.

[118] 朱丹.法务调查会计的对象:会计证据研究[D].北京:中国政法大学,2007.

[119] 朱萍,王辉.资产评估学[M].上海:复旦大学出版社,2005.

[120] 朱为元.财务智能背景下法务会计方法的创新[J].法制博览,2019(33):193-194.

[121] 庄学敏.法务会计与企业信息安全管理[J].广东财经职业学院学报,2007(3):
33-35.